Anonymus

Vollständige Beschreibung der königlichen Haupt und Residenzstadt Prag

Zweiter Teil

Anonymus

Vollständige Beschreibung der königlichen Haupt und Residenzstadt Prag
Zweiter Teil

ISBN/EAN: 9783741171383

Hergestellt in Europa, USA, Kanada, Australien, Japan

Cover: Foto ©ninafisch / pixelio.de

Manufactured and distributed by brebook publishing software (www.brebook.com)

Anonymus

Vollständige Beschreibung der königlichen Haupt und Residenzstadt Prag

Vollständige

Beschreibung

der königlichen Haupt-

und

Residenzstadt Prag,

von den

ältesten bis auf die jetzigen Zeiten.

Besonders für Fremde und Reisende bearbeitet.

Nebst einem Anhange.

Zweyter Theil.

Prag und Wien,
in der von Schönfeldschen Handlung.
1787.

Sechster Abschnitt.

Von den Militärstellen, so sich in Prag befinden, und andern den Soldatenstand betreffenden Merkwürdigkeiten.

Militärstellen in Prag.

Die oberste Aufsicht über das gesammte in Böhmen befindliche Militare führt das in Prag aufgestellte, und gegenwärtig in dem ehemaligen Münzhause nächst dem Pulverthurn einlogirte Generalmilitarkommando. Der Präsident hievon ist der Generalgouverneur, so jederzeit aus dem ansehnlichen Stande der Generalspersonen von dem höchsten Hoflager ausgewählt wird. Unter ihm steht die Kriegskanzley und Kriegsrecht, so blos den Soldatenstand angeht. Bürgerliche Fälle, und Prozeßsachen, so Bürger und Soldaten zugleich betreffen, werden zum Judicio militari mixto beygezogen. Die Einleitung in den vorfallenden Geschäften führt der Generalauditor, dem das übrige Kanzleypersonale untergeordnet ist.

Stadtkommendant, dessen Gerichtsbarkeit das blos in Prag befindliche Militare unterworfen ist. Eine in Prag ankommende Militarperson muß sich bey diesem Stadtkommendanten melden, die Ursache ihrer Anherokunft eröffnen, und wie lange sie sich in der Stadt zu verweilen gedenken, anzeigen.

Zum Stadtkommando wird der Platzmajor und Platzhauptmann gerechnet, beyde Personen führen die Aufsicht über die Stadtwachen und das Militärpolizeywesen. Konfiskazionsdirekzion trägt Sorge, damit die Prager Festungswerke im guten Stande erhalten würden. Die Aufsicht darüber pflegte sonst einer Generalsperson aufgetragen zu werden.

Militärökonomieoberkommission über die Verfertigung der Montursforten bestellt. Was die Beschaffenheit des Orts betrift, wo diese Montursforten verfertigt werden, ist in der topographischen Beschreibung angezeigt worden.

Zeughausdirekzion trift die Verfügungen, damit die vorräthigen Munizionsgattungen in einem Stande sich befänden, daß sie dem vorgesetzten Zwecke vollkommen gleich kämen.

Militärverpflegsamt zur Besorgung alles desjenigen bestellt, was zur Unterhaltung des Soldatenstandes erforderlich ist. Unter solches gehört das Proviant und Bäckenamt zur Bestellung des Mehls und Brobgebäcks, und alles das übrige kleine Gezeug, das der Soldat nöthig

der Militärstellen.

nöthig hat. Dieses Militärverpflegsamt ist seit dem Jahre 1785 nach dem aufgehobenen Augustinerkloster zu St. Wenzl auf der Neustadt verlegt worden.

Krankenhausdirektion, um zur Verpflegung der Kranken dies Nothwendige zu veranlassen. Die Aufsicht führet hier der Staabs- oder Generalphisikus, dem einige Aerzte, Wundärzte und die Militärapotheke untergeordnet sind. Diese letztere befindet sich gegenwärtig im Jbaraser Bezirke.

Geistliches Superiorat, unter dessen Aufsicht sämmtliche Regimentsprediger stehen, und von ihm zur Seelsorge angenommen werden.

Staabsprofoßenstelle. Der die Obsicht über die Kerker und das Stabstockhaus hat.

Prager Besatzung.

Wenn man die vorigen Zeiten mit den gegenwärtigen in Beziehung auf den Stand der Prager Garnison gegeneinander hält, so wird man über das so schleunige Wachsthum derselben billig erstaunen. Um alle Weitläuftigkeiten vorüber zu gehen, braucht man den Zustand der Garnison unter den Zeiten der ehemaligen Stadtkommandanten von Elkingen und Ogilvy mit der heutigen Verfassung zu vergleichen, um sogleich den grossen Abstand zu bemerken.

Unter der Aufsicht beyder itzt erwähnten Generals war die Augesder Kaserne das einzige Ort, so fast der ganzen Besatzung zu einem Quartier diente, die Besatzung befand sich nebst dem in einer solchen Verfassung, die von einer ordentlichen Mannszucht, guter Verpflegung und zweckmäßigen Dressirung entfernt gewesen. Bald nach den Zeiten des schlesischen Krieges erhielt das Militärsystem eine ganz andere Wendung, es näherte sich mit starken Schritten zu seiner Vollkommenheit, in der wir es itzt sehen. Aus der topographischen Beschreibung von Prag haben wir bereits bemerkt, was für ansehnliche Gebäude, die theils nun aufgeführt, theils aus den aufgehobenen Klöstern hergestellt worden sind, zu Kasernen sich gebildet, die nun eine auf das regelmäßigste geordnete, bestens montirte, verpflegte und geübte Miliz in sich einschließen, welche nebst dem die vormalige an der Zahl ungemein übertrift. Diese so sehr und so schleunig vermehrte Zahl der Besatzung wird überhaupt von zween Ursachen hergeleitet, erstens: um dadurch werkthätige Mittel zur Behauptung der äußerlichen und innerlichen Sicherheit bey Handen zu haben, und dann durch das Daseyn einer zahlreichen Miliz dem Bürger eine Aushilfe durch den Umlauf des Geldes zu verschaffen.

Von

der Militärstellen

Von den Werbbezirksregimentern.

Die Werkbezirksregimenter haben dermal in Prag ihre Wohnplätze auf beständig angewiesen, weil sie nach dem Konscriptionssystem vom Jahr 1781 als eine Art von Nazionalregimentern anzusehen kommen, den ihr Kanton in den drey nächst um Prag liegenden Kreisen zugeeignet worden, um daraus von Zeit zu Zeit die nöthige Mannschaft zu kompletiren, oder allenfalls auch zu augmentiren. Dieses wird durch die allgemein im Lande eingeführte Beschreibung des Bevölkerungsstandes bewerkstelliget. Die Länder, in denen die Konscription eingeführet ist, sind Böhmen, Mähren, der österreichische Antheil Schlesiens, Oesterreich ob und unter der Ens, Steyermark, Kärnten, Krain, Görtz und Gradiska, Gallizien und Lodomerien, und im Jahr 1784 Ungarn. Der Zweck dieser Konscription ist ohne Nachtheil der Länder und ohne Bedrückung derselben Einwohner, folglich zur Sicherstellung der Unterthanen von willkührlicher Behandlung (wie es sonst bey den vormaligen Rekrutirungen zu geschehen pflegte) und ohne Abbruch des Ackerbaues und der Gewerbe auf die vortheilhafteste Art den Wehrstand aufrecht zu erhalten. Die nach dem teschner Frieden von 1779 in der Armee eingeführte Beurlaubte auf unbestimmte Zeit werden zwar, so lange sie ihre Eigenschaft nicht verändern,

bey

führet, und gehören auch völlig unter die politische Jurisdikzion, müssen eben demnach, damit die Regimenter wegen den Beurlaubten von dieser Art immer in den nöthigen Kenntnissen verbleiben, in den Konscripzionsbüchern ausgewiesen werden. Von Seiten des Polizizi besorgt die Konscripzion in Prag ein Mitglied des vereinigten Stadtrathes, von Seiten des Militärs über das Werbbezirksregiment, daher werden die Bücher in duplo geführt. Vom Jahr 1781 wird jährlich eine Visitazion oder Revidirung gehalten. Zu Anfang des Märzmonats eines jeden Jahrs pflegt der Konscripzionskommissär mit einem Werbbezirksoffizier die Häuser von Prag nach der Reihe der Konscripzionsnumern durchzugehen; er läßt die Inwohner des ganzen Hauses zusammen kommen, und untersucht, ob der Stand der Konscripzionsbücher mit der Beschaffenheit der Bevölkerung übereinstimme. Findet sich nun eine Unrichtigkeit, daran der Bürger Schuld hat, so muß er für jede ausgelassene oder unrichtig gemeldete Person eine Strafe von 30 kr. erlegen. Jene aber, so Armuths wegen den Betrag nicht erlegen können, müssen ihre Nachlässigkeit durch Ausstehung einer Arreststrafe abbüßen. Da die Konscripzion nicht nur allein zum bloßen Behufe des Soldatenstandes, sondern auch überhaupt

der Militärstellen.

haupt zum Besten des Staats und Übersicht der Bevölkerung eingeführet ist, so müssen nicht nur jene zum Soldatenstande taugliche Leute, sondern auch schlechterdings alle Menschen ohne Unterschied des Standes, Alters, Geschlechts und Religion nach besonderen Rubriken in die Konscriptionsbücher eingetragen werden, selbst das Zugvieh nicht ausgenommen, als welches sowohl zum Dienste der Armee, als auch des Nährstandes unentbehrlich ist.

Bey dieser jährlichen Revidirung bemerken besonders die Militäroffizier die in ihrem Kanton vorhandene unbestimmt Beurlaubte, um sich ihres wirklichen Daseyns zu versichern. Sie sehen auch vornämlich darauf, ob nicht ein oder anderer unbestimmt Beurlaubter in der Qualifikation eine Veränderung gelitten. Findet es sich, daß dieser unbestimmte Beurlaubte inzwischen zum Soldatendienste untauglich geworden, so wird seine Stelle mit einem tauglichen Subjekte ersetzt, und der untauglich gewordene in eine Rubrik gebracht, die seiner Eigenschaft angemessen ist. In Friedenszeiten hat jede Fusilierkompagnie über den verordneten Friedensstand 40, mithin ein ganzes Werbbezirksregiment 640 Mann in einem Kanton für beständig auf unbestimmten Urlaub zu führen, welche zu Ergänzung des Kriegsfußes der Kompagnie an Gemeinen geordnet sind.

Bey

Bey dem Fuhrwesenskorps werden nur die Knechte von den für die Friedenszeiten beybehaltenen 6 Kompagnien im Stande geführt, alle übrige Fuhrknechte von den nach dem letzten Krieg dissolvirten Kompagnien sind auf unbestimmten Urlaub entlassen. Die Kavallerieregimenter dürfen zwar so lange sie über den verordneten Friedensstand übervollzählige haben, ebenfalls Leute auf unbestimmte Zeit beurlauben. Bey den Grenadierkompagnien, deren Stand in Kriegszeiten nur um einen Zimmermann und 2 Fourierschützen vermehret wird, hat die Beurlaubung auf unbestimmte Zeit keine Statt. Wenn irgend ein unbestimmt Beurlaubter erkranket, und sonst kein Mittel seiner Verpflegung vorhanden, so wird er von dem Werbbezirkskommando aufgenommen.

Der Viehstand wird alle Jahre bey der Revision neu aufgenommen. Die diesfällige Aufnahme erstreckt sich blos auf die Pferde, denn auf die Zug- und Mastochsen wird hier kein Bedacht genommen. Nebst diesem werden in jedem Lande alle vorfindige Pferde ohne Ausnahme und ohne Rücksicht, wem sie zugehören, beschrieben. Von der Seite der Civilobrigkeit hängt es ab zu bestimmen, wer bey einem ausbrechenden Kriege von seinen habenden Pferden, eines, oder mehrere zum Dienste der Armee gegen Bezahlung herauszugeben hat.

Im

der Militärstellen.

Im Jahr 1778 sind jedem Regimente eigene Pferdmaaßen zugekommen. Zur Bespannung der schweren Artillerie werden die größten und besten Pferde ausgewählt. Für die Regimentsproviantwägen und Feldschmieden, für Kanzley und Kassewägen, wie für das Verpflegsfuhrwesen werden Pferde bloß von 15 Fäusthöhe gebraucht. Für ein zur Artillerielaufbrücke, eiserne Backöfen und Pontondbespannung tüchtiges Pferd werden 80 fl., für ein Regiments- und Verpflegsfuhrwesenspferd 65 fl., für ein Reit- und Packpferd 50 fl. entrichtet. Uibrigens werden die Pferde, sie mögen von was immer für einer Gattung seyn, und zwischen 5 und 10 Jahren ihres Alters, herausgenommen; dem Eigenthümer solcher Pferde, welche zu Kriegsbedürfnissen die Bestimmung erhalten, bleibt demohngeachtet frey, mit seinen Pferden nach Willkühr zu schalten, auch solche andern zu verkaufen, weil durch das Konscriptionssystem der freye Pferdehandel nicht gehindert werden soll.

Ohngeacht des bestehenden Konscriptionssystems ist doch niemanden verwehrt, sich seiner Geschäften und Verrichtungen halber in dem Lande, wo er geboren, oder ansäßig ist, hinzu begeben, wo er will, oder nach Umständen auch in ein anderes konscribirtes oder nicht konscribirtes, ja selbst in ein auswärtiges Land zu verfügen, wenn es unter Beobachtung der zur

Er-

Erhaltung der guten Ordnung nöthigen Vorsicht geschiehet, und wenn sich beswegen vorher gehörigen Orts um die Erlaubniß gemeldet wird. Geistliche, der Adel, königliche Beamte und Honorazires können nach Gutbefinden aus ihren Wohnungen sich begeben; Jene Gattung von Menschen aber, welche unter den Rubriken von Bürgern, Bauern, nächsten Erben, Häuslern, Gärtlern, und sonst beym Nährstande und Provinzialbeschäftigungen nöthigen, oder zu andren Staatsnothdurften anwendbaren, ihre Auszeichnung haben, wird nach folgender Richtschnur behandelt. Wer im nämlichen Bezirk, zu dem er gehört, aus einem Orte in das andere übergehet, hat keinen Paß nöthig. Will aber Jemand in einen andern Kreis oder konscribirtes Land auf eine Zeit sich verfügen, so muß er sich mit einem Paß versehen. Um in ein nicht konscribirtes Land, oder außer den österreichischen Staaten auf eine gewisse Zeit, sich zu begeben, giebt der Magistrat einverständlich mit dem Werbbezirkskommando die Erlaubniß. Hingegen bleibt es verboten, einem zum Militärstand geordneten Unterthan auch nur auf einige Zeit in das Preußische zu beurlauben. Jedermann hat die Freyheit seinen aus einem konscribirten Land gebürtigen Bedienten sowohl in nicht konscribirte als fremde Länder auf Reisen mitzunehmen, wenn aber der Herr einen konscribirten Bedienten seines Dienstes entläßt, ohne es vor-

her

der Militärstellen.

her der betreffenden Behörde zu melden, so hat derselbe, wenn ein solcher Unterthan in ein unkonscribirtes Land zu entkommen die Gelegenheit gefunden, 150 fl. und im Fall er sich auswärts begäbe, 300 fl. zum Militärfond zu erlegen. Wenn ein konscribirter Unterthan gesinnt ist, sich allein oder mit seiner Familie nach auswärtigen Landen zu übersiedeln, so muß dazu die Bewilligung von der böhmischen Hofkanzlei eingeholt, und bey eingelangter Bewilligung die Sache dem Generalmilitarkommando bekannt gemacht werden. Die Bewilligung zu inuländischen Ubersiedlungen hängt von der Landesstelle, einverständlich mit dem Werbbezirkskommando ab, das nämliche verstehet sich, wenn ein Unterthan in diesseitigen Landen in einen geistlichen Orden treten will.

Ließe sich eine Obrigkeit beygehen, einem Unterthan die Erlaubniß zur Umsiedlung in ein nicht konscribirtes oder auswärtiges Land zu ertheilen, ohne die Bewilligung von der Behörde einzuholen, so verfällt sie in die ausgesetzte Strafe von 150 fl. oder 300 fl.

Zur Umsiedlung von einer Herrschaft zur andern im nämlichen Lande ist die Bewilligung der Grundobrigkeit hinlänglich, doch muß allzeit davon das Werbbezirksregiment verständiget werden: sowohl von Seiten der Civil als Militärstellen wird besonders auf den Gränzen gewacht, damit Niemand ohne einen Paß in
ein

ein anderes Land auswandere, die Ubertreter
werden angehalten, die tauglichen dem Militär
übergeben, die andern aber ihrer Obrigkeit durch
den Schub wieder zurück geschickt.

In den konscribirten böhmisch und österreichischen Landen sind 37 deutschen Infanterieregimentern ihre Werbbezirke angewiesen; von
woher diese nebst der deutschen Kavallerie und
dem übrigen Militärkorps von Zeit zu Zeit ihre
Ergänzung an inländischer Mannschaft zu bekommen haben. Gegenwärtig sind die den Regimentern angewiesene Werbbezirke in den meisten Ländern noch sehr ungleich.

So weit man einige Werbbezirke gegen
andere zu viel ausgebreitet, oder zu sehr eingeschränkt, und darinn entweder weit mehr oder
weniger zum Wehrstande ausgemessene Menschen
als in anderen befindlich sind, hat der Zeit eine
dem Verhältniß zwischen der Bevölkerung und
der Erforderniß angemessene andere Werbbezirkseinrichtung zu erfolgen, welche das Generalkommando einverständlich mit der Civilstelle vermehren wird. Die Kavallerieregimenter bekommen keine eigene bestimmte Werbbezirke, sondern solche werden von den Werbbezirksregimentern dergestalt ergänzt, daß gleich erwähnte
Werbbezirksregimenter überhaupt zur Kavallerie keinen selbst darunter verlangenden die entweder schon eine Zeit bey ihnen gedient haben, oder Rekruten sind, zu bestimmen haben,

und

und bey ersteren auf ihre Aufführung besonders bedacht seyn müssen, damit den Infanterieregimentern nicht zu viel Mannschaft von einer gewissen Maaß entgehe, von welchen auch ihre Grenadierkompagnien ergänzt werden müssen; ist die Austheilung der bey den Karabinierregimentern aufgesammte teutsche Werbbezirksinfanterieregimenter außer denjenigen, von den nicht zur Kavallerie geeigneten Ländern und Gegenden geschehen, gleichwie auch die Kurassiers, Dragoner und Chevauxlegersregimenter auf gedachte teutsche Werbbezirksregimenter in der Maaß ausgetheilet worden sind, damit auf kein Land von ein und andern der besagten 3 Gattungen mehr oder weniger zur Ergänzung ausstatte, als das Verhältniß der Bevölkerung gegen ihren Stand und der schon eingetheilten Infanterie erfordern, wornach Böhmen 4 Kurassier-, 2 Dragoner und 2 Chevauxlegersregimenter die Erforderniß an Unterthanen zu verschaffen hat. Die Artillerieregimenter wählen die zu ihrer Ergänzung nöthige Mannschaft, wie sie für die Artillerie qualifiziret seyn muß, und freywillig dahin zu übertreten wünscht, forthin bey der Infanterie aus, zu welchem Ende die Artillerieregimenter nach ihrer Dislokation, und zwar das erste Artillerieregiment den in Böhmen liegenden Werbbezirksregimentern zugetheilet worden ist. Die in Gallizien jährlich ohne Abbruch des Nahrungsstandes für

den

den Militärstand ausgehoben werden könnende Rekruten, werden, bis nicht ein anderes verordnet wird, zur Schonung der Populazion von den übrigen österreichischen Staaten unter gesammte Werbbezirksinfanterieregimenter nach der Erforderniß vertheilt; dem ohngeachtet aber haben die 18 Werbbistrikte in Gallizien, wie sie dermal bestehen, ohne einer Aenderung zu verbleiben, mithin auch die Kommandirte von den 18 Regimentern in ihren bey Endigung des letzten Kriegs erhaltenen Bezirken, ohnerachtet künftig diese Bezirke nicht mehr für besagte 18 Regimenter insbesondere, sondern für gesammte deutsche Infanterie nach Maaß der Erforderniß bestimmt sind, die vorfallenden Konscriptions- und Werbbezirksangelegenheiten nebst der Aufsicht über die Beurlaubte fort zu besorgen, da solchemnach nicht nur einem jeden der 37 deutschen Infanterieregimenter sein eigener Werbbezirk angewiesen, sondern über dies weiters bestimmt ist, woher die deutsche Kavallerie, so wie die Artillerie und übrige Militärkorps, sowohl währenden Frieden, als bey dem Ausbruch, und in der Folge des Kriegs ihre Ergänzung an Inländern zu erhalten haben, so können hinführo keine besondere oder sogenannte eigene Regimentswerbungen mehr bestehen, um Unterthanen aus den konscribirten Ländern anzuwerben; hingegen ist es den Regimentern aus den bestehenden anderweitigen Verordnungen

gen schon bekannt, wie sie mit der Anwerbung der in dießseitigen Ländern sich einfindenden Fremden fürzugehen haben.

So wie von der Uibernahme, oder Abgabe der Juden unter den Wehrstand nie die Frage seyn kann, mithin ihre Beschreibung blos aus politischer Rücksicht geschieht, so bleibt hingegen, so viel es die Christen männlichen Geschlechts betrift, von der Stellung zum Soldatenstande nebst den Geistlichen, Adelichen, Beamten, Honorazioren, und der Söhnen dieser letztern 3 Gattuugen, nur jene Klasse von Menschen befreit, welche zum Ackerbau, zur Betreibung der Gewerbe bey dem Bergbau, bey dem Salz- Pulver- Salpeter- und Eisenwerke, bey der Schiffahrt, bey Fabriken und andereu was immer Namen haben mögenden Provinzialbeschäftigungen unumgänglich nöthig sind, gleichwie insbesondere auch sämmtliche zu den beyden Salzkammergütern, Gmünden und Elsen, ferner zu den Salinen zu Witißka und Dochnia gehörigen Unterthanen samt ihren Söhnen nicht zum Militärstand genommen werden. Nur stehet es nicht bey den Berg- Salz- Pulver- Salpeter- und Eisenwerken noch in der Fabriken und andern Gewerben in ihrer Befugniß einer andern Herrschaft zugehörige Unterthanen ohne Vorwissen und Einwilligung der Obrigkeit in Arbeit oder Dienst anzunehmen, sondern es behält diese immer das Recht, sowohl die zu der-
ley

ley Arbeiten ohne ihren Konsens anderwärtig aufgenommener, als auch die mit ihrer der Obrigkeiten Begnehmigung in solche Dienste oder Arbeit eingetretene Unterthanen allemal zu reklamiren, wenn sie in diesem letzt berührten Fall an die Stelle der zurückberuffenden andere zu diesen Arbeiten angemessene Unterthanen, die wegen Mangel der Maaß, oder anderer Ursachen halber zum Wehrstande nicht tauglich sind, dahin abgegeben; die Auswahl der Leute, welche dem Nährstande entbehrlich sind, mithin zum Ersatz des Abgangs an Inländern unter den Soldatenstand abgegeben werden können, hängt von der Erkenntniß der Civilstelle ab, und das Militär hat nur darauf zu sehen, daß sich hiebey von Seiten der Beamten kein Nachtheil einschleiche. Die Obrigkeiten dürfen weder Ausländer noch andere Inländer als bloß ihre eigene Unterthanen auf das sie betreffende Kontingent stellen.

Wenn mithin ein Unterthan aus einem konscribirten Lande in einen andern Kreis, oder diesseitiges Land, es mög solches konscribirt seyn, oder nicht, ohne Paß oder Kundschaft betreten, und nach den bestehenden Befehlen zum Soldatenstande gestellet wird, so kann solcher für keine andere als für seine rechtmäßige Obrigkeit giltig seyn, und muß solchemnach unter dasjenige Regiment zu stehen kommen, in dessen Werbbezirk er gehört. Falls der stellende Theil auf solche

der Militärstellen.

che Leute erweisliche Unkösten zu verwenden hätte, so ist demselben von den Dominien, welchen die Leute zu Guten kommen, den Ersatz dafür zu leisten; hingegen hat nicht nur ein dergleichen Ersatz in jenem Fall nicht statt, wenn allenfalls Dominien oder Städte einem anderen Dominio zugehörige Unterthanen gefliessentlich unterschoben und auf ihr eigenes Kontingent abführet, sondern es müssen nebst dem, daß der widerrechtlich Gestellte seiner rechtmäßigen Obrigkeit gut zu schreiben, und unter das betreffende Werbbezirksregiment zu übersetzen ist, noch dergleichen Dominien und Städte für einen solchen ihnen nicht unterthänigen, mithin widerrechtlich Gestellten jedesmal einen anderen aus ihren Unterthanen stellen, und zugleich dem Aerario das Handgeld samt den Militärkosten ersetzen.

Alles dieses, was bisher von dem ohne Paß in fremden Bezirken sich aufhaltenden Unterthanen vermeldet worden ist, wird auch von den Vagabunden, und von einem Orte zum andern herumschweifenden müßigen herrnlosen Gesindel verstanden, als welches in ähnlichen Fällen auf gleiche Art behandelt wird. Betretet man einen Ausländer ohne Paß, oder wird er als ein Vagabund eingebracht, so muß solcher als ein Rekrut von amtswegen unter das Regiment, in dessen Bezirk er handfest gemacht worden ist, assentirt werden, und kann, da er nie-

Beschr. v. Prag. II. Th.   B   mals

mals zum Ersatz anstatt eines Inländers giltig ist, keiner Obrigkeit zu Guten kommen. Im Fall aber Inländer als Vagabunden betrachtet werden, die keiner Obrigkeit unterthänig sind, mithin auch für keine Herrschaft insbesondere giltig seyn können, so kommen solche dem ganzen Werbbezirk, in den sie gehören, zu guten, und müssen nach Maa deffen unter das betreffende Werbbezirksregiment affentirt werden. Wünsche eine Obrigkeit, solche ihre Unterthanen unter das Militär zu stellen, die aus im Rechte gegründeten Ursachen abwesend sind, und sich aus was immer für einer Ursache in einem andern diesseitigen Lande oder Bezirk mit Vorwissen ihrer Obrigkeit aufhalten, wie dieses besonders mit elternlosen Leuten, die sich anderwärts in Dienst begeben, vielfältig zu geschehen pflegt, so macht eine dergleichen Obrigkeit hierüber die Meldung, mittels des betreffenden Kompagniekommendanten dem Werbbezirksregiment, welches sich deswegen an das ganze Regiment, in dessen Bezirk der Unterthan befindlich ist, zu wenden, das letztere Regiment hingegen wegen dessen Uibernahme mit der Civilstelle das Einvernehmen zu pflegen, und sofort den Mann mit der ersten Gelegenheit an sein Werbbezirksregiment zu überliefern, vorher aber dafür zu sorgen hat, daß es für solches ordentlich affentirt werde. Weil jedoch die sich anderwärts aufhaltende elternlose Unterthanen nicht

bey

bey ihren Obrigkeiten, sondern in demjenigen Orte, und bey der nämlichen Familie, wo sie sich befinden, beschrieben werden, so muß über solche bey jeder Werbbezirksrevision, und zwar von Seite des Militärs, dem betreffenden Werbbezirksregiment, und von den, die politischen Ortschaftsbücher führenden Leute, sowohl dem Kreisamt, als der Obrigkeit, welcher dieser eltern'lose Unterthan zugehört, um ihre Namen, Alter, Eigenschaft, und das Aufenthaltsort enthaltender Auszug aus dem Populazionsbuch zugesendet, von diesem Auszug durch das Kreisamt eine Abschrift an die Landesstelle, durch das Werbbezirksregiment aber eine solche an das Generalkommando überreicht; und das nämliche auch damals zu beobachten, wenn sich mit dergleichen Leuten in der Zwischenzeit eine Abänderung ergiebt; damit, wenn es zur Ergänzung der Regimenter kömmt, auf diese Leute bey Entwerfung der Eintheilung der Antrag gemacht, und so weit sie von ihren rechtmäßigen Obrigkeiten zum Soldatenstande bestimmt werden, wegen der Uibernahme das Erforderliche veranstaltet werden könnte. Wenn ein aus einem konscribirten Erblande gehöriger Unterthan im Reich, oder sonst außerhalb den österreichischen Länden zu dießseitigen Militärdiensten sich engagirt, so muß solcher demjenigen Regiment, zu dessen Werbbezirk er gehörig ist, zugetheilt, und falls er nicht anders, als gegen

Kapi-

Kapitulazion zu Diensten zu bewegen gewesen wär, das ihm gemachte Versprechen nach dem Ausgang der Kapitulazionszeit erfüllt werden, gleichwie aber derselbe nach seiner Entlassung von Militär in die vorige Unterthänigkeit zurückfällt, und seine Obrigkeit dadurch das Recht erlangt, ihn, wenn er noch diensttauglich ist, bey erster Gelegenheit wieder zum Soldatenstande zu stellen, so ist sich deswegen von dem betreffenden Werbbezirksregimente allemal im voraus mit der Obrigkeit in das Vernehmen zu setzen, und mit der Verabscheidung eines solchen annoch diensttauglichen Manns und alsdann fürzugehen, wenn seine Obrigkeit ihn nicht statt eines andern wegen des Wirthschaftswesens, oder aus sonst einer andern politischen Rücksicht bey Hause zu belassen für nothwendig findet. Widrigens, und wenn die Obrigkeit solchen anstatt eines bey Hause unentbehrlichen dem Regiment ferner überlassen will, denselben ohne ihm von neuem ein Handgeld abzureichen, zu weitern Diensten beyzubehalten, und nachdem er alsdann ein Kapitulant zu seyn aufhört, in den beständig obligaten Stand übersezt werden muß. Die sogestaltige Kapitulazionsbegünstigungen verstehen sich nur von jenen im Reich, oder sonst außer den österreichischen Staaten zu Militärdiensten engagirten Unterthanen, welche mit gehöriger Erlaubniß außer Land gegangen sind, weil diejenigen, welche

ohne

der Militärstellen.

ohne solcher Erlaubniß in ein auswärtiges Land sich verfüget haben, und daher in die im Emigrationspatente ausgemessenen Strafen verfallen, auch die Kapitulazion, falls solche ihnen bey der Engagirung bewilliget worden wäre, nicht zu statten kommen kann.

Leute, die sich schwerer Verbrechen schuldig gemacht haben, unter das Militär abzugeben, war niemals erlaubt, und bleibt auch ferner verboten.

Mit geringen, die Ehrlosigkeit nicht nach sich ziehenden Verbrechen befangenen Unterthanen, wenn sie nicht bereits mit dem Zuchthause bestraft worden, weil diese zu mehrerer Sicherheit des Staats nicht leicht zum Soldatenstande zu nehmen sind, steht den Obrigkeiten frey, als Rekruten zu stellen, es müssen aber in einem jeden solchen Fall der Leute ihre Verbrechen bey der Ubergabe dem Militär schriftlich angezeiget werden; gleichwie auch das ehedem bey diesen Leuten gebrauchter Ausdruck zur Strafe gestellt, sich künftig zu enthalten, und dafür des Ausdrucks von amtswegen dem Soldatenstande übergeben, zu bedienen ist.

Jeder, der unter das Feuergewehr gestellt wird, wenn er auch nur unter die Zahl der unbestimmt Beurlaubten eintritt, muß nebst dem, daß er das erforderliche Maaß hat, auch von gesunder Leibesbeschaffenheit, stark von Kräften, und zur Ertragung der Feldbeschwerlichkeiten

Mineuer ist 5 Schuh und 3 Zoll, für einen Dragoner 5 Schuh 4 Zoll, für einen Karaßier, Pontonier und Pionier 5 Schuh 5 Zoll, für einen Karabinier und Sapeur 5 Schuh 6 Zoll, bestimmt. Zu Fuhrknechten werden von 1 bis 2 Zoll über 5 Schuh genommen, doch wird auch bey einem bevorstehenden Kriege nicht so genau nach der Maaß gesehen. Das Lebensalter für einen Fuhrknecht behält von 17 bis 50 Jahr, und für einen Rekruten zur Infanterie, Kavallerie und andern Militärkorps von 17 bis 40 Jahr seine Bestimmung. Ein Fuhrknecht kann Gebrechen an sich haben, die sonst zum Militär untüchtig machen, wenn er nur dadurch nicht die ihm als Fuhrknecht zukommenden Dienste zu verrichten, außer Stand gesetzet wird. Doch müssen hiezu keine andere, als solche gewählet werden, die bey Pferden aufgewachsen sind, und mit solchen umzugehen wissen.

Zu Friedenszeiten werden verheurathete nicht so leicht zum Militärstande abgeführet, weil es jedoch von der Beurtheilung der Zivilstelle abhängt, welche Menschen bey dem Ackerbau, bey den Gewerben und bey andern Provinzialbeschäftigungen erforderlich sind, so müssen sowohl in Kriegs als in Friedenszeiten alle verheurathete, welche die Obrigkeiten bey dem Nährstande nicht nöthig finden, und zum Sol-

ba-

der Militärstellen.

datenstande abführen wollen, angenommen werden. Sollte eine Obrigkeit Leute unter das Militär stellen, die mit solchen Gebrechen behaftet sind, welche bey der Assentirung und chirurgischen Visitirung, wie es zum Beyspiel mit der hinfallenden Sucht, oder andern innerlichen Krankheiten geschehen kann, zu entdecken nicht möglich ist, und welche die Obrigkeit gewußt, doch geflissentlich verschwiegen hat, so ist die betreffende Obrigkeit für dergleichen wieder zu entlassende untüchtige Leute nebst dem Pfandgeld und der Monduröfkösten auch jene des Brods, der Löhnung und des Schlafkreuzers dem Aerario zu ersetzen schuldig.

So oft ein Soldat, es sey durch Erbschaft, durch Ankauf oder Heurath in den Besitz einer Wirthschaft oder auf ein bürgerliches Gewerb gelanget, oder aus was immer für einer anderen Rücksicht dem Nährstande unumgänglich nöthig, und diese Nothwendigkeit von Seiten der Zivilstelle bestättiget wird, hat selber der schon bestehenden Einführung gemäß, gegen dem seine Entlassung vom Soldatenstande zu erhalten, daß diejenige Obrigkeit, bey welcher der Mann zuwachs, oder wo sich derselbe ansäßig macht, es mag ihr alsdenn schon vorher unterthänig gewesen seyn oder nicht, dafür einen andern aus der Zahl der unbestimmt Beurlaubten abgebe, an dessen Platz hingegen gleich wieder einen tauglichen Unterthan aus dem zu an-

bern

dern Staatsnothdurften anwendbaren unter die unbestimmt Beurlaubten ersetzt, wobey auch noch, wenn der zur Entlassung auf einer andern Herrschaft, als welcher derselbe vorher unterthänig war, sich ansiedelt, die Einwilligung hiezu von seiner ehemaligen Obrigkeit vorher beygebracht werden muß.

Wenn die betreffende Obrigkeit, wohin der zu entlassende Mann kömmt, damals erweißlich mit keinem Diensttauglichen und zugleich entbehrlichen Unterthan aufzukommen vermögend wäre, so tritt alsdenn der Fall ein, wo der ganze Werbbezirk supliren, und der Ersatz dort, wo ein Unterthan am leichtesten entbehrt werden kann, aus dem Werbbezirk zu geschehen hat. Auf gleiche Weise wird der Ersatz aus dem ganzen Werbbezirk auch in dem Fall geleistet, wenn die Zivilstelle die Entlassung eines Soldaten zum Behuf des Bergbaues, den Salz- und Eisenwerke, der Schiffahrt, oder einer Fabrike, und dergleichen mehr, oder das Militär zur Beförderung der Pulver- und Salpetererzeugung, wo der zu entlassende seiner Obrigkeit insbesondere zu Guten kömmt, unumgänglich nöthig findet. Dieser Ersatz geschieht allemal unter dem betreffenden Werbbezirksregiment, es mag der zu entlassende von dem nämlichen, oder von einem andern Regiment seyn.

Wenn ein aus einem konscribirten Lande gebürtiger Soldat mit Bewilligung seiner

Obrig-

der Militärstellen.

Obrigkeit auf einem Gewerbe, oder einer Wirthschaft in einem nicht konscribirten Lande gegen den sich seßhaft zu machen, die Gelegenheit findet, daß diejenige Herrschaft, wo er sich ansiedelt, einen von ihren Unterthanen dafür stellt, so muß der Nachwachsende zu demjenigen Regimente zu stehen kommen, in dessen Werbbezirk der erstere gehörig war, statt diesem auch unter einen Kavallerie oder andern Regiment befindlich gewesen wäre.

Wird von Fuhrknechten ein Mann aus Rücksicht des Nahrungsstandes oder anderer Ursache entlassen, so hat der für selben aus den unbestimmt Beurlaubten Zuwachsende nicht unter das Werbbezirksregiment, sondern wieder unter das Fuhrwesen stehen zu kommen. Bey den jährlichen Werbbezirksrevisionen müssen die Militärofficiers unter andern auch darauf wahrnehmen, ob die aus Rücksicht des Nahrungsstandes oder anderer Ursachen von Soldatenstande entlassene Leute den Absichten, warum sie die Entlassung erhalten haben, entsprechen. Wird einer aus der Zahl der unbestimmt Beurlaubten aus einer politischen Rücksicht nöthig, so ist für ihn ein anderer zu ersetzen. Wenn obligate Militärpersonen den geistlichen Stand antreten wollen, so haben die Generalkommanden die Befugniß ihnen solches gegen dem zu gestatten, daß der Orden, in den sie aufgenommen werden, für jeden solchen Mann 200 fl. erlege. Außer den ist angeführten Fällen kann sonst kein aus einem konscribirten Lande gebürtiger Soldat, so lang er vollkommen dienstthauglich ist, seine Entlassung erhalten. Macht sich ein in diesseitigen Militärdiensten stehender Ausländer auf eine Herrschaft oder Stadt ansäßig, so hat solcher für seine Entlassung nur einen andern Kapitulirten Ausländer zu stellen, zugleich aber das Mondursgeld zu erlegen, nach seiner Entlassung aus Militärdiensten wird alsdann derselbe nicht mehr wie ein Ausländer angesehen, sondern sowohl seiner Person als seiner Familie wegen, wie ein Inländer behandelt.

In Friedenszeit wird der durch Absterben, Desertion und durch Ubernehmung mehr Invaliden in die Invalidenversorgung sich ergebende Abgang an inländischer Mannschaft auf den Friedensfuß nicht nur für gesamte Werbbezirks-Infanterieregimenter, sondern auch für die deutsche Kavallerie, Artillerie und übrige Korps, nicht gleich wie sich der Fall ereignet, sondern immer auf einmal zu jährlichen Lagers — oder Exerzierzeit ersetzt. Die diesseitige Ergänzung geschiehet aus den unbestimmt Beurlaubten, dergestalt, daß hievon allzeit diejenigen, welche beym Nahrungsstande die entbehrlichsten sind, genommen werden.

Den Ländern ist zum Beyspiel erlaubt, Tobakschwärzer, Wildpretschützen, und dergleichen mehr in geringen, die Ehrlosigkeit nicht

nach

nach sich ziehenden Verbrechen Befangene, der Flucht verdächtige, anderwärts ohne Paß betretene, oder als Vagabunds eingebrachte Unterthanen zum Soldatenstande abzugeben. So weit nur Leute von dieser Gattung gestellt werden, können sie ihren zeitlichen Gebrechen nach, nicht unter die unbestimmt Beurlaubte eintreten, sondern es sind solche bey den Regimentern gleich in Zuwachs zu nehmen. Unter die Kavallerie müssen lauter Leute zu stehen kommen, die, wenn sie nicht bey Pferden aufgewachsen sind, doch wenigstens mit ihnen gut umzugehen wissen. Damit den Regimentern der Ersatz des Abgangs alle Jahre in der bestimmten Zeit geschehen möge, haben nicht blos die Werbbezirksregimenter von der Infanterie, sondern auch die Artillerie und deutsche Kavallerieregimenter, so wie alle übrige Militärkorps, wie sie aus Rücksicht ihrer Ergänzung unter die Infanterie Werbbezirksregimenter eingetheilet sind, den Generalkommanden ihre Erforderniß immer vorläufig und bey Zeiten anzuzeigen. Die zum Ersatz des Abgangs einberuffene unbestimmt Beurlaubte werden ihrer Tauglichkeit wegen bey dem Kriegskommissariate chyrurgisch untersucht. Die Assentirung so wie chyrurgische Visitirung kann entweder von dem Orte vorgenommen werden, wo der Regimentsstaab in Quartier liegt, oder da, wo der Brigadier und Kriegskommissär sich befinden, oder wo es sonst der Lage nach am

be-

bequemlichsten ist. Wenn wider Verhoffen Leute mit Verbrechen übernommen werden sollten, so haben die Regimentskommendanten, die allenfalls dem Aerario dadurch verursachte Unkösten mit Regreß gegen die visitirende Wundärzte zu ersetzen. Wenn aber ein Chyrurgus die bey einem Rekruten vorhandene Gebrechen geflissentlich verschwiegen so hat er für einen solchen Mann 3 andere dienstaugliche Ausländer zu stellen. Bey der Uibernahme muß ein Deputirter von Kreisamte zugegen seyn. Entsteht wegen der Dienstauglichkeit eines Mannes ein Zweifel, so wird über denselben das sogenannte Superarbitrium gehalten, welches das Generalkommando so weit es thunlich ist, selbst vornehmen, auf den auswärtigen Assentplätzen aber an die daselbst bequartirte Generals und Staabsofficiers zur Besorgung übergeben wird, und wozu, um schon gedachtermaffen den Ländern keinen Anlaß zu Beschwerden zu geben, gleichfalls ein Deputirter von Seiten des Kreisamts beygezohen wird. Jeder zum Ersatz des Abgangs Einberuffener, bekömmt, so bald er assentirt wird, 3 fl. Handgeld, wovon er sich die ersten nöthigen Kleinigkeiten anschaffen muß. Mit den Monturs- und Rüstungssorten sind die Regimenter immer durchaus auf den kompletten Friedensstand versehen.

Sobald den Regimentern der gesammte Abgang an Inländern auf den Friedensstand aus

den

den unbestimmt Beurlaubten ersetzt worden ist, wird gemeinschaftlich zwischen dem Generalkommando und der Civilstelle die Anleitung zur Ergänzung der unbestimmt Beurlaubten und deren Aushebung aus den Werbbezirken mit der Vorsicht getroffen, daß alles ruhig und still in den Ländern, und besonders ohne dadurch das geringste Aufsehen zu machen, vor sich geht. Die Eintheilung wird weder nach den Häusern, wie es ehender in mehreren Ländern geschehen ist, noch auch nach einem allgemeinen Populationsdividenten, sondern nach der eigentlichen Verhältniß der zum Wehrstand ausgemessenen Menschen entworfen. Wenn den Obrigkeiten die Zahl der zustellenden Mannschaft bekannt gemacht wird, so zeigen sie den Aufenthaltsort den betreffenden Individuen an. Den gehobenen Leuten sind, da sie bei den Regimentern nicht in Zuwachs und Gebühr kommen, weder einige Monduresstücke noch die 3 fl. zur Anschaffung der ersten Kleinigkeiten auszufolgen. Nachdem die zum Ersatz der unbestimmt Beurlaubten ausgehobenen Leute keine Verpflegung bekommen, so müssen solche, so weit es thunlich ist, in ihren Geburts- und Aufenthaltsörtern gelassen und visitirt werden. Mit der so beschaffenen Ergänzung der Regimenter und Korps ist zu der Lagerszeit vom Jahr 1781 das erstemal angefangen worden. Bey der Infanterie muß jedes Regiment 960, mithin eine Kompagnie 60 Ausländer Gemeine auf den Friedensstand haben, und das, was den Regimentern auf diese Zahl an Ausländern abgeht, kann nicht durch Inländer aus den Werbbezirken ersezt werden, sondern ist durch die Anwerbung der Fremden zu ergänzen. Unter die Grenadiers, welche immer aus den Füsilierkompagnien ergänzt werden, können nur, so weit Ausländer zu stehen kommen, als nicht genug mit den vorgeschriebenen Eigenschaften versehene Inländer bey den Regimentern vorhanden sind, und bey den Kavallerieregimentern ist ebenfalls keine bestimmte Zahl Ausländer vorgeschrieben, sondern so viel diese Ausländer bekommen, um so viel weniger darf ihnen an Inländern bey der jährlich vor sich gehenden Ersazung zugetheilt werden.

Mit dem Ersaz des sich bey den Fuhrknechten ergebenden Abgangs wird sich bey jenen der Regimenter und übrigen Korps gerichtet, nur mit dem Unterschied, daß dieser Ersaz bey den bestimmt Beurlaubten und der in der Dienstleistung stehenden Fuhrknechten, nicht erst zur Tageszeit, sondern allemal, gleichwie ein Abgang sich äußert, zu geschehen hat. Es muß demnach, so oft ein in der Dienstleistung stehender Fuhrknecht auf was immer für eine Art abgängig wird, solcher sogleich durch einen anderen von den auf bestimmte Zeit Beurlaubten, welcher, so oft es verlangt wird, in dem jährlichen Exerzierlager sich zu stellen hat, ersezt wer-

der Militärstellen.

den, an dessen Platz rückt gleich wieder einer von den zu Haus auf unbestimmten Urlaub befindlichen Fuhrknechten ein, und des Letzten seine Stelle wird durch einen zu Fuhrwesensdiensten angemessenen Unterthan aus dem Werbbezirk, jedoch erst damals ersetzt, wenn zur Lagerzeit ohnehin die Ergänzung der unbestimmt Beurlaubten für die Infanterie aus den Werbbezirken vor sich geht. Der Ersatz geschieht allemal aus dem nämlichen Lande, woher der Abgängige gebürtig war. In Böhmen werden beständig 5473 unbestimmt Beurlaubte Fuhrknechte unterhalten, welche Anzahl sich auch bey der vorhergehenden Populazionsrektifikazion vorgefunden hat.

Was hierin ermangelt, oder bis zur nächsten Lagerzeit abgängig wird, wird bey der nächsten Ergänzung ersetzt.

Auf die nämliche Art wie die Populazion und der Viehstand in Friedenszeiten in der Evidenz gehalten wird, geschieht auch in Kriegszeiten. Wenn bey dem Ausbruche eines Krieges nebst den Feld, auch die Garnisonbataillons aus den Werbbezirken abzurücken haben, so werden die Werbbezirksangelegenheiten durch Kommandirte von den Garnisonbataillons, welche zu Feldkriegsdiensten nicht mehr angemessen sind, besorgt, und ein jedes Regiment muß nach seinem Lokale beurtheilen, wie viel es an solcher zu Felddiensten untauglichen Ober- und Unter-

offi-

Offiziers, dann Gemeine zu diesem Ende in seinen Werbbezirk zurück zu lassen nöthig habe.

Die Offiziers müssen von der Konscripzions- und Werbbezirkseinrichtung die vollkommene Kenntniß haben, und alle im Regiment vorhandene militarische Populazionsbücher zu künftiger Besorgung in Verwahrung übernehmen; die Civilstelle hingegen hat alles dasjenige, was denselben in Obsicht auf die Evidenzhaltung des Populazionsstandes dermal zukömmt, auch in Kriegszeiten beständig auf das genaueste zu besorgen, und sonach die von Zeit zu Zeit bey jeder Familie sich ergebende Aenderungen ohne Unterlaß in die in Händen habende Populazionsbücher einzutragen. Wo das Garnisonbataillon selbst im Bezirk bleibt, da wird durch solches die jährliche Konscripzionsrevision einverständlich mit der Civilstelle vorgenommen. Die Generalkommanden in den konscribirten Ländern setzen sich solchemnach bey Zeiten in die Verfassung dem Konscripzionsgeschäfte zweckmäßig vorzustehen.

Die jährlichen Werbbezirksrevisionen werden währenden Krieg mit der nämlichen Gleichförmigkeit, wie zu Friedenszeiten vorgenommen. Nach vollendeter Revision werden die Summarien nach Hof gesandt.

Bey dem Ausbruch eines Krieges ist das erste und nothwendigste, daß die Armee auf den bestimmten Kriegsstand gebracht wird, die jungen

gen subalternen Offiziers von der Infanterie, Artillerie und sonstigen Korps, welchen im Krieg Fourierschützen bewilliget sind, dazu Halbinvaliden und unanstellige Leute aus dem Feuergewehrstande wählen und untaugliche nehmen, es müssen jedoch vorher diese Leute dem Brigadier und kommißariatischen Beamten mit einer von dem Regiment verordneten unterfertigten Beschreibung vorgestellt werden, welche beyde sodann diese Beschreibung nach befundener Richtigkeit mit unterfertigen.

Jede Obrigkeit hat einen Auszug aus den Ortschaftspopulationsbüchern über ihre alle zum Militärstand taugliche, und ihrer Eigenschaft nach dazu angemessene Unterthanen bey Handen, um von dem Orte ihres Aufenthalts beständig unterrichtet zu seyn. Nach vollbrachter Stellung, wo die sich dadurch ergebende Aenderungen in den politischen Populationsbüchern bey jeder Familie ohnehin vorgemerkt, und in Richtigkeit gebracht werden müssen, wie auch der Auszug der zum Wehrstande, so wie zum Fuhrwesen, und für andere Korps angemessener wieder berichtiget, und so von einer Rekrutirung zur andern immer fortgefahren, damit jede Obrigkeit das so betreffende Quantum nicht nur beständig in Bereitschaft habe, sondern solches auch, wenn es zur Stellung kömmt, unverzüglich abführen könne. Die Rekrutenaushebungen sind auch zu Kriegszeiten mit der behörigen Vorsicht vorzunehmen. Die Uebernahme und Assentplätze werden vorzüglich jene gewählt, wo gutes Unterkommen vorhanden ist, es müssen deren so viele ausgemacht werden, als nach der Lage der Kreise erforderlich sind. Währenden Kriege sind jedem Rekruten die ausgemessenen 3 fl. Handgeld zu reichen.

Die Eintheilung wird in den Ländern auf die Kreise und Herrschaften nach dem nämlichen Maasstabe, wie es für die in Friedenszeiten vorgeschrieben ist, entworfen. Weil aber im Kriege Fälle sich ergeben können, wo Werbbezirksregimenter auf solche Art leiden, daß ihnen ihre Ergänzung aus den eigenen Werbbezirken nicht verschaft werden kann, so muß in einem solchen Fall diesen Regimentern mit Leuten aus andern Werbbezirken ausgeholfen werden.

Die Fluchtverdächtige Unterthanen werben auf Abrechnung der nächsten Stellung gleich abgegeben.

Um von der guten Pferderforderniß in den Ländern immer versichert zu seyn, müssen die Werbbezirksregimenter nebst den Kreisämtern fortan in der Kenntniß stehen, wo, und an welchen Orten die Pferde sind, die jeder Bezirk oder Kreis sowohl für die eigene Bespannung des Werbbezirksregiments, als für andere Regimenter und Korps, damit für die Artillerie und das Verpflegsfuhrwesen ꝛc. im Nothfall abzu-

der Militärstellen.

zugeben haben wird. Zu diesem Ende haben die Kreisämter und Werbbezirksregimenter eigene gleichförmige Listen, und um die benöthigte ganze Anzahl Pferde auf jeden Fall desto mehr zu bedecken, ist aller Orten mit einem Ueberschuß von 5 pro Cent zu dingen, welches nach den Viehstandessummarien vorgenommen wird, die in den meisten Ländern mehr als noch einmal so viel zu den verschiedenen Kriegsbedürfnissen angemessene Pferde ausweisen. Die Vormerkungslisten müssen bey der im Monat April und May vorzunehmenden Werbbezirksrevision und Klassifikazion der Pferde zu Stande gebracht werden. Kömmt es zur Aushebung und zum Ankauf der Pferde, so nehmen alsdann, wie die Ordre dazu einlangt, die Kreisämter und Werbbezirksregimenter ihre Vormerkungslisten zur Hand, und machen die pränotirten Pferde auf den Uebernahmsplätzen zur Assentirung bereit. Da die Werbbezirksregimenter die Uebernahme der Pferde zu besorgen haben, so müssen jedem derselben von der hierlandes verlegten Kavallerieregimentern oder Fuhrwesen, nach Erforderniß ein oder zwey tüchtige Offiziers nebst so vielen geschickten Schmieden zur Aushilfe gegeben werden. Die Zahlung für die übernehmende Pferde leistet das Regiment auf der Stelle. Weil die Pferde gewöhnlichermassen bey der Assentirung mit dem k. k. Brand bezeichnet werden

C 2   müs-

müssen, so hat sich jedes Werbbezirksregiment mit dergleichen Brandeisen zu versehen.

Falls ein Werbbezirksregiment ehender aufzubrechen beordert wäre, als das Kommando zur Uebernahme der für ein anderes Regiment bestimmten Pferde anlangte, so übergiebt jenes diese Pferde dem im Werbbezirk zurückgebliebenen Offizier.

Den Militäroffiziers, welche zur Bewirkung der jährlichen Werbbezirksrevision herumzureisen beordert werden, hat das Land aller Orten das unentgeldliche Quartier, dann zu ihrem Fortkommen die benöthigten Vorspänne gegen normalmäßige baare Bezahlung zu erfolgen. Es sind jedoch in den deutsch und böhmischen Landen keinem Offizier mehr als 2 Vorspannspferde passirt, und der dafür zu ertheilende Betrag wird ihnen gleich jenen erweislichen Auslagen, welche sie in Konscripzions- und Werbbezirksangelegenheiten allenfalls auf Schreibmaterialien, Briefporto und sonst zu machen haben ab Aerario vergütet.

Und dieses sey von den Werbbezirksregimentern und der Beschaffenheit des Konscripzionswesens in Friedens- und Kriegszeiten genug gesagt. Das mehrere hievon ist aus dem in Beziehung auf dieses Geschäft von Zeit zu Zeit ergangenen Reglements abzunehmen. Inzwischen ist doch aus dem kurzen Begriff der gegenwärtigen Behandlung des Populazionssy-
stems

der Militärstellen.

stems deutlich zu bemerken, wie zu unsern Zeiten eines der wichtigsten Gegenstände der Landesstände auf eine ungleich vollkommenere Art, als nach der ehemaligen Beschaffenheit zur wahren Glückseligkeit des Staats und der engsten Verbindung des Gewerbs mit dem Wehrstande sey eingeleitet, und der Grund zu einer künftigen bürgerlichen Militärnazionalverfassung gelegt worden.

Siebenter Abschnitt.

Von der prager Karl-Ferdinandeischen Universität, deren ehemaligen und itzigen Zustande der Litteratur, der Künste und Wissenschaften, von gelehrten Gesellschaften, Bibliotheken, Kunstkabineten, und Naturaliensammlungen, dann das mindere und höhere Schulwesen betreffende Anstalten.

Zustand der Wissenschaften vor Errichtung der prager hohen Schule.

Obgleich der Zweck dieses Werks blos dahin geht, eine vollständige Beschreibung der Stadt Prag zu liefern, ohne sich dabey in die Erzählungen der Merkwürdigkeiten, so das Land überhaupt betreffen, einzulassen; und also diesem Grunde nach betrachtet, in diesem Abschnitte blos der Raum dazu bestimmt zu seyn

38 Beschreibung

schulen, die Geschichte der prager hohen Schule einzurücken, so hat man doch für nicht überflüßig zu seyn erachtet, in gegenwärtiger Beschreibung außer dem vorgesetzten Kreise weiter fortzurücken, und den Zustand der Wissenschaften von dem ältesten böhmischen Zeitalter an, dem Leser vor Augen zu legen, um ihm dadurch die Mittel zu erleichtern, den Zusammenhang dieses ganzen Gegenstandes und die Verbindung mit den folgenden Epochen überhaupt zu übersehen, und eine kurze Kenntniß der böhmischen Litteratur zu entwerfen.

Wenn wir demnach in das späteste Alterthum der böhmischen Geschichte zurückgehen, so finden wir große Mühe nur einige wenige Spuren eine Art vom Getriebe der Wissenschaften zu entdecken. Die Böhmen beschäftigten sich nach der Gewohnheit des barbarischen Zeitalters mit beständigen Kriegen mit Menschen und Viehe, die wenige Muse, so ihnen übrig blieb, wurde auf Viehzucht und Ackerbau verwendet. Unter dergleichen Verrichtungen wird auf die Erlernung nützlicher Künste und Wissenschaften nicht viel gedacht.

Die ersten Spuren wissenschaftlicher Unterweisungen finden wir in Böhmen in der Einrichtung der sogenannten budetzer Schule. Wann diese Schule ihren Anfang genommen, dieses kann man eigentlich nicht bestimmen, doch sagt uns die Geschichte, daß schon Przemiß und Li-
busse

buffe in diefen Schulen den Unterricht genoffen haben follten. So aber wie die Zeit der Einrichtung diefer budezer Schule nicht angezeigt wird, fo will man doch um fo zuverläßiger das Ort, wo fie fich befunden haben follte, an dem Georger Berge im Rakoniger Kreife entdeckt haben, ja es werden alte dort herausgegebene Denkmäler befchrieben, welche erwähntes Vorgeben beftättigen follen.

Man läßt alles diefes bey dem hiftorifchen Glauben bewenden, und fährt weiter fort die Gegenftände diefes Schulunterrichts zu bemerken. Viele glaubten ehemals, daß in diefer Schule die heidnifchen Priefter ihre Schüler in der Zauberey unterwiefen hätten, wie denn Libuffe felbft in den Geheimniffen diefer Wiffenfchaft eingericht gewefen feyn follte.

Allein feit der Zeit, da man wahrgenommen, daß das Wunderbare der natürlichen und künftlichen Wirkungen blos in dem Gefichtskreife der Unwiffenheit übernatürlich bleibt, hat man auch dem Begriffe von Zauberey eine ganz andere Bedeutung beygelegt, und fonach die Budezer Schulen als Unterweifungsörter in den Kenntniffen natürlicher Dinge angefehen. Die Gegenftände, fo unfre Sinnen meift zu befchäftigen pflegen, veranlaffen uns am erften über ihr Wefen Betrachtungen anzuftellen, und zu verfuchen, wienach folche zum Gebrauche des gemeinfchaftlichen Lebens könnten angewendet wer-

werden. Unsere ältesten Vorfahren verfuhren nach dieser Art der Eindrücke so die natürlichen Dinge in ihren Körpern hervorbrachten, und sammelten Erfahrungen, aus den ein Lehrgebäude der Wissenschaft entstande, die sie den Schülern beygebracht hatten.

Diesem Geschäfte hatten sich meist die Priester unterzogen, denn dadurch erhielten sie bey dem Völke ein wichtiges Ansehen, das schon ehehin auch durch die Verrichtung gottesdienstlicher Handlungen gegründet worden war. Ihr Amt noch erhabener zu machen, verhüllten sie ihre Unterweisungsart in Geheimniße, schwülstige Paraleln, Fabeln und falsche Ueberlieferungen, wodurch es kam, daß die Erlernung dergleichen natürlichen Kenntniße mit vielen Aberglauben und Vorurtheilen vermischt worden, welche zur Sache gar nicht diente, und bey den Unwissenden als zauberische Künste angesehen worden. Auf diese Art wurde in der Budezer Schule die Arzneykunst, Haus- und Landwirthschaft, die Götterlehre, Moral und Politik gelehrt, allein alles blos durch mündliche Ueberlieferungen, und mit vielem abergläubischen Wesen vermengt.

Als Cyril das Christenthum in Böhmen einzuführen anfieng, so hatte er zugleich in der budezer Schule den Gebrauch der slawischen Buchstaben bekannt gemacht, von dieser Zeit an wurden die Schüler in der Buchstabenkenntniß,

dem

dem Schreiben, Rechnen, und der christlichen Religion, obgleich noch sehr schwach, und was den letzten Gegenstand betraf, mit großen Hindernissen verknüpft, unterrichtet.

Unter der Regierung Boleslav ward das Christenthum in Böhmen fast allgemein eingeführt, und nun hatte der Religionsunterricht wenige Schwierigkeiten zu überstehen, der Unterschied bestand nur darinn, daß der vorher von Cyril nach Art der griechischen Kirche in Böhmen eingeführte Gottesdienst mehr mit dem römischen verwechselt wurde. Von dieser Zeit an wurde das Studium der slawischen Sprache nicht so eifrig betrieben, denn die lateinische Sprache ward ißt bey den gottesdienstlichen Handlungen allgemein angenommen. Nach dieser Verfassung befand sich das Lehramt blos bey der Geistlichkeit, besonders bey den Mönchen und Stiftern, welche eigene Schulen errichteten, und die Jugend in der Landessprache, dem Latein, der Religion und andern Wissenschaften, die sie für zu träglich hielten, unterwiesen.

Da die Zahl der Schüler immer mehr anwuchs, so hatte man nebst der alten Budetzer Schule noch mehrere andere zu Altbunzlau, in der Kollegialkirche zu Saatz, zu Laan, zu Braunau, und zu Leutmeritz angestellt.

Nach der Zeit blieb man nicht bey dem blossen Unterrichte in der lateinischen Sprache ste-

stehen, sondern man schritt allmählich zu höhern Lehrgegenständen, und fieng an vorzüglich die Grundsätze der Gottesgelehrheit, wie auch die Geschichte der Religion zu lehren. Doch wer einen größeren Fortgang in den Wissenschaften zu machen sich vornahm, begab sich in einige von den Schulen in Deutschland, wie man ein Beyspiel an dem mehrmaligen prager Bischof Adalbert, Christianus und dem Kosmas siehet.

Um das Jahr 1068 errichtete der prager Dompropst Markus eine Schule für seine Domherren, der er selbst vorstund, und die Domherren in den theologischen Wissenschaften unterwiese. Denn um diese Zeit verstanden die Geistlichen, die sich nicht besonders auf Wissenschaften verlegt hatten, meist nur ein wenig elendes Latein und etwas von der Schreibekunst, in den übrigen Wissenschaften mußten sie besonders unterrichtet werden. Daher hatten die Domkapiteln ihre eigene Lehrer, die sie Scholastikos nannten, und deren Amt es war die Domherren in der Theologie gleich unsern heutigen Schülern zu unterrichten, und bey Endigung des Kurses, an ihren Diszipeln verschiedene lächerliche, und zum Theil für Geistliche unanständige Gebräuche auszuüben; wie denn auch vergangenes Jahrhundert in einem deutschen Hochstifte die Gewohnheit gewesen, die ausstudirte junge Domherren einer Reihe der ältern

Dom-

Domherren, welche Ruthen hielten, und in ältern Zeiten wohl damit zugeschlagen haben mochten, zu passiren, um dadurch anzuzeigen, daß sie nunmehro als zunftmäßig Ausgelernte der Ruthe des Schulmeisters entgangen wären, welches mit den sogenannten Häuslern bey den Innungen große Aehnlichkeit hatte.

Um das 12te Jahrhundert war gleichfalls zu Prag eine Schule zu finden, wo man die Weltweisheit nicht nur den Einheimischen, sondern auch einigen Oesterreichern und Steyermärker Studenten, die sich da versammelt hatten, vorlas.

Die Lehrer derselben waren Ostko, Bohenik und Gregor, ein prager Domherr. Zu dieser Schule kam hernach noch eine andere, an der man öffentlichen Unterricht in der Arzneywissenschaft gab, so, daß schon unter der Regierung Ottogars eine Art hoher Schule zu Prag zu finden war, darauf die lateinische Sprache, die Weltweisheit, die Gottesgelehrheit, und die Arzneykunde gelehrt worden.

Wenzel, der auf den Ottogar folgte, wollte zwar schon seiner Zeit eine ordentliche Universität zu Prag, wie es nach ihm geschehen, einrichten, zu diesem Ende ließ er bereits unter andern einen gelehrten Mann mit Namen Goy nach Prag kommen, der die böhmischen Rechte in Ordnung bringen sollte, allein, da er wegen des Widerspruchs, den er hierin von den

böh=

böhmischen Ständen litte, zu seinen Absichten nicht gelangen konnte, so wurde dieser Ruhm allein Karln IV. vorbehalten.

Die aristotelische Weltweisheit wurde nur aus den Klöstern hervorgezogen und in den Schulen eingeführt.

Obgleich die Schriften des Aristoteles meist verlohren gegangen, so hinderte dies doch nicht, solche als vollständig heraus zu geben, und durch Aeußerung der mönchischen Grillen zu ergänzen.

Die Ulberbleibseln des eigentlichen Peripatetismus waren überdies dem heidnischen Geschmack so gemäß, daß es zu verwundern ist, wie solche mit christlichen Grundsätzen eine so lange Zeit bestanden haben mochten.

Die Arzneykunde betrieben meist Araber und Juden, sie kamen nach den Abendländern aus den römisch-griechischen Staaten, wo diese Wissenschaften zu dermaligen Zeiten blüheten, doch wurde die Philosophie sowohl als Arzneywissenschaft und die Theologie durch viele abergläubische Sätze sehr verunreinigt, und den spätern Jahrhunderten war es vorbehalten, hierinfalls eine Verbesserung vorzunehmen.

Errichtung der prager kanonischen Universität.

Bishero befanden sich in Böhmen nur Schulen von dieser Art, in welchen entweder kein öffentlicher Unterricht ertheilt worden war, oder wenn auch ja dieses geschah, die Vorlesungen über Gegenstände der gewöhnlichen sogenannten 4 Fakultäten abgesöndert gehalten wurden. Kaiser Karl der IV., jener Beherrscher Böhmens, von dem die Geschichte so schöne Denkmäler seiner Regierung uns darzustellen weis, auch durch dieses Institut sein Andenken verewigt. Die Veranlassung dazu war folgende: König Johann, der Vater dieses großen Monarchen, ließ diesen seinen Sohn in Paris erziehen, wo die Wissenschaften und der gute Geschmack nach der Art damaliger Zeiten einen hohen Grad der Vollkommenheit erreichet. Als der Prinz ausgebildet und aufgeklärt zurückkam, so brauchte es bey ihme nicht viel um einzusehen, daß sein Vaterland an verschiedenen nützlichen Verfassungen Mangel litte. Er beschloß bey Antritt der Regierung jene Vorkehrungen zu treffen, davon er sich bereits bey Lebzeiten seines Vaters den Plan entworfen, und die zur wahren Wohlfahrt seiner Nation dereinst den Grund legen sollen.

Die Errichtung der prager hohen Schule wurde im Jahre 1348 bewerkstelligt. Die ersten Lehrer waren folgende: Hermann von Wirtensnak, ein gebohrner Sachse, und Fridman von Prag, ein Böhme, beyde Weltpriester und Lehrer der Gottesgelahrheit. Niglod von Osnabrück und Heinrich von Schüttenhofen hatten die geistlichen und weltlichen Rechte zu lehren. Niklas aus Mähren und Balthasar von der Tauß machten den Anfang mit der Arzneykunde. Jakob von Prag und Dietrich von Wider wurden nebst Heinrichen Poliere, einem Franzosen, zu Professoren der Weltweisheit ernannt. Auch lehrte der berühmte Schindelius an der nämlichen hohen Schule die Meßkunst.

Um den Zusammenfluß der Studenten zu befördern, ertheilte der Kaiser ansehnliche Freyheiten, Vorrechte und Begünstigungen dieser neu gestifteten Universität. Solchemnach erhielten die Studenten ihre eigene Gerichtsbarkeit, die von der, des ordentlichen Stadtraths abgesöndert war, und blos von dem akademischen Rathe abhieng, der über seine Glieder in bürgerlichen als Kriminalfällen unumschränkt zu entscheiden hatte.

In Beziehung auf die Ausländer, so des Studirens wegen nach Prag kamen, geschah die Verfügung, daß sie von Zöllen, Mauten und Auflagen befreyet waren, ja das Gesez gieng in der Zollbegünstigung so weit, daß das Gepäcke eines reisenden Studenten, nach seiner Domestiken von den Zollbeamten nicht untersucht werden durfte, und man mußte dem Passagier allen Beystand leisten, so bald er sich mit einem schriftlichen Zeugnisse, daß er ein Student wäre, rechtfertigen konnte. Andere

Frey-

Freyheiten hier nicht zu erwähnen, welche anzuführen weitläufig seyn möchten, und denn ohnehin in dem Freyheitsbriefe Kaisers Friedrich ausführlich zu lesen sind, als wo die Studentenprivilegien sich bestättiget befinden.

Diese und dergleichen Begünstigungen mehr bewirkten in der That einen großen Zusammenfluß der Studenten an der Prager hohen Schule. Das zweyte Jahr nach der Errichtung zählte man 722, und zu den Zeiten Königs Wenzel 60000 Studenten in Prag.

Der Plan selbst, nach welchem die Wissenschaften gelehrt werden sollten, ward nach dem Pariser Systeme angenommen. Vermög solchem wurden den Studenten die Wissenschaften nach der Art beygebracht, daß sie künftig als nützliche Glieder des Staats konnten angesehen, und zu den erforderlichen Bedienstungen gebraucht werden. Der erlauchte Stifter wußte wohl, daß die Erziehungsanstalten und Bestellungen der öffentlichen Lehrämter die Grundlage einer guten Staatsverfassung ausmache, als wodurch der Nachwachs des Volks zu den bürgerlichen Tugenden eingeführet wird, und vernünftige Grundsätze der Lebensart, und zur Ausbreitung nützlicher Kenntnisse erhält.

Das Studium der Theologie wurde wahrscheinlicher Weise nach dem Lehrgebäude der französischen Kirche eingeführt, die jederzeit so feste über ihre Freyheiten gehalten, und solche

gegen

bald nach der Errichtung der prager Universität sich ereigneten Religionsunruhen und dadurch veranlaßte allgemeine Landesrevolution haben uns die vollständige Kenntniß des damaligen theologischen Studiums entzogen. Um so gewisser ist es aber, daß Kaiser Karl die festgesetzte Ordnung der Rechte besorgen ließ, und das römische alte Recht bey den Lehrstühlen einführte, das mehr zum Grunde des vaterländischen Rechtes diente, und eine Quelle der Bewegursachen der rechtlichen Entscheidungen abgab.

Um die Gleichförmigkeit der Lehrart zu befördern, verordnete weiters der Monarch, daß alle vorhin bestandene Schulinstitute von was immer für einer Art der prager Universität untergeordnet, oder vielmehr ihr einverleibt werden sollten. Nach diesem Befehle kam das vorher sogenannte Kollegium in Jerusalem, das Kollegium zu Nazaret, jenes der böhmischen Nation und anderer mehr unter die Verwaltung der Karoliner hohen Schule. Zur Unterhaltung der Lehrer wurden ansehnliche und an einem beständigen Fond ruhende Einkünfte angewiesen. Diese Verfügung war bey gegenwärtigen Umständen eine höchst nothwendige Sache, denn obschon die Ehrbegierde bey den Gelehrten eine große Triebfeder ihrer Bemühungen ist,

so

der prager Universität.

so ist dabey doch die Aussetzung ansehnlicher Gehalte so eine Sache, die berühmte Leute in das Land zieht, die denn aufrichtig das wahre Beste der Wissenschaften sich angelegen seyn lassen, und es beweiset, daß die Sparsamkeit in Aussetzung des Gehalts derjenigen Leute, so Talente besitzen, sehr übel angebracht sey, und daß ein unbeständiger Fond in Beziehung auf die Einkünfte von dieser Art die Genies unterdrücke, oder nur mittelmäßige Lehrer hervorbringe.

Kaiser Karl sah die Universität als eine Pflanzschule guter Staatsbedienten nützlicher Bürger und Künstler von Kenntnissen an, ihm war auch nicht unbekannt, was für Vortheile das Land durch den Zufluß fremder Studenten, die der Ruf von dem Ruhme vortrefflicher Lehrer herbeyzog, beziehen könne, und daher nahm er keinen Anstand, alle Mittel zur Aufrechthaltung eines zweckmäßigen öffentlichen Lehramts anzuwenden.

König Wenzel, der seinem Vater Kaisern Karl IV. in der Regierung unmittelbar nachfolgte, war nicht minder bedacht gewesen, das Möglichste zur Verherrlichung der Univesität beyzutragen.

Kaiser Karl IV. kaufte anfangs das Haus des Juden Lazars, das er zum Universitätsgebäude errichten ließ, und das sich in der Gegend der heutigen Judenstadt, die man insgemein

Beschr. v. Prag. II. Th. D das

man gegenwärtig den Karolin nennet, ein ansehnliches Gebäu an einem der volkreichsten Plätze der Stadt, aufführen, und aus dem erwähnten Hause des Lazars die Universität hieher verlegen. Dabey bezeigte sich der König so bescheiden, daß er dieses neue Gebäu nicht nach seinem, sondern nach seines Vaters Namen, als dessen Ruhm er ihm allein überlassen wollte, das Karolingebäu nennen ließ. Dieses Gebäu ist zwar das nämliche, so man heutiges Tages sieht, allein die Gestalt, in der es itzt erscheint, hat es den neuern Zeiten zu verdanken.

Was die Vorrechte der Akademiker betraf, diese hatte König Wenzel nicht nur allein bestättigt, sondern auch mit vielen neuen Freyheiten vermehrt. Auch die Universitätseinkünfte litten bey der neuen Regierung keine Schmälerung, im Gegentheil wurden sie noch mehr ausgedehnt; Er wirkte vom Pabste Urban VI. das Privilegium aus, vermög dessen die Einkünfte des Domprobsts von Maynz, des Domdechants von Breslau, und des Dechants der königlichen Stiftskapelle zu Allerheiligen auf dem prager Schloße auf 20 Jahre lang zur Erhaltung dieser Universität bestellt wurden.

Die Universitätsbibliothek bestand damals aus 114 Bücher, welche Kaiser Karl von dem

der prager Universität.

wischehrader Domkapitel gekauft, und der Universität geschenkt hatte; — Ein großer Schatz für die hohe Schule, da damaliger Zeiten die Bücher in einem ungemeinen großen Werthe standen. So wie Karl IV. ein großer Freund der gelehrten Versammlungen gewesen, so liebte auch König Wenzel die Entscheidungen über wissenschaftliche Gegenstände, und ließ sich öfters bey den Disputationen einfinden, um durch seine Gegenwart den Fleiß aufzumuntern und zu belohnen. Die Gelehrten fanden bey ihm Unterstützung, besonders die Einheimischen, wie man es an M. Huß sieht, denen er gegen die Anfälle seiner Neider mit königlichem Schutze so viel ihm möglich war, beystand. — Diese königliche Begünstigungen hatten auch in der That die schönsten Früchte für den Staat hervorgebracht. Beynahe 60 tausend Studenten befanden sich unter seiner Regierung an der prager Universität, welche der Stadt Prag und dem ganzen Lande überhaupt wichtige Vortheile von mancherley Art verschaften, und den Ruhm der Wissenschaften ausbreiteten.

Ein widriges Schicksal hatten alle die schönen Aussichten, indem es der Samen der Zwietracht ausstreute, vereitelt. Kaiser Karl IV. hatte, um vortreffliche Lehrer vom Auslande nach der Universität zu ziehen, angeordnet, daß die Fremden in Entscheidung der öffentlichen Universitätsangelegenheiten drey, die böhmischen

Lehrer aber bloß nur eine Stimme haben sollten. Dieser Vorzug, den die Fremden vor den Einheimischen hatten, war diesmal von dem Kaiser eine sehr wohl angestellte Verfassung, weil die Böhmen nicht im Stande waren die Lehrstellen aus ihrem Mittel selbst zu besetzen, und mithin die Fremden durch Einräumung verschiedener Vorrechte herbeygezogen werden mußten. Nach dieser Einrichtung bestanden die Universitätsglieder in vier besondern Abtheilungen, als der böhmischen Nation, der deutschen, der pohlnischen, und dann der bayerischen; jede dieser Nationen hatte bey den Versammlungen ihre eigene Stimme, also daß die Ausländer drey, die Böhmen hingegen nur eine Stimme zu geben berechtigt gewesen. Dabey blieb es bis auf die Zeiten des M. Huß, dem dieser Vorzug der Fremden sehr nahe gieng. Er suchte Schutz bey dem König Wenzel, und stellte ihm die Sache so vor, daß er ihn zu seinem Besten einnahm, und den Befehl auswirkte, daß die Böhmen künftig drey, die Ausländer hingegen nur eine Wahlstimme haben sollten. Allein dadurch wurden die Auswärtigen so gereizt, daß sie ihre Lehrämter, und das Land verliessen. Ihnen folgten in einer Zeit von acht Tägen gegen 36 tausend fremde Studenten, und bald darauf wurde die prager Universität fast von allen Fremden verlassen. Dieser Vorgang hat die Gründung der hohen Schule zu

Leip-

Leipzig, Ingolstadt, Rostock und Krakau veranlaßt, von welcher Zeit auch die prager Universität niemals den ursprünglichen Ruhm wieder erhalten.

Seit dieser Begebenheit hatte M. Huß an den Auswärtigen unversöhnliche Feinde sich zugezogen, sie erwarteten nur eine günstige Gelegenheit ihm die Wirkungen ihrer Rache auf Kosten der ganzen Nation, die sie einer Undankbarkeit beschuldigten, empfinden zu lassen. Diese Gelegenheit ereignete sich bald.

Huß fieng an einige dem römischen Hof unanständige Religionssätze öffentlich zu vertheidigen, dieses war hinlänglich ihn, den König, und die ganze Nation als Ketzer zu erklären, und nach dieser Erklärung den Staat also anzusehen, dem man die Widerstehung der Rechte der Menschlichkeit nicht schuldig war, sondern im Gegentheil sich berechtigt glauben konnte, alle mögliche Mittel zum Verderben der widersprechenden Parthey anzuwenden. — Huß wurde vor den Pabst vorgefodert, sich bey den zu Constanz versammelten Vätern seiner Lehre wegen zu rechtfertigen. Er erschien, man hielt mit ihm viele Glaubensunterredungen, die ihm aber nicht genug einleuchtende Beweise dargestellt haben mochten, seine Lehre zu widerrufen. Dadurch fand sich die Versammlung so beleidigt, daß sie an ihm das Urtheil der Feuerstrafe vollstrecken ließ. Man hatte zwar dem einen sichern

Ge-

Geleitsbrief ertheilt, allein dieser schützte ihn nicht gegen seine Verbrennung, weil, wie es heißt, man hartnäckigen Ketzern, dergleichen einer Huß sollte gewesen seyn, kein Treu und Glauben zu halten verbunden wäre.

Durch die schmähliche Todesart des Huß, als dessen Sicherstellung der ganzen Nation gewährleistet worden, fand sich ganz Böhmen beleidigt und verachtet, folglich in den Stand gesetzt, die Genugthuung als ein unabhängiger Staat mit gewafneter Hand zu fordern. Allein durch diesen Umstand, besonders durch die bald darauf erfolgte Unwehr ist das ganze Land in jene traurige Lage versetzt worden, die uns die Geschichte bey Beschreibung der hußitischen Unruhen schaudernd und schrecklich abschildert, und wodurch alle vorher so vortreflich veranstaltete Landeserrichtungen umgestoßen worden.

Nach Verlassung der fremden Lehrer der prager Universität, gewann die Parthey des Huß die Oberhand, nachdem aber die Religionsstreitigkeiten eine allgemeine Bewegung im Lande hervorbrachten, so wurden die Schulen bis auf das Jahr 1429 geschlossen. Nach der Zeit fieng man zwar wieder an zu lehren, allein die Unreinigkeit der hußitischen und taboritischen Lehre hatten den guten Fortgang der Wissenschaften verhindert. Sonst hatte es in Böhmen seit dem Anfange des hußitischen Kriegs, obschon der öffentliche Unterricht in Wissenschaften auf Schulen größtentheils eingestellt war, dennoch immer gelehrte Leute gegeben, die in verschiedenen Fächern der Litteratur, besonders der Rede- und Dichtkunst, Mathematik, Weltweisheit und Sprachkunde sich hervorgethan, als der Rechtsgelehrte Bartolus, Schindellus der Mathematiker; Ferdinand von Prag und Niklas beyde Theologen, Jerko von Prag ein Weltweiser, Wenzel Hajek der Geschichtschreiber, Johann Rotygana, Martin Lupzjlus und andere.

Im Jahr 1436 wurden die innerlichen Landesunruhen im Großen beygelegt. Kaiser Sigismund ließ die Universität wieder mit erforderlichen Lehrern besetzen, sie bestunden aus Katholiken und Utraquisten, welche letztere vermög den Basler Kompaktaten nunmehr alle Rechte der Bürger erhielten. Allein diese zwey verschiedene Partheyen ließen sich in beständige Religionsstreitigkeiten ein, anstatt, daß sie mit vereinigten Kräften an der Emporbringung der Wissenschaften hätten arbeiten sollen.

Die Prager Universität behielt demnach kaum den Schatten ihrer vormaligen Herrlichkeit. Doch zeichneten sich die utraquistischen Lehrer besonders hervor, und wenn sie von Religionsstreitigkeiten abliessen, so machten sie sich nur der Litteratur wohl verdient, da sie nützliche Produkte ihres Fleißes und reifer Kenntnisse lieferten.

Im

Im Jahr 1460 erschienen zwey gelehrte Böhmen Wenzel von Rzinjanow und Johann von Krzin, die aber von Bologna ankamen, um Lehrstellen an der prager hohen Schule anzunehmen. Allein die Utraquisten setzten sich aus allen Kräften darwider, weil sie diese beyden Männer, die nur ausländische Sitten an sich genommen haben mochten, für keine ächte Böhmen ansahen. Das nämliche wiederfuhr auch jenen zween Wälschen, die der König Wladislaus II. im Jahr 1512 bey der prager Schule als Lehrer anbringen wollte. Der König wollte seinen Prinzen Ludwig auf der Universität studieren lassen, im Fall seine vorgeschlagene Lehrer angenommen würden, aber auch dadurch ließen sich die Utraquisten von ihrem einmal festgesetzten Entschluß nicht abwendig machen. Die Uneinigkeiten der Lehrer untereinander brachten endlich die Universität in einen solchen Verfall, daß um das Jahr 1512 fast gar keine Studenten die Schulen besuchten. Um diese Zeit geriethen auch verschiedene Landschüler in die Hände der Pikarden. Diese hatten sich seit der Regierung Wladislaus bey den meisten vornehmen Herren des Landes beliebt gemacht, und man übergab ihnen, wo sie sich immer aufhielten die Jugend zu unterweisen. Deserwegen blieben auch die öffentlichen Schulen öfters leer, um den Pikarden in Privathäusern mehrere Schüler zu verschaffen. Folglich hatte die Litteratur, besonders was die öffentliche

liche Schulanstalten betraf, keinen so glücklichen Ausgang in diesem Zeitraume, als ihr Anfang war.

Vereinigung der prager karolinischen Universität mit der Ferdinandeischen.

Die pikardischen Lehrer hatten ihre Privatunterweisungen mit so glücklichem Erfolg, und unter einem so häufigen Zusammenfluß der Schüler betrieben, daß endlich die prager hohe Schule darüber im wahren Ernste zu eifern anfieng, und mit Recht besorgte, daß dadurch der gänzliche Verfall der öffentlichen Schulanstalten bewirkt wurde, wenn nicht werkthätige Mittel gegen diese so weit um sich greifende Uebel angewendet werden sollten. Die Pikarden hatten sich einen größern Ruhm der Gelehrsamkeit und guter Unterweisungsart erworben; nichts wäre dem Zwecke entsprechender gewesen, als die öffentlichen Schulanstalten in die Verfassung zu setzen, der pikardischen Lehrart das Gleichgewicht zu halten, und in der Folge sich angelegen seyn lassen, solche zu übertreffen, dadurch würde es von selbst geschehen seyn, daß die prager hohe Schule einen zahlreichen Besuch der studierenden Jugend erhalten hätte. Allein man bemühte sich dem Uebel durch ganz andere Mittel abzuhelfen.

Kaiser Ferdinand, der um diese Zeit alle Sorge anwendete, die seither in Verwirrung ge-

gerathenen böhmischen Staatsangelegenheiten in Ordnung zu bringen, erhielt unter andern Anzeigen auch den Bericht von der üblen Beschaffenheit der prager Universität. Er war ernstlich darauf bedacht sie in den vorigen guten Stand zu setzen, und berathschlagte sich darüber mit verschiedenen Gliedern der Stände des Königreichs. Der Schluß fiel dahin aus, ein Gesetz ergehen zu lassen, niemanden zu öffentlichen Staatsbedienstungen zuzulassen, der nicht ein Zeugniß der sich unterzogenen öffentlichen Unterweisung vorzuzeigen hätte. Da nebst dem die prager hohe Schule mit utraquistischen Lehrern, die den kaiserlichen geheimen Staatsmaximen zuwider waren, besetzt geworden, so machte man Vorkehrungen auch dieses Hinderniß aus dem Wege zu räumen.

Wenn man angeordnet hätte, daß wer immer, er möge öffentlich oder private unterwiesen worden seyn, in einer strengen öffentlichen Prüfung einleuchtende Proben seiner Kenntniße an Tag gelegt, zur Begleitung öffentlicher Staatsbedienstungen zugelassen werden sollte; wenn überdieß die durch die immerwährenden innerlichen Landesunruhen gefallenen Universitätseinkünfte wieder hergestellt gewesen wären, und die Lehrer einen Gehalt genossen hätten, die ihren Verdiensten angemessen worden, denn hätte man etwas gethan, um hoffen zu können, die Unterweisungsanstalten überhaupt auf gute Wege *der prager Universität.*

ge zu ihrer Vollkommenheit gebracht zu haben. Die Sachen erhielten aber eine ganz andere Wendung.

Der um diese Zeit kürzlich errichtete Jesuitenorden, machte in ganz Europa ein großes Ansehn. Dessen Stifter setzte sich dabey den Zweck vor, die katholische Glaubenslehre in- und außer unserm Welttheile auszubreiten, und die Unterweisung der Jugend zu übernehmen. Die Glieder des Ordens machten sich in kurzer Zeit bey vielen Höfen und vornehmen Häusern beliebt, und sie wußten ihre Vergrößerungsbegierde und Bestreben nach zeitlichen Gütern unter dem Deckmantel der Religion und Wissenschaften sehr wohl zu verbergen. — Auf diese Ordensleute warf unser Ferdinand die Augen, er fand sie zur Beförderung seiner Absichten ungemein dienlich. Dem getroffenen Plan zufolge wurden sie für sehr geschickt gehalten, die karolinische Universität in Schranken zu halten, damit die utraquistischen Lehrer, die man als Feinde der Regierungsverfassung ansah, nichts widriges vornehmen, und dagegen sich um so fleißiger mit den Wissenschaften beschäftigen sollten, als sie die Jesuiten für Mitteristen nach dem Ruhm der Gelehrsamkeit zu betrachten hätten.

Nach dieser getroffenen Veranstaltung wurden vor allen die Picarden aus dem Lande geschafft, dagegen geschah die Einführung der Jesuiten in Prag, welchen das ehemalige Dominikanerkloster zu St. Klemens eingeräumt wor-

worden war. Der Kaiser ließ sonach die öffentlichen Schulen öffnen, und legte hierauf den Grund zu einer neuen hohen Schule, die von seinem Namen die Ferdinandeische genennt wurde. Auf dieser neuen Schule wurden nicht nur die mindere Wissenschaften, sondern auch die Philosophie und Gottesgelehrheit gelehrt. Die gleich anfangs im Rufe stehenden Jesuiten waren folgende: Peter Kanisius, Roderich von Armaza, Edmond Kampanus, der nachmals in Engeland gefangen worden. Balthasar Koncadus, Theodoretus Moretus ꝛc. Dagegen hatte ihnen die karolinische Universität den Johann Mistopolus, Martin von Klatau und Johann Hortensius entgegen zu stellen.

Nachdem den Jesuiten die ferdinandeische Universität übergeben worden, so bemühten sie sich auch auf dem Lande fest zu seyn. Sie erhielten durch ihr einnehmendes Wesen viele reiche Stiftungen, nach welchen sie überall eine Menge Kollegien errichteten; ihrem Institute gemäß breiteten sie an solchen Oertern die katholische Lehre aus, und unterwiesen die Jugend, aber auch überall trachteten sie die Akatholischen zu vertilgen, weil sie ihren Absichten, Reichthümer zu sammeln, Hindernisse in Wege legten.

Im Jahre 1531 ließ Kaiser Ferdinand den Befehl ergehen, daß niemand von den Grundherren denjenigen in seinem Vorhaben hindern sollte,

sollte, der sich etwa aus seinen Unterthanen den
Wissenschaften ergeben wollte. Obgleich dieses
Gesez zur Ausbreitung der Litteratur einigermassen beytragen konnte, indem es die bürgerliche Freyheit begünstigte, so fand die Vervollkommung der Wissenschaften noch immer
neue und wichtige Schwierigkeiten. Die Vernunft unterlag dem Joche des bedenklichsten
Gewissenszwanges, der den Schwung zu erhabenen Grundsäzen einer gründlichen Gelehrsamkeit hemmte. Dieses System lag den Jesuiten
sehr am Herzen, die nunmehr anfiengen die
Erwerbung der Schäze durch Versicherung der
ewigen Belohnungen, die ihre Guttthäter zu gewarten hätten, zu betreiben.

Es schien, daß sich alle Umstände vereinigt hätten, der Aufnahme der prager hohen
Schule Hindernisse in den Weg zu legen. Der
Gewissenszwang, der Verfolgungsgeist der Jesuiten gegen die utraquistische Parthey, der Despotismus, der den vernünftigen Gebrauch der
bürgerlichen Freyheit hemmte, die falschen
Staatsabsichten, die Jugend nach den Grundsäzen eines blinden Gehorsams gegen die Macht-
sprüche des römischen Hofes und der Sklaverey
zu erziehen, alles ließ sich dazu an, die Aufklärung des Verstandes auf immer zu ver-
scheuchen. Eine gelinde, gütige und friedfertige Regierung hatte in den wissenschaftlichen
Angelegenheiten eine glückliche Veränderung her-
vor-

vorgebracht. Kaiser Rudolph II. der in einem kurzen Zwischenraum der Zeit Ferdinanden I. nachfolgte, schien in Beziehung auf die goldenen Zeiten Kaisers Karl IV. zurückzuführen, oder um eigentlicher zu reden, so sah man unter seiner Regierung die silberne Epoche der Wissenschaften in Böhmen aufleben.

Dieser für die Gelehrsamkeit und Künste so sehr eingenommene Monarch ließ nicht zu, daß die Jesuiten die utraquisten Lehrer aus unrecht angebrachtem Religionseifer und Nebenabsichten verfolgen könnten, er sagte, die ferdinandeische Universität seye aus der Ursache errichtet worden, um einen edlen Wetteifer bey der karolinischen zu erregen, welche seither im Betriebe der Wissenschaften sich lau und träge bewiesen hätte, nicht aber Strittigkeiten über unnütze Spitzfindigkeiten zu nähren; beyde Universitäten hätten Stoff genug, woran sie ihre Thätigkeiten üben könnten, wenn sie dem Ruhme in Untersuchung und Erläuterung nützlicher Gegenstände der Litteratur nachstrebten, und dadurch den Vorzug zu erlangen suchten, ohne daß es nöthig wär den Scharfsinn und Stärke des Geistes in den Geheimnissen der Gottesgelehrheit zu zeigen; und die Gelegenheit sich zu Nutze zu machen, die Gegenparthey lächerlich und abgeschmackt vorzustellen. Den Utraquisten band er dagegen scharf ein, von allen Verläum-
bun-

der prager Univerſitåt.

dungen gegen die Jeſuiten abzuſtehen, und ſich
ſelbſtſelig zu bezeigen.

Die Einkünfte der Univerſität, beſonders
die der karoliner hohen Schule befanden ſich
eben nicht in den beſten Umſtänden. Rudolph
brachte ſie auf einen ergiebigen Grund, und die
Lehrer genoſſen einen anſtändigen Gehalt. Nebſt
dem erhielten berühmte Gelehrte, und geſchickte
Künſtler von dem Kaiſer anſehnliche Gnadengelder und Ehrenſtellen, ohne dabey auf die
Religion, den Stand und das Herkommen der
Perſon zu ſehen. Nicht nur allein einheimiſche,
ſondern auch auswärtige Gelehrte genoſſen den
Schutz und die Unterſtützung des Regenten.

Ein Beyſpiel davon ſehen wir an dem
dähniſchen Aſtronom Tycho Brahe, den der
Kaiſer nach Prag berief, und ihm zu ſeinen
Beobachtungen eine beſondere Sternwarte erbauen ließ. Merkwürdig iſt es, daß, als die
hradſchiner Kapuziner dieſen Sternkundigen für
einen Zauberer ausſchrien, und bezeugten, wie
er ſie durch die nächtlichen Beobachtungen des
Laufes der Himmelskörper in ihren Andachtsübungen ſtöhre, der Kaiſer dieſen Geiſtlichen
bedeuten ließ, daß, wenn ſie von dergleichen
Nachreden nicht abſtehen würden, er ſich genöthiget ſehen werde, ſie aus ihrem Kloſter zu
vertreiben. — Johann Kepler von Witten-
berg, Loot aus Flandern ein Arzt, und Eduard
Köhr-

Köhler, ein berühmter Scheidekünstler, wurden ebenfalls von Rudolphen geehrt und belohnt.

An Einrichtung nützlicher Büchersammlungen, Zusammenbringung wichtiger Handschriften, Sammlung von berühmten Bildsäulen, Malereyen, Antiken, Botanik, u. d. m. sparte Rudolph keine Mühe und Kosten. Die Gelehrten erhielten dadurch eine Quelle ihre Kenntniß zu erweitern, und die Künstler vortreffliche Muster, nach welchen sie ihre Genies ausbilden konnten; das Nützliche und Gründliche der Literatur wurde mit dem Schönen und Feinen verbunden, und der Einfluß davon breitete sich über die Sitten und Handlungen aller Stände aus, denen die Gelegenheit angeboten wurde, Kenntnisse aus allen Abtheilungen der Naturkunde und der Kunst zu sammeln, und davon eine nützliche Anwendung bey den gemeinen Vorfällen des gesellschaftlichen Lebens zu machen, und die Fähigkeit zu erlangen, durch Eindrücke der verschönerten Natur und Annehmung einer verfeinerten Lebensart und leutseliger Sitten, die Annehmlichkeit des Umgangs zu befördern. — Die Anlage des botanischen Gartens, der heutiges Tags unter dem Namen des kaiserlichen Lustgartens bekannt ist, die Einrichtung der Bildergallerie in der königlichen Burg, das königliche Natur, Kunst und Antikenkabinet, das nach der Zeit sammt den Bildern theils außer Land verführt, theils verkauft worden ist, war

ein

ein würdiges Denkmal unsers königlichen Beschützers der Wissenschaften.

In eben dieser Epoche erhielt die vaterländische Sprache einen großen Grad der Vollkommenheit, denn die Dichtkunst, Wohlredenheit, und Geschichtskunde, die zur Verfeinerung einer Sprache das meiste beytragen, schwungen sich sehr empor. Besonders machte sich um die böhmische Sprache Daniel Weleslawina verdient, welcher eine eigene Buchdruckerey errichtet, und nebst vielen andern schönen und nützlichen Werken ein Wörterbuch, Herbarium, und den bekannten historischen Kalender in der böhmischen Sprache aufgelegt hat. Unter den übrigen böhmischen Gelehrten damaliger Zeiten sind bekannt Wilhelm Slawata, Wratislaw von Mitrowitz, Wenzel von Budowa, Pontan von Breitenberg, Thaddäus von Hagek, Martin Kuthenus, Georg Karolides und Paul Stransky, welche in lateinischer Sprache ein historisches Werk unter dem Titel de Republica Bojema hinterlassen, das sowohl die bündige Schreibart, als die darinn vorkommenden gründlichen Gedanken sehr empfiehlt, und dem Verfasser den Namen des böhmischen Tacitus zuwege gebracht hat. Die Leibner Auflage dieses Buchs ist besonders mit vieler Aufmerksamkeit und Genehmigkeit besorgt worden. Rudolph starb. Die innerlichen allgemeinen Religionsunruhen, so bereits bey dem Ende seiner Regierung sich entsponnen hatten, brachen nun in einen bürgerlichen Krieg aus. Die Wissenschaften blühten nun unter den sanften Einflüssen des Friedens, der Krieg unterbrach, alsó abermals ihren glücklichen Fortgang, wozu die ruhige Regierung Rudolphs einen so guten Grund zu legen schien.

Kaiser Ferdinand II. hat zwar nach dem weißenberger Sieg die Ruhe im Lande, nicht aber den vormaligen blühenden Zustand der Wissenschaften hergestellt. Dieser von einer übertriebenen Frömmigkeit (um nicht Bigotterie zu sagen) und einer unächten Staatskunst eingenommene, und mistrauisch gewordene Kaiser ließ sich äußerst angelegen seyn, alle seine Unterthanen ohne Ausnahme in die Gemeinschaft der katholischen Kirche einzuführen, um, wie es sich vorstellte, durch Festsetzung einer einzigen herrschenden Religion alle künftig noch erfolgen mögenden Landesunruhen, zu hintertreiben. Die Jesuiten, die ihrem Institute gemäß zu einem unverbrüchlichen Gesetze sich gemacht, die Absichten des römischen Hofes zu befördern, und dadurch das Beste ihrer Gesellschaft zu erzielen, fanden nun eine günstige Gelegenheit ihre Sachen auf einen guten Fuß zu setzen.

Sie hatten das Gewissen des Kaisers unter ihrer Leitung, nichts war leichter, als ihn in seinen Lieblingsgrundsätzen zu bestärken, deren Ausführung seiner Denkart nach, der

der Himmel sichtbarlich, zum Beweise, daß sie Gott gefällig wären, segnete. Die Jesuiten thaten noch mehr, sie bestunden schlechterdings darauf, die Utraquisten vollends zu vertilgen, um auch die Furcht künftiger Hindernisse der Aufnahme der Gesellschaft zu verbannen. —

Man stellte dem Kaiser vor, die Utraquisten hätten sich zeither des Genußes der Basler Kompaktaten dadurch unwürdig gemacht, da sie zuwider der Bedingniß, unter der sie die Kompaktaten erhielten, noch immer behaupteten, daß der Genuß des Abendmahls unter beyden Gestalten zur Seligkeit unumgänglich nothwendig wäre, daß sie viele Glaubenssätze vertheidigten, die mit der Lehre des Luthers und andern Seiten übereinstimmten, und daß sie endlich nach eben diesen ihren Religionsgrundsätzen geneigt wären, sich bey jedem günstigen Fall einer monarchischen Regierungsform zu widersetzen. Dagegen bemühten sie sich darzuthun, daß die katholische Religion den Unterthanen einen unverbrüchlichen Gehorsam gegen die Monarchen einschärfe, und dem Uibertreter die unausweichlich zu erwarten habende ewige Strafen androhe, mithin allen Hang zur Empörung von Kindheit an ersticke, und das Joch der Bedrückung erträglicher mache.

Diese Grundsätze bewirkten den gänzlichen Fall, nicht nur allein der utraquistischen Lehre, sondern auch bekanntlich aller Protestanten in

Böhmen. Die ersten Opfer waren Wenzl Budowa, Christoph Hanart und Jessenius. Alle übrige utraquistischen Lehrer mußten ohne Ausnahme die karolliner hohe Schule räumen, wo die Lehrstühle mit katholischen Lehrern besetzt wurden. Auf dem Lande geschah das nämliche, und die Jesuiten waren sehr wachsam, damit unter keinem Vorwand ein oder der andere protestantische Lehrer in Böhmen sich einschleichen könnte. Die Privatwohnungen wurden von eben diesen Geistlichen scharf durchgesucht, die verdächtigen Personen eingeführt, und die vorgefundenen protestantischen Bücher weggenommen. Ferdinand selbst machte ein Fundamentalgesez die Protestanten in Böhmen auf ewige Zeiten nicht aufzunehmen, und dieses Gesez wurde bey jedermaliger Krönung eines böhmischen Königs feyerlich beschworen.

In Böhmen wurde also auf diese Art die allgemeine Landesruhe hergestellt, doch trug dieses zur Aufnahme der prager hohen Schule wenig bey. Durch die Verbannung der Protestanten aus Böhmen ist die Universität einer Menge vortreflicher Bücher auf einmal beraubt worden.

Nebst dem wurde der Krieg in Deutschland mit größter Stärke fortgeführt, welcher, da er in die böhmischen Angelegenheiten vielen Einfluß hatte, das Wachsthum der Wissenschaften noch immer hinderte. Ferdinand II. wollte das deutsche Reich nach eben den Grundsätzen, nachdem er in Böhmen herrschte, behandeln, allein er starb in dem Laufe eines blutigen Krieges, den die Protestanten zur Behauptung ihrer Freyheit gegen ihn fortgesetzt hatten.

Sein Nachfolger Ferdinand III. machte endlich durch den westphälischen Friedensschluß von 1648, der fast durch 30 Jahre dauernden Verwüstungen ein Ende. Nachdeme er seine wichtigsten Reichsangelegenheiten in Ordnung gebracht, worf er seine Augen auf die prager Universität. Er fand sie in einem elenden Zustande. Die Schweden und Sachsen hatten die schönsten Denkmäler der Litteratur und der Kunst, das Andenken des goldnen Zeitalters aus dem Lande geführt, die berühmtesten Lehrer hatten die Universität verlassen, die Güter der Universität waren verwüstet, und besonders die karolinner hohe Schule befand sich im großen Verfall.

Um die Wissenschaften in Böhmen empor zu bringen, faßte Ferdinand den Entschluß, die karolinische Universität mit der ferdinandeischen zu vereinigen, er führte sein Vorhaben im Jahr 1654 aus, und der damalige Rektor des Jesuitenkollegiums zu St. Klemens Johann Molitor ward zum ersten Rektor dieser neu vereinigten Universität bestellt, und der Erzbischof von Prag zum immerwährenden Kanzler ernannt. Diese Vereinigung beyder Universitäten war gegenwärtig um so rathsamer, als die Ursache des vormaligen Wetteifers und der Haltung des Gleichgewichts, so eine Universität gegen die andere aus politischen Absichten beobachtete, bey nunmehriger Einführung einer einzigen herrschenden Religion gänzlich aufhörte. Da überdieß der Kaiser die Universität mit neuen reichen Stiftungen versah, so kam sie nun wieder zu einigem Ansehn. Man nannte sie von dieser Zeit an die Karlferdinandeische Universität, und sah darinn das ehrene Zeitalter der Wissenschaften in Böhmen aufleben.

Von dieser Zeit an wurde auch den Jesuiten die Unterweisung in der lateinischen Sprache und der damit verbundenen Wissenschaften, die Weltweisheit und Theologie übergeben, über welche Wissenschaften sie dem Institute gemäß die Vorlesungen in ihrem Kollegium hielten. Die Arzneykunde und Rechtsgelehrheit wurde von weltlichen Lehrern im Karolingebäude gelehrt. Was die öffentliche Prüfungen, Disputazionen, Promozion der Doktoren und Magistern, die Wahlen der Rektoren u. d. gl. Angelegenheiten betraf, diese wurden alle eben in diesem Karolingebäude vorgenommen.

Zustand der prager Karlferdinandeischen Universität nach Aufhebung des Jesuiterordens.

Diese itzt beschriebene Verfassung dauerte ohne merklicher Veränderung unter den nachfolgengenden Regenten, den Kaisern Leopold, Joseph I. und Karl VI. ununterbrochen fort, bis unter der Regierung Marien Theresiens sich alles zu einer wichtigen Reform der Wissenschaften anließ. Nachdem diese große Monarchin ihre Staaten von den Anfällen der auswärtigen Feinde sicher gestellt, so war sie darauf bedacht gewesen, nebst andern vortreflichen innerlichen Staatseinrichtungen, auch die Aufnahme der Wissenschaften zu besorgen.

Bisher hatten die Jesuiten ausschlüßungsweise die theologischen und philosophischen Wissenschaften auf der prager hohen Schule vorzutragen. Die Monarchinn ließ den Befehl ergehen, daß wer immer von der Geistlichkeit die Gabe, die Gottesgelehrheit öffentlich zu lehren, besitze, zur Einnehmung einer erledigten Lehrstelle fähig erkannt werden sollte. Nach dieser Verfassung erhielten die Augustiner und Dominikaner auch wirklich die theologischen Lehrstellen an der Universität; doch gieng es dabey nicht ohne vielen Streitigkeiten ab, welche bey manchen Disputazionen bis zum Aergerniß der wahren Gelehrten getrieben wurden, denn die Sekte der Suanisten und Thomisten kündigten einander eine unaufhörliche Fehde an. Doch genoß auch dabey das Studium der Theologie von der andern Seite diesen Vortheil, daß eben um diese Zeit solches mit der Auslegungskunst der Bücher des alten und neuen Testaments, der

Kri-

Kritik der Kirchenväterlehre, dem Studium der orientalischen Sprachen, der Kirchengeschichte, und der theologischen Moral vermehrt worden war, anstatt da man vorher den ganzen Fleiß auf die Dogmatik und Polemik verwendete, und sich mit Strittigkeiten über undurchdringliche göttliche Geheimniße beschäftigte, dabey aber auf die Ketzer kunstmäßig zu schmähen wußte.

Die aristotelische Philosophie erhielt zwar schon vormals durch den französischen Weltweisen Renatus Cartesius eine starke Erschütterung, wodurch die meisten Universitäten in Europa veranlaßt wurden, in das Ansehen des zu allen Zeiten so hochgeschätzten Griechen Zweifel zu setzen.

Allein den Jesuiten war noch immer daran gelegen, über den Ruhm des Aristoteles feste Hand zu halten, selbst damals, da sie den Peripatetismus aufzugeben gezwungen wurden, mußten sie sehr wohl in ihre neue von ihren Gliedern verhaßte Philosophie solche Säze einzustreuen, welche die Stelle der aristotelischen verträten. Vorhero waren die Jesuiten gewohnt die aristotelische Philosophie als ein Spielwerk des Verstandes ihrer Schüler anzusehen, welche, da sie sich mit den dunkelsten Begriffen einer undurchdringlichen Wissenschaft nährten, keine Gelegenheit hatten sich Kenntniße eigen zu machen, die eine wahre Aufklärung über ihre Vernunft hätten ausbreiten können, welches den Absichten der Gesellschaft zum Schaden gereichen konnte. Sie betrachteten die aristotelische Philosophie als eine Tonne, die dem Wallfische zum Spielwerk vorgeworfen wird, damit indessen das Schiff von ihm unbelästigt seinen freyen Lauf fortsetzen könnte. Maria Theresia ließ die Philosophie nach dem System der neuen Weltweisen einführen, und zündete die Fackel zur Erleuchtung der menschlichen Vernunft an. Die Vernunftlehre, die Grundwissenschaft, Naturkunde, Mathematik und Moral mußten nach den geleiteten Grundsäzen vorgetragen werden. — Auch die lateinischen Schulen näherten sich ihrer Vollkommenheit, die Kenntniß klaßischer Schriftsteller, nach der die Jugend in der lateinischen Sprache sich bildete, die Geschichtskunde, Mathematik, ächte Sittenlehre und Kenntniß der bildenden Künste machten dieses Schulinstitut von einem sehr gemeinnützigen Umfange.

Ehemals hatte man sich auf der Universität blos auf die Kenntniß des alten römischen Rechtes den Codex und die Pandekten verlegt; Unter der Regierung Marien Theresien wurde die Rechtsgelehrheit auf einen gemeinnützigen Fuß gebracht. Solchemnach setzte man das Studium des Natur- Völker- und allgemeinen Staatsrecht zum Grunde der sämmtlichen Abtheilungen der Jurisprudenz; das römische alte Recht wurde nach Justinians Instituzionen und den Pandekten nach Westenbergs Anleitung blos hi-

storisch vorgetragen, und davon die Anwendung
auf die vaterländischen Geseze gemacht. Das Kirchenrecht, oder eigentlicher zu reden, das päbstliche
Recht enthielt zwar anfänglich manche der Staatskunde den weltlichen Regierungen nachtheilige
Säze, allein solche wurden in der Folge ver-
bissert, und dem ächten Staatsrechte gemäß.

In diesem Fache machte sich der damalige Lehrer des deutschen Staatsrechts an der
prager Universität D. Schord sehr verdient, da
er in seinen Institutionibus juris canonici die Bestimmung der Gränze der geist- und weltlichen
Macht gründlich beschrieb, und einen vortrefflichen Entwurf zur Uebereinstimmung dieser beyden Oberhäupter vorgelegt. Allein widrige Zufälle verhinderten es, seine Absichten vollends
auszuführen, und er starb in einem Alter, das
noch viel schöne Produkte seiner gründlichen
Kenntnisse zu sehen, hoffen ließ. —

Die Vorlesungen über das deutsche Staats-
und Lehenrecht, dann die Reson der Kriminal-
geseze sind endlich auch ein Werk der gleich ge-
rühmten Regierung Marien Theresiens, das diese Monarchinn in Beziehung auf Vervollkommung der Jurisprudenz unvergeßlich machen
wird.

Die Arzneykunde erhielt in eben diesem
Zeitalter einen hohen Grad der Vollkommenheit.
Es wurden in dem Karolinergebäu zur Zerglie-
berungskunst der menschlichen Körper besondere

Zim-

der prager Universität.

Zimmer eingerichtet, wo zu bestimmter Zeit und Tägen öffentliche Unterweisungen über diesen wichtigen Zweig der Arzneygelehrheit gegeben wurden. Zur nämlichen Zeit erhielt die Wundarzneykunst desgleichen ihren besonderen öffentlichen Lehrer, den alle mit der Wundarzney sich abgebende besuchen, und den ordentlichen Prüfungen sich unterziehen mußten. Die Hebammenkunst, die vorher als ein unbeträchtliches Geschäft der Arzneykunde angesehen wurde, gerieth nun unter die Anweisung eines öffentlichen Lehrers, und man kann mit Recht behaupten, daß dadurch der Staat wichtige Vortheile erhalten. Die Errichtung des botanischen und chymischen Lehrstuhles sammt der Gründung eines medizinischen Kräutergartens verdient endlich noch hier angemerkt zu werden. Unter den vielen Gelehrten der Arzneykunde, die sich der Zeit an der prager Universität berühmt machten, zeichnete sich besonders D. Klinkosch aus, seine öffentlich herausgegebene Abhandlungen über verschiedene medizinische Gegenstände sind nicht nur allein von seinen Landsleuten, sondern auch von auswärtigen Universitäten mit allgemeinem Beyfall aufgenommen worden.

Es wäre zu weitläuftig alles dasjenige hier zu beschreiben, was Maria Theresia zur Aufnahme der prager Universität beygetragen hatte. Doch ist dieses nicht mit Stillschweigen zu übergehen, was noch unter dieser den Wissenschaf-

ten

ten so günstiger Regierung in Beziehung auf jenes Fach der Litteratur rühmliches veranstaltet worden ist, das sonst in den ordentlichen vier Fakultäten nicht einbegriffen ist, und unter dem gewöhnlichen Namen der außerordentlichen Lehrstühle bekannt geworden. — Im Jahr 1764 wurde der nunmehrige Direktor der Philosophie- und Humanitätsstudien Hr. Professor Seibt zum öffentlichen Lehrer der schönen Wissenschaften an der prager Universität bestellt. Der ganze Kurs seiner Vorlesungen wurde in 4 Jahrgänge eingetheilt, nach welchen in dem ersten die Moral, in dem zweyten die Erziehungskunst, in dem dritten die deutsche Schreibart, und dann in dem vierten die Geschichtskunde sammt den dazu gehörigen Wissenschaften der Chronologie, Geographie, Genealogie, Dogmatik, Heraldik und Numismatik vorgetragen wurde. Man muß bey dieser Gelegenheit diesem würdigen Lehrer zum Ruhme unpartheyisch nachsagen, daß er der erste sey, der den verbesserten Stiel und eine reine und zierliche Schreibart in Böhmen eingeführet. — Bald nach Bestellung des Lehrstuhles der schönen Wissenschaften ward auch die Professur der Kammeralwissenschaften errichtet. Vorher war man gewohnt die Staatskunde blos nach der Jurisprudenz der alten römischen Gesetze und den sogenannten verbesserten Kodex zu beurtheilen, allein nunmehr war die Veranstaltung getroffen, die Gelegenheit zum öffentlichen

Un-

Unterricht in einer Wissenschaft zu verschaffen, nach welchen man sich Kenntnisse der sämmtlichen Politik nach den gelehrtesten, und mit dem Wesen des Gegenstandes im genauesten Verhältnisse stehenden Grundsäzen wegen machen könnte. Jener berühmte Gelehrte Deutschlands, der Bestreiter der Vorurtheile und des Pedantismus, der unvergleichliche Sonnenfels wurde in Wien zu diesem Lehramte berufen. An der prager Universität erhielt die Professur Hr. Burschek, ein Gelehrter, der mit allem Fleiß dazu gewählt zu seyn schien von dem Geist des Sonnenfels belebt zu werden. Die Vorlesungen werden nach sonnenfelsischen System in drey Jahrgängen vollendet, der erste enthält die Polizey, der zweyte die Handlungs, und der dritte die Finanzwissenschaft.

Die dritte außerordentliche Lehrstelle an der prager Universität, war die der Universal- und Litteralgeschichte, sie ward dem Hrn. Ebemant, einem jungen hofnungsvollen Gelehrten zugesprochen, der keine Mühe und Kosten sparte, schöne und prächtige Monumente der Malerey, Bildhauerkunst und Antike zu sammeln, und seinen Schülern darinn das Erhabene und Geistreiche der Kunst sichtbar zu machen, und darinn dem Winkelmann, jenem feinen Beurtheiler der verschönerten Natur gleichzukommen. Allein ein mißgünstiges Verhängniß hatte diesen Gelehrten in der Blüthe seiner Jahre den Wissen-

schafschäften geraubt, doch ihm den Ruhm eines glücklichen Genies und wahren Menschenfreundes nicht benehmen können.

2) Landesständische Professur der mathematischen Wissenschaften wurde bereits im Jahr 1750 dem Hrn. Schor, einem Tyroler von Geburt, übergeben. Man hat von diesem Lehrer verschiedene Denkmäler seiner Geschicklichkeit, unter den sich die Malerey in Fresko an der äußern Vorderseite der prager St. Veitskirche ehemals hervorthat. Nach seinem Tode besetzte den Lehrstuhl der nunmehrige Hr. Professor Herget, ein würdiger Schüler unsers unvergeßlichen Steplings, der Unterricht in den mathematischen Wissenschaften wurde von ihm nach vier Kursen eingetheilt. In dem ersten geschahen die Vorlesungen über die Rechenkunst, die Geometrie, Trigonometrie und Stereometrie, in dem zweyten über die Mechanik und Hidraulik, in dem dritten über die Civil- und Militärbaukunst, und dann in dem vierten wurde die Algebra, die Chronologie und Astronomie vorgenommen. Die Beweise von den gründlichen Kenntnißen und unermüdeten Fleiße des Hrn. Professors zeigen sich noch täglich in den von ihm vortrefflich besorgten Veranstaltungen des Straßen- und Wasserbaues. — Nebst dieser Professur befand sich noch unter der Direkzion der Landesstände die Reit- Fecht- und Tanzschule, in welcher

die

die Schüler nach Erhaltung des Dekrets zum Accesse unentgeltlich unterwiesen wurden.

5) Lehrstuhl der öffentlichen Unterweisungen in den kreisämtlichen Wissenschaften, der dem nachmaligen Gubernialrath Hrn. Edlen von Mayern übergeben wurde, beweiset ebenfalls, wie besorgt Maria Theresia um Ertheilung eines theoretischen Unterrichts in Besorgung der so wichtigen kreisämtlichen Geschäfte gewesen. Der Hr. Professor verfaßte ein eigenes Lehrbuch unter dem Titel: Einleitung in die kreisämtlichen Wissenschaften, das nicht nur allein für seine Zuhörer, sondern auch für die landwirthschaftliche Kanzleyen, und Ortsobrigkeiten brauchbar geworden.

6) Erhielt durch eben die landesfürstliche Vorsorge für den guten Instand der Gerichtshöfe der Advokat von Ingelfeld den Auftrag, den Lehrbeflissenen der theoretischen Rechtsgelehrheit auch die Grundsäze der ausübenden Jurisprudenz nach den vaterländischen Gesezen zu erklären. Das Lehrbuch führte den Titel, Institutiones juris bohemici, ist aber nicht vollends zu Stande gebracht worden, weil wichtige Prozeßarbeiten diesen in der praktischen Rechtsgelehrheit berühmten Lehrer daran verhindert hatten, welche sich also anhäuften, daß er genöthiget worden war die Professur aufzugeben. Ihm folgte der Rechtsgelehrte D. Groß nach, der im großen Rufe der Gelehrsamkeit stand, und

ein vortreffliches Lehrbuch für seine Zuhörer in deutscher Sprache verfaßte. Er war ein Antagonist seines Vorgängers, und die bey verschiedenen Gelegenheiten gegen einander gewechselten Schriften verdienen gelesen zu werden. D. Groß erhielt nach der Zeit nach dem Tode des D. Dworzak die Profeßur der bürgerlichen Rechtsgelehrsamkeit, und dann hatte Herr Professor Trottmann seine Stelle eingenommen. Man muß bey dieser Gelegenheit anzumerken nicht vergessen, daß Herr Appellationsrath von Ebenfeld sich in der praktischen Rechtsgelehrheit durch sein Werk Annotationes in Westenbergii Juris bohemico accomodatas ungemein verdient gemacht.

7) Lehrer der deutschen Reichsgeschichte war Herr D. Donzedains, dessen Vortrag, ob er zwar den Zuhörern etwas unangenehm vorkam, doch deswegen die Stärke seines Geistes nicht verminderte. Er hatte einen großen Kampf mit seinen Gegnern, den die Vorurtheile des Zeitalters anklebten, auszustehen, welche seine Religion verdächtig zu machen suchten.

8) Studium der Mineralogie unter der Anleitung des Herrn Professors Peithner, war eben noch eine weise Vorkehrung Marien Theresiens, die Kenntniße der Bergwerkskunde jenen Personen mitzutheilen, die bey dem Bergwerks und Münzwesen gebraucht werden sollten.

Unter

Unter dieser Verbesserung des Studien-
wesens und Errichtung so vieler neuen nützlichen
Lehrstühle wandte man auch die Aufmerksamkeit auf die bisherige Lehrart der Jesuiten.

Es brauchte nicht viel, um einzusehen,
daß nämlich diese Lehrart von jeher nach den
Grundsätzen betrieben worden war; damit eine
Grundlage bey der Jugend gelegt würde, daß,
wenn sie zu einem reifen Alter gelangte, keine
Gelegenheit zu Nutze gemacht werden könnte, sich
über den vorgeschriebenen Kreis der Erkenntniß emporzuschwingen; und dadurch den Absichten der Gesellschaft beschwerlich zu fallen,
sondern im Gegentheil eine Bildung erhalten
möchte, den großen Zweck eben dieser Gesellschaft gleichsam in einer tiefen Unwissenheit befördern zu helfen.

Ob nun zwar das System dieser Lehrart
den Beherrschern Böhmens als die zuträglichste
Sache für die Staatsmaxime von den jesuitischen Gewissensräthen vorgestellt worden war;
so fieng man doch gegenwärtig an, der Sache
reiflicher nachzudenken, und die übeln Folgen
für die Aufnahme der Litteratur einzusehen. Es
wurde daher beschlossen, das sämmtliche Schulwesen der Jesuiten der Aufsicht einer unparthey-
ischen Kommission zu unterwerfen, und den Plan
der künftig vorzunehmenden Schulanstalten und
die Institution für die Lehrer von der Regierung verfassen zu lassen. Nebst dem wurde

Direktoren bestellt, deren Pflicht es war, über die genauere Befolgung dieser Befehle wachsam, und den öffentlichen Prüfungen gegenwärtig zu seyn, um darnach ihre Anzeigen an die Landesstellen erstatten zu können.

Da dieses vorgieng, kam im Jahre 1773 die Aufhebungsbulle des Jesuitenordens zum Vorschein. Nach ihrer Kundmachung wurden die ehemaligen Glieder von den öffentlichen Lehrämtern der Theologie und Philosophie abgesetzt und nur zur Unterweisung in den lateinischen Schulen verordnet. Nach einiger Zeit wurden sie zwar wieder für fähig erkannt in der Philosophie öffentlich zu unterweisen, die theologischen Lehrstühle aber wurden ihnen auf immer entzogen.

Diese Aufhebung des Jesuitenordens hatte inzwischen die Veranlassung zu einer glücklichen Revolution in den Schulanstalten gegeben. Zeither waren die der untersten Klasse oder sogenannten böhmisch und deutscher Stadt oder Trivialschulen in die Umstände gerathen, daß man solche einer Verbesserung keiner Aufmerksamkeit würdig zu seyn hielt. Ein in der Unterweisungskunst ganz ungeübter Schulmeister, der nur das musikalische Chor in der Pfarrkirche zu besorgen wußte, nahm nach dem alten Schlendrian den Unterricht der Kinder maschinmäßig vor, indem er einiger Seits Kenntnisse des Christenthums, der Buchstabenkenntniß, der

Schreib

Schreib und Rechenkunst ihnen mit der Ruthe vielmehr einschlug, als begreiflich machte, und dadurch diesem zarten Alter, das zur Annehmung aller nützlichen Kenntniße, die ihm auf eine natürliche und angenehme Art beygebracht werden, sich so geneigt und biegsam finden läßt, einen immerwährenden Eckel gegen das Lernen verursachte.

Dieses Uibel von der Wurzel auszurotten, wurde in dem ehemaligen kleinseitner Jesuitenschulgebäu eine Hauptnormalschule errichtet, in welcher alle Schullehrer, die sich mit der Unterweisung der Kinder abgaben, in den erforderlichen Kenntnißen bevor unterrichtet werden mußten, ehe man sie für fähig erkannte, die Schulmeisterstelle zu begleiten. Die Bildung in den Schulwissenschaften erstreckte sich sogar bis auf die Geistlichkeit, deren Pflicht es war, die Leitung über den Religionsunterricht in den gemeinen Schulen zu führen. Nach der Zeit wurde auch angeordnet, daß alle, auch sogar die Hauslehrer sich der Prüfung aus der Normalschullehre zu unterziehen hätten, und es wär zu wünschen, daß nach Art der schlesischen Schulordnung die Bildung künftiger Lehrer auch auf die hohen Wissenschaften schon damals sich erstreckt hätte, um dadurch eine Pflanzschule der Lehrer zu erhalten, die dereinst mit großem Nutzen bey den allgemeinen Nationalerziehungsanstalten könnten gebraucht werden; und welches des Institut dem vorgesetzten Endzwecke um so vollkommener entspräche, wenn Leute von Talenten, die Lust hätten sich den Lehrämtern zu widmen, in dergleichen Bildungsseminarien mit den nothwendigen Lebensmitteln in solang versehen würden, bis sie ein erlediges Lehramt einnehmen. Wobey noch dieses zu bemerken kömmt, daß bey der Bildung künftiger Lehrer nicht eben so viel darauf ankomme, einen Plan zu entwerfen, nach welchem die Wissenschaften von den Kandidaten zu den Lehrämtern müßten erlernet werden, sondern daß die Hauptsache darinn bestehe, den Weg zu öffnen, nach welchem die Aufklärung der Erkenntnißfähigkeiten der in der Pflanzschule in einer anständigen Verpflegung stehenden Subjekten vollständig ausgebreitet würde. Es läßt sich vermuthen, daß man sonach keine gegründete Ursache hätte den Abgang der jesuitischen Lehrer zu bedauern, als schon ohnehin von einsichtsvollen Männern über ihre Schulanstalten billige Klagen vorgebracht worden waren.

Allein man lasse die Sache bey der gegenwärtigen Beschaffenheit bewenden, inzwischen ist es doch gewiß, daß die Errichtung der Normalschulen ein rühmliches Andenken der Regierung Marien Theresiens hinterlassen, indem dadurch die Jugend eine Erziehung erhalten hat, die erworbenen Kenntnisse zu seinem künftigen

tigen Fortkommen und zum wahren Besten des Vaterlandes anzuwenden.

Nach einer Verordnung vom 25ſten May 1777 wurden auf dem Lande verſchiedene Gymnaſien aufgehoben, um dieſelben in deutſchen Haupt und Stadtſchulen, die man für die Erziehung des Bürgers gemeinnütziger zu ſeyn erachtete, umzuſchaffen. Die durch die verminderte Anzahl der Gymnaſien erſparten Gelder ſollten vermög eines Hofdekrets vom 26. März 1778 in Zukunft auf die Lehrer dieſer deutſchen Schulen verwendet werden. In den letzten Regierungsjahren Marien Thereſiens waren in allen 14 Gymnaſien in Böhmen, ſie waren vermög der höchſten Verordnung ſo vertheilt, daß deren 3 zu Prag, 1 im Bunzlauer Kreis zu Koſmonos, 1 in Leutmeritz, 2 im Saatzer Kreiſe zu Komotau und Tuppau, 1 zu Eger, 1 im Pilſner, 1 im Prachiner Kreiſe zu Piſek, 1 im Bechiner zu Budweis, 1 im Chrudimer zu Leitomiſchel, und 2 im Königgrätzer zu Königgrätz und Braunau geweſen. Das Normalſchulweſen hat indes vermittels der Beeiferung des Herrn Direktors von Schulſtein in Böhmen ſo zugenommen, daß man um das Jahr 1780 nebſt einer eigentlichen Normalſchule zu Prag 15 Hauptſchulen, und 1437 eingerichtete gemeine, oder Trivialſchulen zählte, darunter 4 Kloſterfrauenſchulen, und 27 andere Mädchenſchulen außerhalb der Klöſter zur Erziehung des andern

Ge-

Geschlechts mit begriffen sind. Die gleichgedachten Hauptschulen fanden sich zu Prag auf der Alt und Neustadt, zu Brandeis, Pardubitz, Reichenau, Heyde, Schlan, Beneschau, Brix, Schlackenwerth, Leippe, Tauß, Deutschbrod, Königgratz und Kuttenberg. Die zu Prag auf der Neustadt, zu Reichenau, Heide, Schlan, Beneschau, Brix und Schlackenwerth werden von den Piaristen, jene aber zu Leippe, Tauß und Deutschbrod von den Augustinern versehen. In Ansehung der Schüler hat man bemerkt, daß im Winterkurs gegen 18000, des Sommers aber über 13000 derselben mehr die Schulen besuchten, als bey der vormaligen alten Einrichtung des Schulwesens.

Man zählte überhaupt in Böhmen Sommerszeit über 57000, im Winter aber beynahe 80000 schulgehende Kinder; und nicht nur die Lehrer derselben, sondern auch andere viele Patrioten richteten theils durch ihre unermüdete Aufsicht, theils auch durch wohlthätige Beyträge ihr vornehmstes Augenmerk dahin, damit diese Kinder in der Religion sowohl, als auch andern ihrem Geschlechte angemessenen, und für sie nothwendigen Kenntnisse den gewünschten Fortgang machen könnten.

In den letzten Jahren der preiswürdigsten Regierung Marien Theresiens wurde noch bey der theologischen Fakultät ein neuer Lehrstuhl der Auslegungskunst des alten und neuen Te-

staftamentd, b**griechischen** und hebräischen Sprache, der deutschen und böhmischen Pastoral; dann in verschiedenen außerordentlichen Fächern der Wissenschaften, die Professur der Naturgeschichte, der mindern und höhern Mathematik, der Sternkunde u. d. m. errichtet, also, daß gleichwie ehemals Petron sich über die Menge der Götter in Rom verwundert, und behauptet hatte, daß man in dieser großen Stadt viel eher einem Gott als einem Menschen aufstieße, man auch das nämliche in Prag von den Gelehrten und Lehrern sagen konnte, welche die übrigen Stände der Bürger ihrer Menge nach zu übertreffen schienen.

Unter der gegenwärtigen glorwürdigen Regierung Kaiser Josephs II. macht die Einführung der Preßfreyheit eine sowohl merkwürdige als günstige Epoche für die Aufnahme der Wissenschaften. Ehemals hatte die etwas zu strenge Bücherzensur die freye Denkart erstickt, und dadurch die Bekanntmachung verschiedener nützlichen Werke verhindert.

Der Monarch hatte dieses scharfe Gesetz aufgehoben, oder vielmehr in die Gränzen einer vernünftigen Verfassung zurückgewiesen. Von dieser Zeit ist man zwar anfangs mit einer Überschwemmung von manchen unnützen und abgeschmackten Schriften bedrohet worden, allein dieses Auflaufen eines juckenden Witzes war eine natürliche Folge der zugestandenen

Preß-

Preßfreyheit, die von der Menge der Halbgelehrten gemisbraucht worden; doch ist nun der Anfall einmal vorüber; wahre Talente werden sich die Gelegenheit besser zu Nutze machen wissen, und dann werden manche schöne Produkte des Geistes erscheinen.

In den lateinischen Schulen geschah desgleichen eine glückliche Veränderung. Da ehedem die Schüler der Humanitätsklassen ihren Kurs in 6 Jahren vollenden konnten, so ist nun die Verfügung getroffen worden, daß dieser Kurs in 5 Jahren vollbracht werden müße, indem statt der 4 untern gewöhnlichen Grammatikklassen gegenwärtig nur 3 bestehen, denen unmittelbar die Roctorik und letztlich die Poetik, welche ihr die oberste und demnach in allen nur fünf Humanitätsklassen ausmacht. Nebst dem werden auch gegenwärtig in eben diesen lateinischen Schulen viele andere nützliche Wissenschaften gelehrt, von welchen ehemals die Schüler, entweder gar keine, oder doch sehr siichte Kenntniße erhielten. Auch hatte man bey dieser Reform den Bedacht auf die Einführung einer anständigen Behandlungsart der Schüler genommen, welche von der ehemaligen despotischen Schulzucht der Jesuiten sehr unterschieden ist, und der Jugend eine wohlanständige Lebensart angemessener Sitten einzuprägen fähig ist.

In der Philosophie werden die Vorlesungen in deutscher Sprache vorgenommen; eine Einführung, die zur Vervollkommnung einer lebendigen Sprache ungemein viel beytragen, und die Ausbreitung nützlicher Kenntnisse um so mehr befördern muß, da zugleich mit der Philosophie auch andere Wissenschaften vorgetragen werden, die zu einer gründlichen Ausbildung, die man von einer hohen Schule mit Recht erwartet, nothwendig gehören, und das Studium der Philosophie zu einem hohen Grade der Vollkommenheit erheben.

Sowohl in der Philosophie als den Humanitätsklassen und andern Fakultäten sind die Lehrbeflissenen verbunden ein gewisses Schulgeld zu bezahlen, das zum Besten der unvermöglichen, dabey aber fleißigen Subjekten verwendet werden soll.

Bestand der sämmtlichen Schulanstalten mit Anfang des Schuljahrs von 1785 und 1786.

Theologische Fakultät, 1ter Lehrstuhl der Kirchengeschichte nach Bertis Breviarium von R. D. Royko vorgetragen. 2) Die Auslegungskunst der Schrift liest vor R. D. Frida. 3) der griechischen Sprache R. D. Fischer. 4) Kirchenväterlehre R. D. Schleichert. 5) Dogmatische Theologie R. D. Hasencker. 6) Moraltheologie R. D. Schmid. 7) Dogmatischer Theologie zweyten Theil R. D. Eustach Dworzak. 8) Das Kirchen

chenrecht Hr. D. Woldrzich. 9) Polemik R. D. Schleichert. 10) Pastoraltheologie in deutscher Sprache R. D. Pitrof, in böhmischer Sprache R. D. Chladek.

Juridische Fakultät. 1) Das Naturrecht über den Lehrbegriff des Freyherrn von Martini und Institutionen des römischen Rechts nach Heineccius von Hrn. D. Schuster. 2) Die Pandekten desgleichen nach Heineccius und Kriminalrecht von Hrn. D. Groß. 3) Das Kirchenrecht nach Böhms Anleitung von Hrn. D. Woldrzich. 4) Deutsche Reichsgeschichte nach Pütters Grundriß und Statistik von Hrn. D. Mader. 5) Das allgemeine Staatsrecht nach dem Freyherrn von Martini, dann das Lehnrecht nach Hommel, und das deutsche Staatsrecht nach Pütter von Hrn. D. Dinzenhofer. 6) Politischen Wissenschaften nach Sonnenfels von Hrn. Professor Butschek. 7) Die praktische Rechtsgelehrheit von Hrn. Professor Trottmann.

Medizinische Fakultät. 1) Die Scheidekunst oder Chymie von Hrn. D. Jacquin. 2) Kräuterkunde nach Lindischen System von Hrn. D. Mikan. 3) Zergliederungskunst nach dem Lehrbuch des Herrn Professor Lebers. 4) Augenarzneykunde von Hrn. Professor Prochaska. 5) Physiologie nach Boerhave, von Hrn. Professor Michellis. 6) Materia medica von eben demselben. 7) Pathologie nach Boerhave von Hrn. Professor Pleutschitz, und nach seinem Tode
von

der prager Univerſität.

von Hrn. Profeſſor Seebald. 8) Praktiſche Arz‑
neykunſt von eben demſelben. 9) Praktiſche
Wundarzneykunſt von eben demſelben. 10) Theo‑
retiſche Wundarzneykunſt von Hrn. Profeſſor
Arnold. 11) Naturgeſchichte von Hrn. D.
Zauſchner. 12) Viebarzneykunſt von Hrn. D.
Knobloch. 13) Geburtshilfe nach Steibelers
Lehrbuch von Hrn. Profeſſor Ruth. 14) Prak‑
tiſche Geburtshilfe von eben demſelben. 15) Ma‑
teria medica für Wundärzte von Hrn. Profeſſor
Nevole.

Philoſophiſche Fakultaet. 1) Die Logik
von Hrn. D. Seibt. 2) Mathematik nach Käſt‑
ner, von Hrn. Profeſſor Wibra. 3) Naturge‑
ſchichte nach Erxleben, von Hrn. Profeſſor Mayer.
4) Univerſalgeſchichte von Hrn. Profeſſor Kor‑
nowa. 5) Kenntniß klaſſiſcher Schriftſteller
von Hrn. Profeſſor Seibt, und jetzt von Hrn.
Profeſſor Meyßner. 6) Diplomatik von Hrn.
Profeſſor Steinsky. 7) Naturlehre nach Si‑
gaud, von Hrn. Profeſſor Chladek. 8) Prak‑
tiſche Mathematik nach Käſtner, von Hrn. Pro‑
feſſor Wydra. 9) Höhere Mathematik von
Hrn. Profeſſor Teſſanek. — Wobey zu merken,
daß in dem zweyten Jahrgange auch wieder die
Vorleſungen über die Univerſalgeſchichte klaſſi‑
ſcher Schriftſteller und Alterthumskunde vorkom‑
men. 10) Klaſſiſche Litteratur und Aeſthetik
von Hrn. D. Meißner. 11) Ingenieurwiſſen‑
ſchaften von Hrn. Profeſſor Herget. 12) Aſtro‑
nomie von Hrn. Profeſſor Strnad.

Außerordentliche öffentliche Vorlesungen. 1) Moral von Hrn. Professor Seibt. 2) Astronomie nach de la Lande, von Hrn. Professor Strnad.

Lateinische Schulen bestehen in 5 Klassen, als den 3 Grammatikalklassen, der Rhetorik und Poetik. Nebst der lateinischen Sprache wird hier die Jugend auch in der Naturgeschichte, der Religion und Sittenlehre, der allgemeinen und vaterländischen Geschichte, der Erdbeschreibung, der griechischen Sprache, und der Aritmetik, jedoch nur von einem eigenen Lehrer unterwiesen; doch hat die griechische Sprache einen besondern Lehrer, nämlich den Herrn Professor von Strettenfeld. Lateinische Gymnasien sind in Prag 3, nämlich auf der Alt, Neustadt und der Kleinseite; das auf der Altstadt und der Kleinseite wird von Exjesuiten, das auf der Neustadt aber von Piaristen versehen. Ein jeder Lehrer der untern 3 Humanitätsklassen macht mit seinen Schülern den dreyjährigen Kurs. Die Beschaffenheit der Lehrart selbst ist aus der gedruckten Instruktion abzunehmen. Die Lehrer erhalten den Gehalt aus dem königlichen Aerarium.

Deutsche oder sogenannte Normalschulen sind zur allgemeinen Unterweisung der Kinder und der erwachsenen Jugend bestimmt. In selben wird der Unterricht in den ersten Grundsätzen der Buchstabenkenntniß, der vaterländischen

schen Sprache, der Schreibkunst, der Naturgeschichte, der Religion und Sittenlehre; Geschichte, Aritmethik und Verfassung der gemeinen schriftlichen Aufsätzen ertheilt.

Die Hauptschule des Normalunterrichts für Lehrer und Schüler war anfangs in dem ehemaligen kleinseitner Jesuitenschulhause angelegt worden; da aber dieses Gebäu nach der Zeit zu dem königlichen Landhause beygezogen wurde, so hatte man diese Hauptschule nach dem Hause verlegt, das ehebin die sogenannten englischen Fräulen bewohnet, und die statt dessen das Klostergebäu der aufgehobenen Karmeliternonnen zu St. Joseph erhielten. In dieser Hauptschule werden nebst den schon beschriebenen Gegenständen, die ohnehin in jeder Stadt und Trivialschule zu lernen kommen, die ersten Grundsätze der Mathematik, der Zeichenkunst, der französischen und wälschen Sprache und Musik vorgetragen. Auch von dieser Lehrart kann uns die gedruckte Schulordnung ausführlicher belehren.

Bibliotheken, Naturalien, Kunst, Münz- und Antikenkabineten, und gelehrte Gesellschaften in Prag.

Universitätsbibliothek; schon seit dem verflossenen Jahrhunderte befand sich eine Sammlung von verschiedenen Büchern bey der karoliner Universität, welche aber zum öffentlichen

Gebrauche nicht freystunde, sondern nur den Lehrern zur Einsicht überlaßen wurde. In den Kriegszeiten und innerlichen Landesunruhen wurde diese Sammlung so verringert, daß, als sie um das Jahr 1750 unter die Aufsicht des Bibliothekärs Greßl gerieth, sie in einem Zimmer von mittelmäßiger Größe aufbewahrt werden konnte.

Um das Jahr 1766 wurde auf Veranstaltung Sr. k. k. Majestät Marien Theresiens (wie aus der Ulberschrift zu ersehen gewesen) in dem karoliner Hofe eine öffentliche Bibliothek erbaut, in welcher die Monarchinn eine Menge Duplikate aus der wiener Bibliothek bringen ließ. In kurzer Zeit gerieth diese neue Bibliothek in die Verfaßung, daß sie zum öffentlichen Gebrauche eröffnet werden konnte. Man übergab sie der Direktion des Samuel Mende, der jüngst in Sachsen die Stelle eines Pastors begleitet, und sich jetzt zu der katholischen Kirche begeben hatte. Zu dieser Stelle diente ihm zur Empfehlung die Kenntniß der griechischen und hebräischen Sprache, und eine besonders eingezogene und menschenfreundliche Konduite. Er war eben an dem, die seiner Obsicht anvertraute Bibliothek in vollkommene Ordnung zu bringen, als der Hofbefehl erfolgte, die karoliner Bibliothek nach Aufhebung des Jesuitenordens nach dem klementiner Kolleglum zu übertragen, und solche mit der dort
schon

schon bestehenden ansehnlichen Bibliothek zu vereinigen.

Um das Jahr 1774 wurde an das Werk der Vereinigung und in Ordnungsetzung bey den Bibliotheken wirklich Hand angelegt, und der ehemalige karolliner Bibliothekär Mende wurde nun dem Exjesuiten Bibliothekär Charveul (der unter einem auffallenden Exterieur vortreffliche Kenntnisse verbarg) zur Beyhilfe zugegeben.

Da der Befehl ergieng, alle Bücher von den im Lande aufgehobenen Jesuitenkollegien nach dieser neu errichteten vereinigten Universitätsbibliothek zu übertragen, da überdies die Sammlung durch das ansehnliche gräflich Kinsische Geschenk, und andere mehrere Beyträge immer mehr zunahm, so stieg die Universitätsbibliothek zu einer bewunderungswürdigen Größe, und könnte sich anbey des Besitzes vieler neuen und vortrefflichen Werke rühmen, die um so vollständiger gewesen seyn würden, wenn nicht einige Gelehrte, die gleich anfangs einen Zutritt zu der noch in der Unordnung befindlichen Bibliothek erschlichen, manche schöne Bücher und Manuscripte auf die Seite geräumet, und die Lücken mit schlechten Schriften ausgefüllt hätten.

Nach dem Tode des Bibliothekär Charveul, der einige Jahre nach der Vereinigung der Universitätsbibliothek erfolgte, wurde Herr Ungar,

ein Prämonstratenser von dem Strahofer Stifte
zum Custos Bibliothecæ bestellt; dieser sparte
keinen Fleiß und Mühe die Bibliothek vollends
in Ordnung zu bringen. Nach seiner Einleitung
wurden die häufigen Duplikate verkauft, und
aus dem eingekommenen Gelde brauchbare und
neue Werke eingeschaft. Inzwischen ergieng
auch der Hofbefehl, daß von einem jeden hier
Landes abgedruckten Werke ein Exemplar in
die Universitätsbibliothek abgegeben würde,
wodurch die Nationalbibliothek einen merklichen
Zuwachs erhielt.

Da die klementiner Bibliothek mit der von
der Universität vereinigt worden war, so fand
es sich, daß die Jesuiten eine Menge sogenannten verbotener Bücher, die sie zu verschiedenen
Zeiten den Privathänden entrissen, in einem besondern Behältnisse verborgen aufbehalten hatten.
Diese Sammlung lag gleichsam vergraben ohne
den geringsten Nutzen im Staube. Man war
gegenwärtig überzeugt, daß der Verbot des
Lesens jener Bücher, so der herrschenden Denkart widerstreiten, nicht eben den schicklichsten
Weg zur Aufklärung und Ausrottung der Vorurtheile wär; dahero wurde beschlossen, einen
großen Theil dieser Sammlung zum Besten der
Bibliothek ebenfalls zu verkaufen; nur jene
Werke wurden aufbehalten, und dem Kommerze
entzogen, die wegen des ärgerlichen und Sitten
ver-

verderblichen Inhalts den unmittelbaren Zweck des Bücherlesens nicht nachkamen.

Gegenwärtig befindet sich also die Universitätsbibliothek in einer Verfassung, daß sie dem vorgesetzten Zwecke in jedem Betrachte auf die vollkommenste Weise entspricht. Man findet hier an jeder Seite zween geräumige mit allen erforderlichen Bequemlichkeiten wohl versehene Lesezimmer, die jedermann in den bestimmten Tagen und vorgeschriebenen Stunden frey besuchen kann. An diese Lesezimmer stoßen unmittelbar die neu angelegten Gänge der Bibliothek, in deren Mitte die Nationalbibliothek steht. In dem Gange zur linken Seite, oder dem linken Flügel des ganzen Bibliothekgebäudes sieht man die der Universität geschenkte gräflich Kinskische Büchersammlung, in dem rechten Flügel werden noch jetzt Bücher aufgestellt und geordnet. Der hintere Theil des umgebenden Ganges, so der Nationalbibliothek parallel ist, enthält die Incunabula Artis Typographicæ, oder jene alte und neue Bücher, die beym Anfange der erfundenen Buchdruckerkunst an verschiedenen Orten sind aufgelegt worden. Alle diese Gänge sind durch die trefflichen Veranstaltungen des Herrn Bibliothekärs Ungar schön geordnet, und mit niedlicher Malerey an der Decke und den Fensterwänden versehen worden, welches auch bey den Lesezimmern geschah. In der Mitte des Hauptgebäudes steht man den prächtigen Büchersaal des ehemaligen Jesuiten Klementiner Kollegiums, der heut unter dem Namen der Nationalbibliothek bekannt ist. Man zeigt hier das Trauer- und Ehrendenkmal des berühmten Mathematikers Stepling. In dem obern Gang des Büchersaals, den man mittels einer Wendeltreppe besteigt, wird eine Menge Handschriften aufbewahrt, die zum Theil neu sind, und wichtige Denkmäler der Litteratur in sich enthalten. Eine ausführliche Beschreibung der Universitätsbibliothek findet man in Balbini Bohemia docta edita a P. R. Ungar, Parte tertia Fol. 20 et seq.

Bibliothek der prager Domkirche St. Veit. Sie ist zweyfach, die eine gehört zu der Domprobstey, die andere besteht in der eigentlichen alten Sammlung, die der Metropolitankirche eigen ist. In die erste hatte man vormals den Zutritt kaum erhalten. Im Jahr 1648 hatten die Schweden diese Bibliothek mancher schönen und wichtigen Monumenten beraubt. Demohngeacht aber finden wir hier noch einen ansehnlichen Schatz der alten böhmischen Litteratur, worunter das Original der böhmischen Chronik von Kosmas, die Handschrift des Christannus, viele Schriften der gelehrten prager Domherren, und alte Urkunden der böhmischen Staatsverfassung gezählt werden. Es gereicht dem prager Domkapitel zu einem immerwährenden Ruhm, daß auf dessen Veranlassung gegenwärtig eine Auflage

der

der in der Bibliothek aufbewahrten besten Schriften besorgt wird, welche Auflage um so anempfehlungswürdiger wäre, wenn man bey dieser nützlichen Unternehmung mehr die Genauigkeit des Textes als der Noten beförderte.

Strahöfer Bibliothek. Enthält eine ansehnliche Sammlung von vortreflichen Büchern, und neuen Handschriften, worunter sich viele befinden, die zur Erläuterung der böhmischen Litteratur sehr viel beytragen. In dem schwedischen Einfall von 1648 mochte diese mit der prager Kapitularbibliothek und der des Jesuitenprofeßhauses ein gleiches Schicksal erlitten haben, da die Feinde die wichtigsten Urkunden außer Land geschleppt. Unserer Zeit hat diese Bibliothek einen merklichen Zuwachs von Nationalschriften erhalten, da sie die berühmte Klauserische Sammlung käuflich an sich gebracht, und nebst andern mehr angeschaften neueren Werken sich ungemein bereichert. Im Jahr 1783 war es an dem, daß wegen den großen Zuwachs der Bücher, der Büchersaal erweitert werden sollte, um vielleicht dadurch die Bibliothek selbst gemeinnütziger zu machen.

Vormalige Bibliothek des aufgehobenen Klosters der barfüßer Augustiner zu St. Wenzel auf der Neustadt. War sehr nett, niedlich und ordentlich eingericht. Unter der schönen Sammlung thaten sich hervor: Balbini Rationarium temporum, ejusdem de Regni Bohemiæ statu, ejusdem Liber de Magiſtratibus, Notata de Regibus Bohemiæ, Pulkava Chronicon, Dalemili Chronicon, Beneſſii Continuatio, Iaroslai Praemonſtratenſis Chronicon, Martini Kutheni Chronicon. Pauli Zidek Fragmenta. Pauli abbatis Aulæ regiæ Fragmenta, Bureani Chronica Pragenſis. Laurentii Brzezinæ Chronicon de Bello Huſſitico. Sixti ab Ottersdorf Acta ſub Regimine Ferdinandi I. Ejusdem Miſcellanea Hiſtorica. Anonyni Chronicon de rebus geſtis ſub Regimine Rudolphi. Ius Municipale Pragenſe ſcriptum 1300. Privilegia antiquæ urbis Pragenſis. Vincentii Tabularium ginaogicum de ſtatu Religionis in Regno Bohemiæ: nebſt andern nicht über 80 Stück ſich belaufenden Artikeln, welche in Balbini Bohemia docta edita a P. Candido a S. Thereſia, pag. 109 et ſeq. der Ordnung nach eingeführt werden. Bey Aufhebung des Kloſters im Jahr 1785 ſind die Bücher nach der kaiſerlichen Univerſitätsbibliothek übertragen werden; da es ſich dann fand, daß der vormalige Ruf von der Vortreflichkeit dieſer Bibliothek nicht bewährt geſunden.

Im Betrachte des Privatbeſitzes zeichnet ſich gegenwärtig vor andern die fürſtenbergiſche Bibliothek aus. Da der fürſtliche Herr Beſitzer ſelbſt ein Gelehrter iſt, ſo hat er keine Mühe und Koſten geſpart, die Bibliothek in den vollkommenſten Zuſtand ihrer Art zu verſetzen. Man ſieht hier eine Sammlung der neueſten und zugleich

gleich vorzüglichsten Werke in jedem Fache der
Litteratur und der bildenden Künste beysammen
nach dem nettesten Geschmacke geordnet und eingerichtet. Nebst dem findet man auch hier eine
Kollektion von wahren Zeichnungen, Kupferstichen, Malereyen, Bildsäulen, Antiken, Medaillen und Naturalien, welche Kollektion noch täglich vermehret wird. — Auch der Hr. Graf von
Kaunitz veranstaltet eine treflliche Büchersammlung, er kaufte die nach dem verstorbenen Hrn.
Professor Chemant hier verbliebene schöne Bibliothek, und unterläßt nicht zeither solche durch
Anschaffung mancher guten Schriften zu vermehren. In Absicht auf die vaterländische Litteratur verdient die pußlacherische und neubergische Bibliothek bemerkt zu werden. Die erstere wird von dem gelehrten Hrn. Besitzer noch
täglich vermehrt, die letztere aber hat durch den
Tod ihres Eigenthümers einen großen Freund
der Wissenschaften verloren. —

Die Bibliothek Sr. Exzellenz des Hrn. Obersten Burggrafen Grafen von Nostiz hat einen
Ueberfluß an den wichtigsten Werken in allen
Zweigen der Wissenschaften, und vorzüglich auch
in Absicht auf die Nazionalgelehrsamkeit; nichts
ist bey ihrer Errichtung verabsäumet worden, um
ihr einen großen Vorzug und Ansehn zu verschaffen. Es würde zu weitläuftig seyn, alle
noch übrige in Prag befindliche ansehnlichere
Bibliotheken hier anzuführen, da bey gegenwärti-

ger Ausbreitung der Wissenschaften alle Stände sich bemühen, sich durch Zusammenbringung mancherley wissenschaftlicher Vorräthe hervor zu thun. In der ersteren Auflage der vom Hrn. Pelzel verfaßten böhmischen Geschichte findet man am Ende des Werks ein kurzes Verzeichniß der zu dieser Zeit in Prag bestandenen Privatbibliotheken.

Naturalienkabinet befindet sich bey der Universitätsbibliothek unter der Aufsicht des Hrn. D. Tauschners. Es steht Jedermann frey solches zur bestimmten Zeit zu besehen. Man findet hier eine beträchtliche Sammlung von verschiedenen Gegenständen der drey Naturreiche, worunter sich besonders die Konchilien und die Vögelarten hervorthun. — Hr. Professor Mayer besitzt desgleichen einen schönen Vorrath von wahren Naturprodukten, welchen er seinen Zuhörern unter Vorbringung der nothwendigen Erklärungen vorzeigt. — Nebst dem finden sich in Prag hin und wieder Privatsammlungen von besonders seltenen Naturarten, denn das Studium der Naturgeschichte ist gegenwärtig bey den Freunden der Wissenschaften zu einer Lieblingsbeschäftigung geworden; und man wird wenig Gelehrte finden, die sich nicht bemühten, kleine Magazine von diesem oder jenem Zweig des Gebiets der Naturerzeugnisse zu errichten.

Kunst= und Maschinenkammern, gleichfalls bey dieser Universitätsbibliothek befindlich, und

zur

zur öffentlichen Besehung eröfnet. Sie entstand aus dem ehemaligen Kunstkabinet des Jesuitenklementinerkollegiums, ist aber nach der Zeit mit verschiedenen Kunstwerken, Maschinen und bewundernswürdigen Seltenheiten bereichert worden. Der kunstverständige Zuschauer sieht hier eine Sammlung künstlicher Uhrwerke von mancherley Art und wunderbarer Zusammensetzung, kostbare physikalische Instrumente und Maschinen, vermittelst welchen die Versuche in der Mechanik, Optik, Hydraulik, Pyrotechnik, Elektrik ꝛc. vorgenommen werden. Nebst dem befinden sich auch hier kostbare astronomische Werkzeuge, die aber meist der hiesigen Sternwarte zugetheilt worden sind; die hierorts ebenfalls aufbewahrten mathematischen Instrumente sind zum Gebrauch der praktischen Unterweisungen in der Mathematik befindlich. Demohngeacht bietet sich dem neugierigen Auge eine Menge künstlicher Kuriositäten dar, welche in die Tonkunst, Mechanik, Optik, und die kuriose Chymie einschlagen. Bey dieser Gelegenheit müssen wir hier jener berühmten elektrischen großen Maschine erwähnen, die in Europa ihres Gleichen wenige haben wird, und die dem Custos der Universitätsbibliothek Hrn. Ungar gehört, welcher durch jene die wunderbarsten Experimente vornehmen läßt.

Andere Kunstkabinete finden wir noch in Prag an verschiedenen Orten. Das in dem Plaz riſtenkollegio hat Hr. Dobner, nunmehriger jubilirter Rektor dieſes Kollegii aus der hinterlaſſenen Sammlung des verſtorbenen D. SKrinci, eines in der Experimentalphyſik, und der Chymie vormals wohlgeübten Arztes, zuſammen gebracht. Dieſe Sammlung hat beſonders einen Vorzug an verſchiedenen optiſchen und chymiſchen Inſtrumenten und Gefäßen, die hierorts befindliche Luftpumpe hat vor vielen andern ihrer Art einen Vorzug.

Medaillenſammlung befindet ſich bey Sr. Excellenz Hrn. Franz Grafen von Pachta, der als vormaliger oberſter Münzmeiſter die Gelegenheit zu Nutze gemacht, eine anſehnliche Münzſammlung zuſammen zu bringen. Das fürſtenbergiſche Münzkabinet iſt desgleichen berühmt, und prangt mit vielen alten und raren Medaillen.

Antiken, Raritäten und Kunſtkabinet war vormals in der königlichen Kunſtkammer in der königlichen Burg zu ſehen, die Sammlung rührte meiſt vom Kaiſer Rudolph her, und war nach der Zeit von den nachfolgenden böhmiſchen Regenten vermehrt worden. Allein dieſe ganze Sammlung iſt zu Anfang der Regierung Sr. k. k. Majeſtät Joſeph II. durch öffentliche Verſteigerung an die Meiſtbietenden verkauft worden, nachdem man bevor die beſten Stücke aus dieſer Sammlung nach Wien übertragen ließ. Gegenwärtig ſind alſo die verkauften Antiken und

Ra=

Raritäten zerstreuet, und in verschiedene besondere Privatkunstkabineten aufgestellt.

Böhmische gelehrte Gesellschaft besteht gegenwärtig in einer Privatvereinigung böhmischer und einiger auswärtigen Gelehrten: der Zweck dieser Verbindung ist mit vereinigten Kräften an der Aufnahme der Wissenschaften und Emporbringung nützlicher Künste und Erfindungen zu arbeiten.

Zu diesem Ende hat die Gesellschaft zur bestimmten Zeit ihre Zusammenkünfte in dem ehemaligen karoliner Büchersaale, in welchem verschiedene Preißfragen zur besten Auflösung den Gelehrten öffentlich vorgelegt worden. Die gelehrten Arbeiten der Gesellschaft, die bishero zum Besten der Wissenschaften geleistet worden sind, sind unter den Namen der Abhandlungen der Gelehrten böhmischen patriotischen Gesellschaft zur Aufnahme der Künste und Wissenschaften bekannt; man findet hier viele Ausarbeitungen, die sowohl zur Aufklärung wichtiger wissenschaftlicher Gegenstände dienen, als auch die Veranlassung zur Entdeckung mancher nützlicher Vortheile in den Künsten darbieten. Die in heuriger Sitzung aufgeworfene Preißfrage betrifft den Entwurf zur Verfassung einer allgemeinen vaterländischen Naturgeschichte, und es wäre zu wünschen, daß zur Bearbeitung dieses wichtigen Stofs die Gelehrten ihren Fleiß verwenden möchten. Unter den Mitgliedern der Gesellschaft ha-

haben nebst andern, die hier anzuführen zu weitläuftig wäre, der Hr. Freyherr von Born und Hr. Voigt aus dem Orden der frommen Schulen einen großen Ruhm ihrer Kenntniße sich erworben.

Achter Abschnitt.

Von dem alt und neuen Zustande der Künste, Gewerbe, Handwerke, Fabriken und Manufakturen in Prag; dann Beschreibung des Feld- und Bergbaues, und der Handlung in Böhmen überhaupt.

Um sich einen deutlichen Begriff von der Beschaffenheit der ehemaligen Handwerke und Künste in Böhmen zu machen, braucht man nun die allgemeine Geschichte der Menschheit zu Rathe zu ziehen.

Die Menschen und Völker waren sich von jeher zu allen Zeiten sehr ähnlich, und das Klima oder die besondere Art dieses oder jenes Stammes brachte nur hierinfalls eine zufällige Veränderung zuwege. Es ist wahr, die Slawen hatten als Einwanderer in Böhmen die Epoche der ersten natürlichen Unschuld oder Einfalt zurückgelegt, ein Zustand, der, da er die Menschen in einer gänzlichen Unwissenheit in dem Kenntniße und Gebrauche der zur Bequemlichkeit und Wollust des gesellschaftlichen Lebens

die=

dienenden Artikeln läßt, auch zugleich alle Handwerke und Künste unbekannt macht. Diese Slaven hatten demohngeacht häufige Ueberbleibseln des Standes der Wildheit mit sich gebracht, in den die Menschen zu übertretten pflegen, wenn die aufkeimenden natürlichen Einsichten den ersten Stand der Unschuld verdrängen. Wenn daher unsere ersten alten Vorfahren von der Jagd, dem Kriege und der Fischerey, den herrschenden Beschäftigungen der Wilden, sich in etwas zu erholen, Zeit genommen, und meist durch ungefähre Zufälle bewogen, Gelegenheit fanden, eine Art Betrachtungen über die Zustandbringung einiger, anfangs nothwendiger Lebensunterhaltungsmitteln anzustellen, dann war der günstige Zeitpunkt da, in welchen einige mit vorzüglichen Verstandskräften begabte Gefährten, den ersten rohen Gedanken verfolgten, und Anlaß gaben, einen Grund zur Verfertigung einiger Artikeln zu legen, die das gesellschaftliche Leben erträglicher machen könnten.

In dieser Verfassung mußten die Slaven noch vor ihrer Einwanderung in Böhmen die Kenntniße Hütten zu bauen, Gewände zur Bedeckung des Leibes zu verfertigen, eine Art nothwendiger Werkzeuge und Gefäße von Stein, Holz, Erz und Ton u. d. gl. zu formen, ingehabt haben. Krokus der zweyte böhmische Herzog legte das Schloß Wischehrad, welches damals Pßany genannt wurde, an. Libuße und

Prje-

Przemißl bauten auch für sich mancherley Lust-
schlösser, die zwar nur von Holze waren, doch
aber dem damals in Böhmen angenehmern Geschmacke noch nicht schlecht bestellt seyn konnten. Unter dem Nezamisl und Mnata fieng
man an Kalk und Ziegeln zu brennen; wovon
man nicht nur einzelne Häuser und Schlösser,
sondern auch ganze Flecken und Städtchen bauete, die man überdies noch mit Mauern befestig-
te. Man baute auch hie und da viele Wassermühlen, nachdem man sich ehedem mit Wind-
mühlen behalfe. Eben dieser Herzog Mnata
ließ auch der erste, wie bereits schon gemeldet worden war, über den Moldaufluß eine hölzerne
Brücke schlagen. Sein Nachfolger Wogen und
Nezezomisl umgaben Prag mit starken Mauern,
und Neklan bauete auf dem Wischehrad einen
hohen und festen Thurm, der nach seinem Namen
Neklanka heißt, und nachher durch einen Windstoß erschüttert, einstürzte.

 Aus den herausgegebenen Götzenbildern, die
den Todten bey ihrer Bestattung mitgegeben worden sind, ist abzunehmen, daß die Slaven einige
Kenntniße der Bildhauer und Gißerkunst gehabt.
Ein gleiches kann man von einer Art Malerey
behaupten, da man zu Wischehrad, in dem Thurn
Neklanka und andern alten Gebäuen die Bild-
niße dem Herzoge malen ließ.

 Die Handlung geschah in den ältesten
Zeiten meist mit Getreid, Viehe und Bauholz,
wel-

welches gegen Salz ausgetauscht worden war,
denn an diesem Artikel hatte Böhmen damals
Mangel gelitten, und war genöthiget, solches
von Halle in Sachsen holen zu lassen. Zwar
hatte man in Schlann und Bilin Salzbrunnen
entdeckt, diese waren aber nicht ergiebig genug,
ja sie verloren sich bald nachher gänzlich.

Den Feldbau hatten die Slawen von jeher
fleißig betrieben, und die vornehmsten der Nation hielten es vor keine Schande an die Bearbeitung ihrer Aecker selbst Hand anzulegen,
wie es denn auch aus der Geschichte bekannt ist,
daß Premissel vom Pfluge zum Thron beruffen
worden. Zur größten Aufmunterung des Feldbaues ließ Herzog Nezamißl den Befehl ergehen, daß wer immer die Waldungen umhauen,
und urbar machen würde, er den angebauten
Platz gegen Leistung leidentlicher Frondienste eigenthümlich behalten könnte. Der Feldbau gerieth in Böhmen sonach in so große Aufnahme,
daß die benachbarten Völker den Bezirk von
Böhmen nur insgemein den Getraidkasten und
eine Vorrathskammer von Lebensmitteln, so wie
man es ehemals von Egypten zu sagen pflegte,
nannte. Die Slawen konnten also gegen den
Tausch ihrer überflüßigen Feld- und Baumfrüchte, des Schlacht, Last- und Zuchtviehes und
Bauholzes sehr leicht die wenigen ihnen abgängigen Artikeln von ihren Nachbarn erhalten, und
dadurch große Handlungsvortheile sich herausnehmen.

Dieser blühende Zustand des Feldbaues dauerte bis auf die Zeiten des Herzogs Arjenomissel, unter dessen Regierung die Bergwerke, besonders die goldenen zu Eule eine überaus reiche Ausbeute abzuwerfen anfiengen. Da auf solche Art die Leute durch den Bergbau in kurzer Zeit zu großen Reichthümern gelangen konnten, so verließen sie den Feldbau, und verlegten sich mit allem Fleiß auf eine Beschäftigung, die ihnen so ansehnliche Schätze zu Theil werden ließ. Man merkte bald den Nachtheil, der durch diese Revolution dem Lande zugezogen ward, denn eine allgemeine Theuerung der Lebensmitteln, und einreißende allgemeine Hungersnoth war die nothwendige Folge dieser Unvorsichtigkeit. Der Herzog bemühte sich nach seiner Möglichkeit, dem überhand nehmenden Landesverderben vorzubeugen, und man wurde endlich genöthigt, die Bergwerke der edlen Metallen dem Eigenthümer des Landesfürsten ausschlüssungsweise zu unterlassen. Demohngeachtet hatte die reiche Ausbeute der Gold- und Silberminen in einem andern Betracht für die Handlung einen großen Vortheil. Denn da man ehedem genöthigt war, den Handel vermittelst eines unbequemen Tausches der Produkte zu betreiben, so gewann man nunmehr ein Mittel, das Gold und Silber zu einem allgemeinen Werke der benöthigten Sachen zu machen, und durch solches den Handel um so bestimmter und genauer einzurich-

des alt und neuen prager Zustandes.

richten. Dieses geschah nach einem gewissen Gewispre des Gold und Silbers, so man Marken heißt, und nach solchen künftig das allgemeine Kommerz festgesetzt worden. Man weiß zwar aus der Geschichte damaliger Zeiten, daß auch eine Art von Münzen bekannt gewesen, allein diese Münzen waren damals so wenig im Gange, daß man sich im Handel meist eines gewissen Gewichts vom Golde und Silber bediente. So war auch der Tribut, den der deutsche Kaiser Karl der Große von Böhmen forderte, nicht nach Gelde, sondern dem Gewichte der edeln Metalle, so man Marken heißt, berechnet, welches jederzeit noch lange Zeit nachher bey Ablieferung beträchtlicher Geldsummen beobachtet worden war.

Nachdem die Slaven mit den Deutschen, ihren Nachbarn, nach und nach in größere Gemeinschaft geriethen, hatten sie auch ihren Handel immer mehr erweitert, und sich sowohl auf häufige Erzeugung der Landesprodukte verlegt, als auch Künste und Handwerke um so mehr durch Beyspiele und Modellen aufgemuntert, zu diesem kam noch die Einführung des Christenthums, welcher Umstand sehr viel zur Emporbringung der Künste, besonders der Baukunst, der Bildhauerey und Malerey beytrug.

Es ist eben aus der Geschichte bekannt, wie eifrig sich die ersten kaiserlichen Herzoge in Erbauung der Kirchen und derselben Auszierung

be=

bewiesen, und wie sie keine Kosten gespart, recht prächtige Werke der Baukunst nach damaliger Art zu errichten. Das Beyspiel der Regenten diente den Edelleuten und vermöglichen Bürgern zur Nachahmung, indeme jedermann fest überzeugt war, die rühmlichste Handlung gethan zu haben, seinen Religionseifer durch Aufstellung prächtiger Denkmäler zu beweisen. Von den Kirchen übergieng die Kunst in Privatwohnungen, und es wurden Schlösser, Landhäuser und andere Gebäu nach eben dem Geschmacke angelegt und mit Hausgeräthe versehen. Daher rühret das Ungeheuer in den Gebäuden und den Meubeln, das so lange Zeit zum herrschenden Geschmake geworden. Man nannte diese Ordnung des Baues die gothische Bauart, und die ersten Kirchen in Prag, als der Teyn, die Domkirche St. Veit, und St. Georgikirche u. a. m., waren nach solchem Geschmacke gebauet worden. Was die innerlichen Auszierungen betraf, so muß man sich besonders über die Schönheit, Lebhaftigkeit, und Dauerhaftigkeit der Farben billig verwundern, die lange Zeit nachher ihre völlige Stärke ohne der mindesten Veränderung beybehalten hatten. Mit dergleichen Kirchenpracht fand auch die Tonkunst den Eingang bey der slavischen Nation. Es ist wahr, daß sich damals von einer ordentlichen Instrumentalmusik sehr wenig sagen läßt, allein demohngeacht kann man doch behaupten, daß die Singkunst schon

da-

damals in bestimmte Regeln gebracht zu werden anfieng, die an dem bekannten uralten adalbertischen Loblicde zu ersehen ist. Diese Singkunst wurde sonach um somehr nur verbessert, als sich die Nation der Gesänge nicht nur allein bey dem Gottesdienst bediente, sondern auch ihre Lieder bey jeder öffentlichen Landesfeyerlichkeit erschallen ließ. Und in der That hatten es auch die Böhmen seither in der Tonkunst so weit gebracht, daß sie sich auch deshalb einen ausgebreiteten Ruhm bey den Fremden erworben. — Nebst andern Künsten war auch die Schreibekunst damaliger Zeiten im großen Ansehen. Man verwendete großen Fleiß darauf, die Anfangsbuchstaben eines wichtigen Aufsatzes mit Gold, Silber und schönen Farben zierlich zu zeichnen. Viele Urkunden wurden von vornehmen Standespersonen, ja oft von herzoglichen Söhnen und Anverwandten eigenhändig abgeschrieben, und mit ihrer Namensunterschrift in der Eigenschaft eines Kopisten bemerkt, um dadurch ihr Andenken auf die Nachkommenschaft fortzupflanzen, welche die besondere Fähigkeiten des Abschreibens, in Absicht auf die Zierlichkeit der Schreibekunst bewundern sollte. Aus diesem Beweggrunde hat Kristianus, der aus herzoglichem Geblüte entsprossen war, den Kloster brjeznower Stiftsbrief eigenhändig abgeschrieben.

Inzwischen gieng der Handel mit inländischen Erzeugnißen, als dem böhmischen Getraibe, den Fischen, dem Wild- und Lastvieh, den Gartenfrüchten, und dem häufigen Holze, immer seinen Gang fort. Dazu hatte man auch eine Menge Eisen und Edelgesteine im Lande, davon man den benachbarten Völkern vieles mittheilen konnte. Im Gegentheil aber lieferten andere Länder das in Böhmen noch immer abgängige Salz, Wein und Spezereywaaren herein. Nur war der Handel nicht immer im gleichen Zustande und Wirksamkeit. Denn bald stürzten ihn auswärtige Kriege, die mit jenen Nationen vorfielen, welche diesen Handel unterstützten, bald mußte er wegen merklichen Unruhen und Landesbedrängnißen größtentheils zurückbleiben.

Unter der Regierung des Königs Ottogar schien die böhmische Handlung eine beträchtliche Erweiterung erhalten zu haben. Dieser blühende Zustand der Handlung mochte vorzüglich von zweyerley Haupturfachen herrühren. Erstens: wegen der engen Verbindung der vielen Staaten, die dieser Zeit unter der Regierung des Ottogars gestanden hatten, und dann, weil eben dieser König die deutschen Kaufleute in Böhmen sich häufig etabliren ließ, welche das Kommerz mit dem deutschen Reiche und den angränzenden Ländern unterhielten. Nachdem aber Ottogar von dem Grafen von Habspurg in einem entscheidenden Treffen geschlagen wurde, und durch diesen unglücklichen Zufall die vorher mit Böhmen verbundenen Provinzen wieder davon getrennt

trennt waren, auch bald nachher Böhmen selbst dem Raube der Deutschen zu widerstehen nicht vermochte, so gerieth die Handlung bald in ihren gänzlichen Verfall. Die folgenden Könige bemühten sich zwar dem Lande wieder aufzuhelfen, doch ihr Bemühen hatte nicht die gehoften Früchte hervorgebracht.

König Johann ließ in Prag den thelner Hof, oder heute sogenanntes altes Umgeld zu einem Hauptzollamte für alle eingehende fremde Waaren errichten; daraus läßt sich abnehmen, daß damals die Handlung wieder einigermaßen in Gang gebracht wurde, und daß der König bereits Vorkehrungen zu einem bevorstehenden ausgebreiteten Handel machte, den sein Sohn und Nachfolger Kaiser Karl IV. zur vollkommenen Aufnahme gebracht hatte.

Nunmehr wurden auch die Waldungen zum großen Theil ausgehauen, und zu fruchtbaren Aeckern und Wiesen umgeschaffen. Selbst die Klostergeistlichen, und besonders die Benedittinermönche führten das Werk der Uebernehmung in vielen Gegenden von Böhmen ein, und trugen kein Bedenken im Erforderungsfall mit eigenen Händen den Feldbau zu betreiben, und dadurch das Landvolk zum Fleiße aufzumuntern, den sie bevor durch Lehren und erbauliche Beyspiele zur Führung eines geistlichen Lebens bewogen. Solche nützliche Unternehmungen geschahen bey der Errichtung des Klosters zu Sa-

sawa, zu Brzeznow, Oppatowitz, Kladrau, und andern Orten mehr.

Da wegen des blühenden Handels in Böhmen die Bevölkerung immer mehr zunahm, so verordnete bereits um das Jahr 1079 König Wladislaw II. daß die Ackersleute von eigener Versehung des Soldatendienstes befreyet werden sollten, wenn sie statt dessen eine gewisse Abgabe lieferten. Welche Begünstigung auch nachher Wladislaw II. bestättigte. König Ottogar machte hierauf, um aller Verwirrung, die etwa bey der Eintheilung der Aecker entstehen könnte, vorzubeugen, eine allgemeine Landesordnung, in der er das Maaß und die Verhältniß, so die Aecker gegen einander, wie auch die Art bestimmte, mit welcher ein jeder Acker besäet und bearbeitet werden sollte. Er ordnete nämlich an, daß jedes Landsäul, womit man die Felder ausmießt, 40 böhmische oder prager Ellen, und 2 Querhände halten sollte. Fünf Landsäule sollten einen Morgen, 5 Morgen eine Ruthe, 27 Ruthen eine Hube Feldes ausmachen. Ein jeder Acker sollte Beetweise ausgetheilt werden. In jedem Beete sollten wechselweis 7 und 8 Furchen gemacht werden. Eine Hube königlichen Ackers sollte 12 Schock Beete ausmachen. Die Hube eines geistlichen Ackers 11 Schock, die Hube eines adelichen oder Herrnackers 10 Schock, und die Zinshube eines Bauernackers 3 Schock. Diese Eintheilung sollte überall durch besonders hiezu be=
stell=

stellte Aufseher betrieben werden. Weil man aber einen schwächeren Boden dicker besäen mußte, als einen fetten, so sollten die Aecker der Geistlichen in Zukunft dicker als die königlichen, die Aecker der Edelleute dicker als jene der Geistlichen, und die Bauernäcker am dicksten besäet werden.

Unter der glücklichen Regierung Kaiser Karl IV. erhielten die Künste, Gewerbe, Handwerke, und die Handlung einen neuen Schwung. Alle Gattungen dieses Zweiges des Nationalreichthums und des Ruhmes erhielten frische Erweiterungen, Verbesserungen und Erhebungen. Die Bauart und die Auszierungen der Gebäude waren zwar noch immer nach gotischer Ordnung veranstaltet worden, allein der Geschmack war nun weit niedlicher und regelmäßiger; das Ungeheure und Abgeschmackte des Alterthums wurde jetzt durch eine ziemlich wohlgewählte Bauart verdrängt. Karl liebte und schätzte alle diejenigen, die sich der Künste annahmen. Peter von Germund, ein sehr geschickter Baumeister, baute auf Befehl und Kosten des Kaisers die prächtige Metropolitankirche zu Prag; zu gleicher Zeit wurde im Jahr 1358 der Bau der vortreflichen prager Brücke vorgenommen. Andere prächtige und künstliche Gebäude, worunter das ehedem so feste Schloß Karlstein gehört; die Schiffseite sammt der Kupl der Metropolitankirche, die königliche Burg, das erzbischöfschöfliche Wohnhaus, der Pallast des Kurfürsten von Sachsen, am Fuße der prager Brücke, und noch andere, haben sich zwar bis auf unsere Zeiten nicht erhalten, sie waren aber dennoch alle ein Beweis von der ungemeinen Geschicklichkeit und Stärke der böhmischen Baumeister. Man hätte überhaupt zu Karls Zeiten nicht nur in großen Städten, sondern auch in kleinen Ortschaften Böhmens viele hohe und oberhalb künstlich gewölbte Kirchen errichtet. Innerhalb diesen Kirchen gab es sehr schöne, und nach der damaligen Art mit Gold gezierte Altäre. Die priesterlichen Gewänder waren größtentheils mit Perlen und Edelsteinen besetzt, und das Kirchengeräthe mit vieler Kunst durchgängig gearbeitet.

Was die Malerkunst betrift, so kann man behaupten, daß die Malerey in Oelfarben (zuvor war solche mittels des gefärbten Wachses betrieben) zu Zeiten Kaisers Karl IV. bereits im Schwunge gewesen. Man hat Originalgemälde dieser Art, die in Karlstein sich befanden, und auch noch gegenwärtig in der St. Wenzelskapelle der prager St. Veitskirche aufbewahrt werden, von denen man zuversichtlich weis, daß sie zu den Zeiten erwähnten Monarchens verfertigt worden waren. Ich selbst habe bey dem unlängst verstorbenen Professor Ehemant ein Oelgemälde des heiligen Mathias gesehen, das vormals in Karlstein sich befand, und der genauesten angestellten Prüfungen noch für ein ächtes

tes Originalgemälde befunden worden, das von den Zeiten Karls IV. herrühren mußte. Die Hußiten hatten hier die nach damaliger Gewohnheit in den Bildern verborgenen, und meist in Gold oder Silber eingefaßten Reliquien nicht gefunden, und folglich das Bild unversehrt gelassen. — Ein Denkmal der damaligen Bildhauerkunst liefert uns die aus Erzt verfertigte Statue des heiligen Georg auf dem innern Schloßhofe; von welcher, da in der topographischen Beschreibung der Stadt Prag ausführlich ist gehandelt worden, hier weiter nichts zu erinnern ist. — Die Tonkunst wurde nun durch die Instrumentalmusik erweitert. Kaiser Karl IV. führte sie in die Kirchen ein, und seither unterließ man nicht an ihrer Vollkommenheit immer mehr zu arbeiten. Auch König Wenzel, der Sohn und Nachfolger dieses ruhmwürdigen Kaisers, verwendete viel auf die Künste, wie man denn zu Königssaal und verschiedenen Schlößern davon manche Denkmäler gesehen. Allein in den hußitischen Unruhen sind die meisten schönen Kunstwerke der vorhergehenden Zeiten zerstört worden.

König Wladislaw II. bemühte sich, die zeither in Verfall gerathenen Künste einigermaßen wieder herzustellen. Er ließ unter andern durch Beneß, einen geschickten Baumeister von Laun auf dem prager Schloß einen herrlichen Pallast mit einem 100 Schritt langen und 40 Schritte brei-

breiten, zugleich aber sehr künstlich gearbeiteten Saal aufführen, dergleichen Kunststücke Europa zur selbigen Zeit, wie man dafür hält, noch nicht aufweisen konnte. Die künstliche und berühmte Uhr an dem altstädter Rathhaus zu Prag wurde ebenfalls zu seiner Zeit von Hanuß, einem geschickten Sternseher und Künstler, nebst seinem Schüler Jakob verfertiget. Zu dieser kam noch die vortrefliche Kirche der heiligen Barbara zu Kuttenberg, die der geschickte Baumeister Pleisek im Jahr 1500 aufgeführet hat. Durch diese Bemühung der böhmischen Künstler, wie auch durch die Sorgfalt des Königs Wladislaw wurden endlich die Künste in Böhmen wieder in Aufnahme gebracht.

Die Handlung stieg unter der Regierung Karls IV. aufs höchste. Der Kaiser unterließ nichts, was nur in etwas einen blühenden Zustand des Verkehrs hätte bewirken können. Er errichtete mit den damaliger Zeit so berühmten Handelsstädten in Deutschland, die insgemein in der Geschichte des mittlern Zeitalters des deutschen Reichs unter den Namen der Handelsstädte bekannt sind, besondere Handlungsverträge, worunter der mit der Stadt Lübeck vornämlich angemerkt zu werden verdient. Der Elbe- und Oderfluß wurde in einen Zustand versetzt, welcher der Schiffahrt sehr dienlich gewesen. Ein gleiches sollte mit dem Moldaustrohme vorgenommen werden, mit dem die Donau

zu

zu vereinigen wär. Allein das Werk fand Hindernisse, die nicht gehoben werden konnten. Da der Kaiser durch gleich erwähnten Weg die Schiffahrt auf der Moldau nicht zu Stande bringen konnte, so wendete er nur seine ganze Sorgfalt auf die Erleichterung des Kommerzes zu Lande. Er ließ die Straßen zu einer bequemen Fahrt anbauen, und richtete das Zollwesen nach einem System ein, das zwar keine beträchtliche Quelle zur Bereicherung der königlichen Renten unmittelbar darbot, das aber um so mehr die Handlung aufrecht erhielt, da es dazu diente, den Zustand des Kommerzes leicht zu übersehen, und sonach schickliche Maaßregeln zu ergreifen, solche dergestalt einzuleiten, daß sie den gesammten Staaten zu einen wahren und dauerhaften Vortheil gereichen konnte. Der Kaiser nahm hierinfalls jene Staatsmaxime an, die ihm bewies, daß es für die innerliche Stärke seines Reichs zuträglicher wäre, wenn das Volk reicher als die königlichen Kassen wäre: Nebst dem verbannte er von seinem Hofe alle Einrichtungen, die nur einigermaßen das Gepränge einer Art Religions- oder bürgerlichen Despotismus an sich äußern konnten. Der Monarch war überzeugt, daß die Liebe der Unterthanen gegen ihren Beherrscher für die Aufrechthaltung der Regierungsform ungleich stärker, als alle äußerlichen Zwangsmittel, von was immer für einer Art wäre, weil solche eine immerwährende

Span-

Spannung befördern, die leicht durch einen besondern Umstand zerrißen werden, oder auch durch sich selbst schwach und schlaff werden kann, da hingegen die Liebe auf einem festen Grunde Wurzeln faßt, die durch nichts sich erschüttern läßt.

Durch diese und dergleichen Veranstaltungen wurde die Handlung im Lande so lebhaft betrieben, daß nicht nur allein die Unterthanen dadurch in einen Wohlstand versetzt wurden, sondern auch die Fremden ein sehnliches Verlangen trugen, sich in Böhmen niederzulaßen, ohne daß es nöthig gewesen wäre, sie durch besondere Begünstigungen zur Einwanderung zu bewegen. Die Venezianer, Nürnberger und Hamburger machten sich entweder in Böhmen selbst seßhaft, oder unterhielten hierorts ihre Handlungsagenten.

Man zählte um diese Zeit gegen tausend meist welsche und deutsche Kaufleute; die theils in Prag, theils auf dem Lande ihre Handlungsgewölbe errichtet hatten. Prag wurde damals sehr erhoben, und man fand hier eine Menge allgemeiner Waarenniederlagen. Es wurden zur bestimmten Zeit große Messen abgehalten, bey welchen sich jederzeit ein beträchtlicher Zusammenfluß von fremden Handelsleuten einstellte. In den ersten Heiligthumsjahrmärkten fanden sich so viele Leute in Prag ein, daß sie alle in der Stadt nicht unter terbracht werden konnte, man mußte auf dem Smichhofe Gezelte aufschlagen, die dem Volke inzwischen zur Wohnung dienten. Dieß bewog auch den Kaiser Prag durch Anbauung einer neuen Stadt zu erweitern. Die Errichtung der prager hohen Schule hatte überdies eine Menge Studenten herbeygezogen, welche die Handlung und Gewerbe nur noch mehr erweiterten. König Wenzel IV. war um die Aufnahme der Handlung mit gleichen Grundsäzen eingenommen. Man findet in der Geschichte Urkunden, die uns beweisen, wie in den ersten Jahren seiner Regierung der Handel in Böhmen blühend gewesen war. Es ist unter andern die bergreichensteiner Urkunde vorhanden, nach welcher dieser Stadt die Stempelgerechtigkeit über die von Passau eingehende Waaren ertheilet wird. — Nach Beylegung der hußitischen Unruhen, trachtete König Georg auf alle mögliche Weise dem Handel wieder aufzuhelfen; allein weder ihm noch den folgenden Königen wollte es gelingen, die Sache ins alte Geleiße zu bringen. Der erstere war noch glücklich den Getraidhandel in Böhmen wieder in Aufnahme zu sezen. Er errichtete dießfalls mit Sachsen und Bayern Verträge, nach welchen die Bedingnisse bestimmt wurden, wienach beyde Länder mit böhmischen Getraide versehen werden sollten. Dieser Getraidhandel gieng zum Besten des Landes bis zu jener Epoche seinen Gang fort, da die Sach-

sen

fen und Bayern durch die neuen böhmischen Kommerzverfassungen genöthigt, sich auf den Feldbau verlegen mußten.

Daß Kaiser Karl IV. um gute Bestellung des Feldbaues eben so besorgt, als um die Aufnahme des Handels gewesen, läßt sich daraus abnehmen, daß ohngeacht der damals so starken Bevölkerung in Böhmen dennoch die Lebensmitteln, wenn man einige Misjahre ausnimmt, in ungemeinen wohlfeilen Preisen standen. Eben diesem Kaiser haben wir den Ursprung des Weinbaues in Böhmen zu verdanken, wovon bereits am gehörigen Orte dieser Beschreibung der Stadt Prag die Erwähnung geschah. Um sich einen Begriff von dem glückseligen Zustande der Gewerbe damaliger Zeiten im Einzelnen zu machen, so verdient hier jene in der vaterländischen Geschichte bekannte Anekdote angemerkt zu werden, da ein prager Bürger Karln IV. ein Darlehn von ein hundert tausend Dukaten geleistet, nach einiger Zeit ihm diese Summe freywillig geschenkt, und doch dadurch in seinem Nahrungsverdienste keinen beträchtlichen Nachtheil sich zugezohen.

Zur Beförderung eines blühenden Zustandes der Glücksgüter trugen nicht wenig die noch immer reiche Ausbeute darbietenden Bergwerke bey. Die zu Kuttenberg waren besonders durch ihre Ergiebigkeit berühmt geworden. Kaiser Karl IV. erlangte dadurch die Mitteln, Böhmen

men durch Anlauf verschiedener angränzender
fremder Distrikte zu erweitern, und die vortref-
lichsten Veranstaltungen zu Bewirkung der Glückseligkeit seiner Unterthanen zu treffen; dadurch
glaubte er seine Schäze ungleich besser ange-
wandt zu haben, als wenn er sich ihrer zur Eroberung auswärtiger Staaten und Unterjochung
der Völker, die in geheim ihn hassen mußten,
bedient hätte. Des Kaisers politische Maxime
war bey diesem Umstande seinen Staaten eine innerliche Stärke, und bey den Auswärtigen sich
Bewunderung, Ehrfurcht und Hochachtung zu
verschaffen. Er war anbey überzeugt, daß ein
Reich, um blühend und glückselig zu werden,
einen gewissen Grad des Verhältnisses seine innern Kräfte gegen seine äußere Macht, oder den
Besitz der Menge der Provinzen, um sie ordentlich beherrschen zu können, haben müsse, und
daß, wenn diese politische Gränzen durch Ero-
berungen überschüttet werden, ein solches Reich
durch das Gewicht der zuweit ausgedehnten
Macht, niedergedrückt, zu sinken pflege, da es
der Neid und Furcht der benachbarten Staaten
erwecke, und die Unterthanen gegen den Regenten lieblos mache, welche sich überzeugt zu seyn
glauben, daß selber mehr die Befriedigungen seiner Leidenschaften, als ihr wahres Bestes sich
angelegen seyn lasse. Alles, was bisher zur
Aufnahme der Künste in Böhmen ist veranstaltet
worden, kömmt jenen vortreflichen Beförderun-
gen

gen Kaisers Rudolph nicht bey, die er zur Emporbringung selber vornahm, und sie dadurch auf den höchsten Gipfel der Vollkommenheit zu erheben schien. Doch, bevor wir diese glänzende Epoche zu berühren anfangen, müssen wir bemerken, daß Kaiser Ferdinand I. und Maximilian in Errichtung schöner Denkmäler dieser Art sich hervorgethan. Jener ließ unter andern ein prächtiges Lustgebäu an dem königlichen Garten auf dem prager Schlosse aufrichten, welches ihn über hundert tausend Gulden gekostet haben soll. Dieses merkwürdige Haus steht noch heutiges Tags zu Prag, und hat nebst einem mit Kupfer bedeckten Dach verschiedene Säulen und Bogenstellungen um sich her. — Dieser hingegen ließ viele deutsche Künstler nach Prag kommen, von denen die Böhmen viel Nützliches und Schönes erlernten; auch ließ dieser Kaiser viele rare Malereyen sammeln, dadurch er den Grund zu seiner Bildergallerie legte, die hernach von seinem Thronfolger zur Vollkommenheit gebracht wurde. Kaiser Rudolph lud eine Menge fremder Künstler durch große Belohnungen und Gnadengelder nach Prag zu kommen, ein. Dieses Mittel wirkt jederzeit auf Genies dieser Art am kräftigsten. Man sah bald die Hauptstadt Böhmens von ausländischen geschickten Baumeistern, Bildhauern, Malern, Mechanikern, Optikern und Steinschleifern wimmeln. Alle konnten auf die königliche Unterstützung sichere Rechnung

nung machen. Der schöne und bildende Geist
der ausländischen Künstler vermischte sich mit
dem Nationalfleiße und Erfindungsfähigkeiten.
Man ahmte Meisterstücke nach, und in kleinen
Zwischenräumen der Zeit war man dreiste genug, einige Produkte der Kunst den ausländischen Originalien zur Seite zu stellen. — Die
bildenden Künste verbreiteten einen verfeinerten
Charakter über die Sitten des Volks, und machten es biegsam, gesellschaftlich und menschenfreundlich. Der Ruhm aber, so erhabene Monumente menschlicher Fertigkeiten aufgestellt zu
haben, blieb allein dem Kaiser eigen, der seine
friedfertige Regierung durch die Liebe zu den
Künsten viel glänzender gemacht, als wenn er
der unächten Ehrsucht ein Opfer durch Länder-
verwüstungen dargebracht hätte.

Schon that sich zu dieser Zeit die Baukunst in verschiedenen prächtig aufgeführten Werken hervor, worunter besonders die seltene Sternwarte des Mathematikers Tycho zu rechnen war.
Die damaligen Maler eiferten in die Wette, einander in ihren Kunststücken zu übertreffen. Aus
der großen Anzahl derjenigen, die sich in der
Malerkunst besonders auszeichneten, waren Bar-
tholomäus Spranger, Johann von Achen
Georg Hufnagel, Joseph Heinz, und noch
einige andere berühmt. Rudolph vermehrte indessen die von seinem Vorfahrer angefangene
Bildergallerie mit den auserlesensten Stücken,

die

die er bekommen konnte, und machte sie so ansehnlich, daß sie ihres Gleichen in Europa nicht hatte. Unter den Kupferstechern war Egid Sadeler, den der Kaiser von Rom nach Prag berief, und der auch in der Malerey erfahren war, der vornehmste. Er gab verschiedene sehr schöne Abbildungen, worunter auch jene des von Wladislaw II. erbauten Saals war, heraus. Man hatte übrigens noch mehrere Kunstwerke von sehr geschickten Bildhauern, Glasmalern, Wachspoussirern und Steinschneidern, worunter besonders die Arbeit Heinrichs Schwandhards, und Alexander Abardis Bewunderung verdient. Der erste schnitt ganze Städte und Landschaften in Glas, der zweite verfertigte allerhand Portraits und Historien nach der Natur aus gefärbtem Wachse.

Die attischen Musen, welche von dem stolzen Byzanz nach Italien übergiengen, schienen damals ihre Wohnplätze in Prag gewählt zu haben. Wie kurzdauernd war ihr Aufenthalt. Der Gutgesinnte, und einzig von der Liebe zu den Künsten eingenommene Rudolph glaubte von keiner Nothwendigkeit zu seyn, auf politische Vorsehungen Rücksicht zu nehmen, um die Ruhe und Sicherheit in seinen Staaten dauerhaft zu machen; Er beurtheilte die Menschen nach der Seite der verschönerten Natur, die für ihn so einnehmende Reize hatte, und ihm die Zuneigung für die Künste einflößte. Er versah es

folg-

folglich in dem, die Menschen nach ihrer wahren Beschaffenheit zu behandeln, oder eigentlicher zu reden, er hielt es der Mühe nicht werth solches zu thun. Dies ist der Vorwurf, den die Geschichte Rudolphen macht, und seine Regierung matt und schläfrig nennt.

Eine politische Wachsamkeit mit der Liebe für die Aufnahme der Künste verbunden, hätte die Glückseligkeit des böhmischen Staats dauerhafter machen können. Bald nach dem Tode des kunstliebenden Rudolphs hätten auch die Musen das Land verlassen. Das glühende Feuer der Empörung hatte sie verscheucht. Das letzte Denkmal, das sie hinterliessen, war Skarnogis prächtiges Bauwerk, das er an der königlichen prager Burg vornahm, die schon ehedem von Wladislaw aufgeführt gewesen.

Mathias der Nachfolger Rudolphs nahm sich vor, die königliche Burg zu Prag prächtiger aufbauen zu lassen. Man war schon mit der Hauptmauer fertig geworden, und arbeitete eifrig an den Seitenwänden, als die bekannten Religions und Erbfolgsunruhen ausbrachen, wodurch der Bau unterbrochen wurde, und auch bald darauf Mathias selbst verstarb.

Unter Ferdinand II. war zwar die Ruhe im Lande, nicht aber der bevor blühende Zustand der Künste hergestellet. Die Furien hatten einen Theil, die in den Landesbewohnern der Verehrungsart des wahren Gottes von ein-

wesen waren, vertrieben, und dadurch die bildenden Künste, die diese Leute meist betrieben hatten, verdrängt, statt dessen aber den Gebrauch einer edeln und vernünftigen Freyheit, unter dem Deckmantel der Religion und einer falschen Politik zu vereiteln, oder vielmehr die Freyheit selbst unter dem Despotismus zu ersticken sich vorgenommen.

Im Jahre 1631 ließ der Kurfürst von Sachsen Johann Georg, der sich damals in Prag als Feind befand, auf mehr als 50 Wägen eine Menge rarer Kunststücke, die meist unter Rudolphen gesammelt worden waren, aus der königlichen prager Kunstkammer und der Bildergallerie nach Dresden überführen. Einen gleichen Raub begiengen die Schweden im Jahre 1648, die noch dazu jene Kunstwerke verstümmelten, die sie bequem fortzuschleppen nicht vermögend waren. Ein klarer Beweis, wie stark die Uiberbleibseln des alten Barbarismus bey diesen Nationen noch angeklebt hatten, daß, da sie gegen den Kaiser Krieg führten, auch zugleich den Musen eines Landes, das mit den kaiserlichen Absichten in gar keiner Verbindung stand, und daß sie vielmehr die zu Zeiten Ferdinands I. und ehedem geschlossenen Religionsbündnisse noch hätten vertheidigen müssen, die Fehde ankündigten; und sich dadurch des Länderraubes schuldig gemacht. Unser

Unter Ferdinand III. kamen die Künste wieder einigermaßen in Aufnahme, denn der deutsche 30jährige Religionskrieg war nun geendiget worden. Die zerrüttete königliche Bildergallerie und Kunstkammer wurden so viel möglich wieder hergestellt.

Unter den Baumeistern war besonders Kilian Dinzenhofer berühmt, der in Böhmen allerhand prächtige, und nach dem neuen Geschmacke, den er auf seinen Reisen in Welschland, Frankreich und Engeland sich eigen gemacht hatte, eingerichtete Gebäue aufgeführt. Man änderte auch seit dieser Zeit die gotische Bauart, und fieng an größtentheils nach dem wälschen Muster zu bauen. Das königliche Schloß zu Prag, welches Kaiser Mathias unausgebaut ließ, wurde nunmehr fortgesetzt; und mit einem ganz neu aufgerichteten königlichen Theater, Ballhause und Orangerie verschönert.

Unter dem Erzbisthume Wallsteins baute man die erzbischöfliche Residenz, dann auch die schöne Kreuzherrnkirche auf der Altstadt nach dem römischen Geschmacke. Andere prächtige Palläste und adeliche Gebäue, die man noch itzt zu Prag antrift, haben größtentheils seit dieser Aufnahme der Künste ihr Daseyn erhalten, als das große Tschernin'sche Haus auf dem Hradschin, das Klamgalaß'sche Haus auf der Altstadt, das Waldstein'sche, Schwarzenberg'sche, Thun'sche und andere mehr auf der Kleinseite.

Durch

Durch die Verlegung des königlichen böhmischen Hofstaats nach Wien hatten zwar die Künste in Prag viel abgenommen, demohngeacht aber thaten sich von Zeit zu Zeit glückliche Genies hervor, die uns manche schöne Produkte ihrer Geschicklichkeit geliefert hatten. Nebst dem so fanden sich viele aus dem Adel, die zur Unterstützung der Künste viel beytrugen, und dadurch ihren gänzlichen Verfall verhinderten. Man hatte daher in der vorhergehenden topographischen Beschreibung der Stadt Prag noch manche Denkmäler der Kunst gesehen, die unter die Zeiten der Regierung des Kaisers Leopold zu zählen sind.

Die Brücke zu Prag ist zwischen den Jahren 1708 und 1714 mit den meisten Bildsäulen der Heiligen verzieret worden, worunter einige von dem berühmten Braun, andere von Ferdinanden Breitkopf verfertigt sind. Von diesem letzten Künstler rührt nebst andern Werken auch das marmorsteinerne Grabmal des Grafen Wratislaw in der Minoritenkirche zu St. Jakob, dann der schöne Obelisk auf dem wälschen Platze her. In der Malerkunst thaten sich gegen das Ende des vorigen Jahrhunderts, und zu Anfang des gegenwärtigen viele große Meister hervor, darunter besonders der bekannte Karl Skreta, Peter Brandel, Johann Kupetzky, Wenzel Reiner und Johann Schor zu rechnen sind. Unter den Kupferstechern ist Wenzel Hollar, nicht

nicht wenig berühmt. Ihm gab Michel Reng nichts nach, den der größte Liebhaber aller schönen Künste Franz Anton Graf von Sporck von Nürnberg nach Prag berief. Nebst ihm verdient noch Anton Brandel, Peter Brandels Sohn, Melchior Küssel, Georg v. Groß und Anton Birkhard angerühmt zu werden.

Die Tonkunst hat sich auch seit der schon angemerkten Epoche so sehr vervollkommert, daß man die Stärke der böhmischen Musikanten nicht sowohl in Böhmen, als in auswärtigen Ländern, und an den vornehmsten Höfen in Europa bewundert. Selbst Wälschland, das in dieser Wissenschaft unstreitig den Meister spielt, gab denselben hierinn das Lob der besten Kenntniß. Aus der Zahl der böhmischen Tonkünstler sind vornehmlich: Janian, Leopold Gaßmann, Franz Tuma, Karl Starey u. d. m.

Endlich gab es noch in Böhmen viele ansehnliche Männer und eifrige Patrioten, die sich alle Mühe gaben, die schönen Künste zu befördern; unter diesen muß man dem unvergeßlichen Grafen von Sporck vor andern den Vorzug einräumen. Denn dieser rief nicht nur wie bereits gesagt worden, den vortreflichen Kupferstecher Reng von Nürnberg zu sich, nach Kukus, sondern unterstützte auch den berühmten Maler Brandel, und gebrauchte sich des geschickten Bildhauers Braun zur Verfertigung vieler Kunststücke. Er ließ nämlich viele Kirchen auf seinen

Herrschaften, ferner seine Schlösser, Gärten und Landhäuser, ja sogar die Haine und Strassen mit kunstreichen Bildsäulen auf das herrlichste auszieren. Zur mehreren Aufnahme der Tonkunst ließ er zween seiner Unterthanen, nämlich den Wenzel Swida von Lissau und den Peter Rölig von Ronnozed zu Paris in der damals erst erfundenen Kunst das Waldhorn zu blasen, unterrichten, und führte solchergestalt den Gebrauch dieses musikalischen Instruments in Böhmen ein.

Der nach Absterben Kaiser Karls VI. erfolgte französische und preußische Krieg hat abermals die Künste aus Böhmen verdrängt. Nachdem aber der Friede zu Hubertsburg im Jahre 1763 geschlossen worden war, so gieng die Sorgfalt Marien Theresiens dahin, diese Künste wieder in Böhmen einzuführen.

Die gegenwärtig vollständig aufgeführte königliche Burg auf dem prager Schlosse wird ein rühmliches Denkmal in der Regierung dieser Monarchinn hinterlassen. Die ausführliche Beschreibung dieses schönen Werks der Baukunst ist in dem topographischen Abschnitte nachzuschlagen.

In der Tonkunst behielt Böhmen damaliger Zeit noch immer seinen von Alters her sich erworbenen Ruhm. Unter andern hat der berühmte Mißliwezek in diesem Fache in ganz Europa Beyfall und Verwunderung erregt. Er

stark

starb zu Rom zu Anfang des 1781 Jahrs. — In der Malerkunst erlangte Franz Palko ein großes Ansehen, man hat von ihm verschiedene schöne Malereyen, die hier anzuführen weitläuftig seyn möchte. Nebst dem verdient Norbert Grund, Wenzel Noseczko, Johann Georg Major und Johann Friedrich Heß angerühmt zu werden.

In der Kupferstecherkunst that sich der im Jahre 1784 verstorbene Salzer hervor. Auch waren diese Zeiten an geschickten Bildhauern, Steinschneidern, Wachs und Gipspoußirern und dergleichen Künstlern mehr nicht unfruchtbar, und es fehlte zur Emporbringung der Künste nichts weiter, als daß fähige Genies Aufmunterungen durch Belohnungen und Unterstützungen kunstliebender und ansehnlicher Patrioten erhielten.

Obgleich in dieser Epoche (von Ferdinand bis auf unsere Zeiten) der Handel nicht so blühend, als unter der Regierung Kaisers Karl IV. gewesen; so war selber doch immer beträchtlich genug, um dem Lande Reichthum und Bequemlichkeit zu verschaffen. Unter Ferdinand I. kam das Projekt, die Moldau schiffbar zu machen, abermals in Vorschlag; aber jetzt war es nicht an dem, diesen Fluß mit der Donau zu vereinigen, sondern man begnügte sich damit, die Moldau selbst in den Zustand zu versetzen, daß die inländische Schiffahrt darauf bequem vorgenommen werden könnte. Zu diesem Ende ließ ernannter Kaiser die Moldau von den hervorragenden Felsen und Sandbänken reinigen, und die Flössung von Krumau bis Budweis, und von da bis nach Prag erleichtern. Dadurch geschah es, daß verschiedene Getraid und Holzgattungen mit leichter Mühe nach den dieser Erzeugnisse benöthigten Gegenden, konnten verführt werden. Es wurde auch zu dieser Zeit eine Salzquelle zu Austowitz, einem zum Töpler Kloster gehörigen Dorfe, entdeckt, die, wenn sie in die Lauge wär bearbeitet worden, dies hätte bewirken können, daß man nicht erst nöthig gehabt hätte, das Salz aus andern Ländern herein zu führen.

Ferdinand ließ solches Salzwasser in Fläschchen füllen, und zu sich bringen. Man fieng auch nach angestellter Untersuchung aus diesem Brunnen Salz zu sieden an. Allein dieses Werk blieb hernach theils durch eingefallene Unruhen im Lande aus, theils wurde es wegen des Widerspruchs der Schlackenwalder Bergwerksleute, die hierdurch einen Nachtheil für die Zinnbergwerke besorgten, und aus dieser Ursache Vorstellungen machten, nicht mehr betrieben. Die Handlung gieng überhaupt bis auf die Zeiten Ferdinand II. noch so ziemlich fort, welches sich aus den damaligen Zeiten so häufig abgehaltenen Messen und Jahrmärkten abnehmen läßt, in welchen jederzeit ein großer Verkehr mit inländi-
-tischen

tischen und fremden Waaren geschah. Allein die Verfassung Ferdinands II. hatte hierinfalls eine wichtige Veränderung hervorgebracht. Man war damaliger Zeit von der Vorstellung eingenommen, daß es für den Staat zuträglicher wäre, alle Gemeinschaft mit dem ketzerischen Auslande schlechterdings aufzuheben, als durch Handlungsverträge den Absatz inländischer Produkte zu befördern, und sich dadurch in Besitz der benöthigten Glücksgüter zu setzen.

Von Ferdinand II. an bis auf die Regierung Marien Theresiens befand sich der böhmische Handel in einem mittelmäßigen Grade seiner Aufnahme. Allein gleich gerühmte Monarchien wandte ihre äußerste Sorgfalt dahin, den Handel in die besten Umstände zu versetzen. Bereits im Jahre 1749 bekam Prag die Erlaubniß jährlich zween Hauptmessen zur Beförderung des ausländischen Handels durch 3 Wochen zu halten. Nebst dem hat Pilsen alle Jahre 4 starke Märkte, dahin nicht nur Ausländer zu kommen berechtiget sind, sondern die auch wirklich von Ausländern häufig besucht werden. Denn sind noch 3 Viehmärkte des pohlnischen Hornviehs für Prag und Königgrätz bestimmt worden.

Alle diese Begünstigungen zielen dahin, den Absatz inländischer Naturprodukte vorzüglich nach dem Auslande zu befördern. Allein bald darauf wurden Verfügungen getroffen, auch die nazional Industrialerzeugnisse dergestalt zu erheben, daß sie von fremden Kaufleuten verführt werden konnten. Im Jahre 1750 wurden kraft einer königlichen Verordnung den Errichtern der Fabriken und Manufakturen wichtige Vortheile und Freyheiten eingeräumt. Die Kaiserinn entledigte die Materialien, die zu den Fabriken nothwendig, und in den Erbländern selbst nicht vorfindig waren, von allem Zoll in der Einführung. Sie befreyte auch die in den Fabriken erzeugte Waaren von der Transitomaut, und verhieß dabey alle Privatmauten im Lande so einzurichten, daß sie dem Kommerz nicht hinderlich seyn sollten. Dann gebot sie späterhin, allen Fabrikenaufsehern, daß sie dieselben öfters besuchen und nachsehen sollten, ob keine Gebrechen mit unterliefen, oder wie das Mangelhafte zu verbessern wäre. Sie versprach allen denjenigen Beförderung, die sich bestreben würden, die Fabriken in gutem Zustand zu erhalten, oder neue Fabrikarbeiten im Lande einzuführen.

Ferner verbot Sie im Jahre 1759 zur Aufnahme der Leinwand und Glasfabriken, und abermal im Jahre 1763 zum Besten der Tuch- und Zeugfabriken unter Strafe eines gänzlichen Verlustes die Ausfuhr des Flachses, des rohen Glases und der einschürigen Wolle. Sie gab überdies eine öffentliche Anweisung heraus, wie eine gute Schafzucht und bessere Wolle gezeugt wer=

werden könnte, und wie Spinnerey in Städten und Märkten zu betreiben wär; dann machte sie auch eine besondere Verordnung für die Tuchmacher, Weber und Glasmeister, worinn verschiedene nützliche Sachen bestimmt, und denselben eine Anweisung zur Verbesserung ihres Gewerbes gegeben wurde. Endlich stellte sie auch ein Kommerzkollegium nieder, das über die Aufnahme der Handelschaft wachen und den Flor der Fabriken befördern sollte.

Durch dergleichen vortreffliche Anstalten gelangten die Sachen dahin, daß bald nach dem geschlossenen Frieden von 1763 die Handlung in Böhmen auf einem ungemein guten Fuße stand. Man verfertigte zu Leippe, Neuhaus und Reichenberg ein tüchtiges Tuch, zu Beraun schöne Töpferarbeit, zu Pergen im Leutmeritzer Kreise feines Papier, an andern Orten gute Degen und Messerklingen, vorzüglich aber feine Gläser. Zwischen den Jahren 1764 und 1770 befliße man sich auch schöne Lein und Baumwollzeuge, Spitzen, Battist, Taffetzeuge, Hüte, wollene Strümpfe, Kompositionssteine, Spitzeln, Nadeln, Gewehr und andere Arbeiten zu liefern, die theils zur Bedürfniß eines Landes, theils zum Flor der Gewerbe gehören. Mit allen diesen Produkten wird von den Böhmen sowohl in als außer Land ein beträchtlicher Handel getrieben. Die vornehmsten Kreise Böhmens, die diesen Handel unterstützen, sind der Leutmeritzer,

Saatzer, Bunzlauer, Königgrätzer und Czaslauer Kreis. Im ersten sind sehr viele gute Fabriken, die ihre Waaren in die entlegensten Länder verschleissen. Solchemnach blühet daselbst zu Leippe und Oberleitensdorf der Tuchhandel, zu Sirgstein, Lindenau und Rumburg der Leinwandhandel, zu Dux und Böhmischkamnitz der Strumpfhandel, zu Warnsdorf der Handel mit gezogenem Wesen von Leinwand und Seide, als Bett, Tisch und Kaffeetüchern, zu Pilin der Handel mit Gold, Silber und Tombakarbeiten, zu Lindenau und Weinitz der Spiegelhandel. Der Glashandel um Haida, Langenau, Bürgstein, Schönau und derselben Gegend ist aus dem ausländischen Handel der stärkste. Er verschleißt seine Artikel in Holland, Frankreich, Spanien, Portugal, Wälschland und Rußland.

Auch hat die Leinwand in der Gegend von Rumburg nicht nur zu Wien, wo ein besonders Verlagsgewölbe davon ist, sondern auch in Engeland selbst einen sehr ergiebigen Absatz. Letzteres soll sich jährlich auf 4 hundert tausend Gulden belaufen. Der Getraid und Hopfenhandel endlich geht um Leutmeritz, Leippe, Gaßdorf und Auscha stark. Im ganzen Kreise handelt man besonders um Saaz mit Hopfen, der nach Sachsen und Bayern verführt wird, zu Komotau mit Obst und Gartenfrüchten, wie auch Alaun. Zu Karlsbad mit verschiedenen Stahl-

des alt und neuen prager Zustandes. 141

Stahlarbeiten, und überhaupt in diesem Kreise mit dem häufigen dortigen Getraide. Im Bunzlauer Kreise wird das zu Reichenberg verfertigte Tuch nicht nur in ganz Böhmen, sondern auch in Oesterreich, Steyermark, Ungarn und Siebenbürgen verführt.

Eben so ist es auch mit den dortigen Strümpfen beschaffen. Die Leinwand, wovon in Reichenberg, Friedland und Grotau beynahe alle Gattungen gearbeitet werden, wird, wenn sie nicht im Lande abgesetzt wird, ebenfalls außer Land, nach Wien, Weinungen, Triest, wie auch ins Reich und in die Schweitz verlangt. Der Glashandel in diesen Gegenden hat besonders gegen das Riesengebirg seinen guten Gang. Vieles davon wird theils durch die Langenauer Glashändler nach Spanien verführt, theils auch in die Türkey und griechische Länder geliefert. Endlich macht sich die Stadt Turnau vorzüglich um den Steinhandel verdient. Die daselbst sich befindlichen Steinschneider verschicken ihre Steine unter andern nach Danzig und Deutschland; Im Königgrätzer Kreise ist Arnau und Trautenau nebst noch andern Ortschaften ihres erglebigen Leinwandhandels wegen berühmt. Ihre Leinwand wird theils nach Triest, und von da weiter nach Asien, theils auch nach Hamburg, und von da in andere Welttheile verführt. Im Czaslauer Kreise sind nicht nur zu Humpoletz, einem dem Freyherrn von Nesser unterthänigen

Städt-

Städtchen, zahlreiche Tuchmacherfabriken, die ihren Verschleiß größtentheils in Schwaben, Tyrol und Deutschland haben, sondern auch zu Heroletz eine Wollenzeugfabrike vorfindig, deren Produkte nach Ungarn, und von da in die Türkey gehen.

Man hat überdies zu Windigjenikau eine Glasfabrik, und auf der Herrschaft Swietla eine Hutmachermanufaktur, die ebenfalls mit ihren Erzeugnissen in und außer Land handelt. Erst nicht gar lange ist zu Tupadel unterhalb Czaslau eine neue Fabrik angelegt worden, wo verschiedene Gattungen von 1 und 3 gestreiften, dann gewäbelten und Futterbarchete verfertiget werden. Nebst den bisher angeführten giebt es noch hie und da in anderen Kreisen besonders unter den Deutschböhmen verschiedene Fabriken und Manufakturen, die alle zur Beförderung des Handels, und zum nicht geringen Nutzen des Landes dienen. Auch geben sich die Handwerker alle Mühe ihre Waaren zu verschönern, und zu verfeinern, neue Versuche zu wagen, neue Entdeckungen zu machen, so, daß die noch lebenden Alten binnen den letzten 50 Jahren einen großen Unterschied zwischen den ihrigen und dermaligen Handgriffen bewunderten.

Endlich hat man noch vom Feldbaue während dieser Epoche anzumerken, daß selber gleichfalls in den blühendsten Zustand gerieth. Im Jahre

Jahre 1769 wurde auf Anordnung Marien Theresiens in Prag ein Ackerbaukollegium errichtet, zu dem sich alle Wirthschaftsbeamten und Buchhalter mußten einschreiben laßen. Dieses Kollegium sollte nun auf die Verbeßerung der Aecker, auf die Aufnahme des Feldbaues und Vermehrung der Landwirthschaft bedacht seyn. Auch verordnete Höchstdieselbe im Jahre 1773 an, daß die kleinen Moräste durch geführte Gräben ausgetrocknet, und das Erdreich sofort in Aecker oder Wiesen umgeschaft würde. Denjenigen, die sich in diesem Stücke vorzüglich fleißig bewiesen, wurden Belohnungen ertheilt. Von der damaligen Beschaffenheit des Feldbaues läßt sich überhaupt, um die Sache kurz zu beschreiben, dieses sagen, daß er nicht nur in einem guten Zustande war, sondern sich auch immer verbeßert. Gewiß ist es, daß, wenn man die vorigen Zeiten gegen die von diesem Zeitpunkte hält; die Waldungen in Böhmen seit 50 bis 60 und mehreren Jahren sehr stark abgenommen haben.

Das Erdreich ist sodann größtentheils umgeackert, und von dem Landvolk genutzt worden. Auch jetzt sieht man noch, besonders in den Geblegsgegenden, daß sich die Ackersleute Mühe geben, jedes Stückchen Erde, das noch vor einigen Jahren wüste gelegen ist, anzubauen, und wie es sich nur immer thun läßt, zu benutzen. Übrigens bemerkt man in Rücksicht auf

die

die Kreise Böhmens, daß der Rackonitzer, Saatzer und zum Theil Kaurzimer Kreis die besten im Getraidbaue sind. Das gute böhmische Korn und der Waitzen wird besonders von den benachbarten Sachsen häufig abgenommen, und geschätzt. Auch ist der Hopfenbau im Saatzer Kreise sehr beträchtlich, und um Komotau werden die Gartenfrüchte in Menge gezielget, so daß viele Familien davon ernähret werden. Endlich ist der Wieswachs da am stärksten, wo die Viehzucht am meisten blühet.

Da die Aecker in den kalten Gebirgsgegenden nicht so ausgiebig sind als im flachen Lande, so nähren sich die meisten Gebirgseinwohner von ihrem Viehe, wovon sie auch jährlich eine Menge Butter und Käse an ihre Landesleute sowohl, als auch Fremde verkaufen. In der Schafzucht hat der Pilsner Kreis vor andern den Vorzug. Endlich ist auch die Schweinzucht in Böhmen nicht wenig beträchtlich, und es werden alle Jahre einige tausend Stücke Borstenvieh zum Verkauf herausgetrieben.

In Ansehung des Bergbaues ist noch kürzlich zu melden, daß bereits zu Ferdinands I. Zeiten nebst dem schon vorher berühmten Kuttenberg, auch Mieß, Budweis, Pilgram, Piseck, Schüttenhofen, Beraun, Deutschbrod, Tabor, wie auch die Zinnbergwerke zu Schlackenwald, Schönfeld, Lauterbach, Platten, Lichtenstadt, Gottesgab, Premingen, Graupen,

und

des alt und neuen prager Zustandes.

und Klostergrab in voller Aufnahme gestanden.

Zu Joachimsthal baute dieser Kaiser ein Münzhaus. Die Stadt selbst wurde, da sie zuvor dem Herrn von Schlick zugehörte, zur königlichen freyen Bergstadt erhoben, und mit vielen Freyheiten begnadigt.

Maximilian ertheilte der Stadt Platten, Preßnitz, Budweis und Tabor, wo sich unter seiner Regierung die nahe dabey befindlichen Silbergruben eröffneten, verschiedene Gnaden und Vorrechte. Doch fieng seiner Zeit das Bergwerk zu Eule und zu Kuttenberg an einigermaßen zu sinken. Unter Rudolph II. sank das Bergwerk zu Eule und Kuttenberg immer mehr und mehr. Auch fieng jetzt Joachimsthal an schlechter zu werden. Die Bergwerke zu Schlackenwald, Schönfeld und Lauterbach hatten das nämliche Schicksal. Das einzige Silberbergwerk bey Budweis blühte noch am meisten.

Nachdem Mathias zur Regierung gekommen, versank das Kuttenberger Bergwerk fast gänzlich. Um dem durch die innerlichen Landesunruhen in Verfall gerathenen Bergbau wieder aufzuhelfen, hatte Ferdinand II. der Stadt Přjibram und andern Bergstädten die vorher erworbenen Freyheiten und Vorrechte bestättigt, und jene Ortschaften, die das Recht der königlichen Städte noch nicht erhalten, nunmehr zu königlichen Städten erhoben.

Beschr. v. prag. II. Th. K Fer-

Ferdinand III. sprach die Stadt Budweis, nebst selber ertheilten vielen andern Privilegien, von dem gewöhnlichen Kommerzzinse los, und Leopold, der das Euler Bergwerk empor zu bringen schuldigst wünschte, that hierinfalls das nämliche. Doch alles dieses war nicht vermögend den vormaligen blühenden Zustand herzustellen.

Unter Maria Theresia hat sich der Bergbau wenigstens darinn verbessert, daß man hie und da anfieng die alten verlassenen Gewerke abermal neuerdings anzubauen, daraus man dann bisweilen auch den erwünschten Nutzen zog. Im Jahre 1752 kam unter andern das reiche Silberbergwerk zu Jangwoschitz zum Vorschein. Nebst dem ist Joachimsthal, Weipert und Przibram, wie auch die Zinnbergwerke zu Schlackenwald, Platten, Lauterbach, Graupen, Zinnenwald und an andern Orten noch in einem ziemlich guten Stande.

Zu-

Zustand der Künste, Professionen, Gewerbe und der Handlungen in Prag unter der Regierung Sr. k. k. Majestät Josephs II.

§. 1. Künste.

Obgleich zu unsern Zeiten kein so großer Aufwand auf prächtige Denkmäler der Kunst geführt wird; so werden dagegen Verfügungen getroffen, den Geist der Künstler thätig zu machen, um Produkte hervorzubringen, die mehr das Nützliche und Bequeme, als das Strotzende und Auffallende zum Zwecke haben. — Joseph II. räumt alle Hindernisse aus dem Wege, die vorher zum Theil einen freyen Schwung des zu künstlichen Arbeiten aufgelegten Genies unterdrückt hatten. Durch die weislich getroffenen Verordnungen herrscht in seinen Staaten eine vernünftige Religionsfreyheit, und die vormals bestandene Einschränkung, nach welcher die gewesten Verbindungen, oder auch einzelne Künstler durch ausschliessende Vorrechte ihre Werke ins Kommerz zu bringen, berechtiget gewesen, und die staatischen Vorschriften, nach welchen die Art der Verfertigungen vorgenommen werden mußte, sind aufgehoben, und jedermann in den Besitz der Rechte versetzt; alle Gattungen künstlicher Produkte nach eigener Erfindung zu Stande zu bringen, und frey zu verschleissen; mit der einzigen auf ächten Grundsätzen bestehender Einschränkung, damit dadurch nicht der große Endzweck der bürgerlichen Verfassung die allgemeine Glückseligkeit verletzt werde. Ein mächtiger Antrieb zum nachsinnenden Fleiße Belohnungen für sein Bemühen zu erwarten.

Baukunst — Die Gebäue werden zeither mehr nach einem niedlichen Geschmack als der vormaligen Ordnung der Pracht und Bewunderung hervorbringenden Größe angelegt. Man hat hierinfalls die Bequemlichkeit vor der stolzen Pracht gewählt, dieses wird bey Errichtung neuer Privatgebäue oder bey Herstellung der Alten beobachtet. Wenn es aber auf Aufführung öffentlicher Monumente der Baukunst ankömmt, so unterläßt man auch nicht darinn eine anständige Pracht und Größe sehen zu lassen. Ein Beyspiel davon bietet sich uns dar, an dem neuerrichteten Nationaltheater an dem Karoliner Platze, an dem niemand eine wohlangebrachte Pracht und kostbaren Aufwand verkennen wird. Die ausführliche Beschreibung dieses Werks der neuen Baukunst in Prag haben wir in der topographischen Abtheilung am gehörigen Orte geliefert.

Auch ist Prag jüngst überhaupt mit vielen ansehnlichen Privatgebäuen verschönert worden, die uns von einem architektischen Geschmacke überzeugen. Viele dieser neuesten Gebäude befinden sich an dem sogenannten Graben zwischen der

der Alt und Neustadt, und verschaffen durch
ihre reizende Anlage der gleichfalls neu errichteten Allee ein herrliches Ansehen.

Malerkunst ist gegenwärtig in Prag in
ziemlicher Aufnahme, und es fehlt den in dieser
Kunst geübten Subjekten nur an der Unterstützung, um sich zu einem erhabenen Grade der
Vollkommenheit empor zu schwingen. Es fehlt
gleichfalls in Prag an keinen Merkmalen schöner Malereyen, davon die meisten noch zu unsern Zeiten leben. So ist, andere Werke der
Kürze wegen zu übergehen, gleich erwähntes
prager Nationaltheater ein frisches Beyspiel der
gegenwärtig blühenden Malerkunst. Unter andern vornehmen Meistern sind Hager, Platzer,
Ambroß und andere mehr bekannt. Letzterer ist
unter der Regierung Marien Theresiens wegen
seiner vorzüglichen Kenntniß in der Prüfung
berühmter und ächter Originale bey der Rangirung der königlichen Bildergallerie gebraucht
worden. Er besitzt nebst dem gute Handgriffe
in der selten Staffirkunst. Herr von Wolf der
eine berühmte Sammlung von raren Kupferstich-
chen zusammgebracht hat, macht sich in der Zeichenkunst und Malerey en Migniatur berühmt.
Durch seine Veranstaltung sind die Prospekte
der vornehmsten Plätze in Prag aufgenommen
worden, welche noch bis jetzt fortgesetzt werden.
Endlich sind noch die Balzerische Kupferstiche
beliebt, die an der Feinheit der Züge und äußer-

lichen

lichen Annehmlichkeit selbst den französischen an die Seite gestellt zu werden verdienen, und worunter die Landschaften sich besonders hervorthun.

Bildhauerkunst. Seit der Zeit der Kirchenluxus eine einförmigere Gestalt zu bekommen anfieng, schien die Bildhauerkunst einigermaßen in Verfall zu gerathen; sie ist aber dennoch, überhaupt betrachtet, nicht gänzlich gesunken; vielmehr sieht man davon in gegenwärtiger Zeit manche schöne Werke an den neuesten Gebäuden, Gärten, Sälen, Lusthäusern und öffentlichen Plätzen prangen. Nur wird sehr wenig aus hartem Stein gearbeitet, weil man auf diese Art von Kunstwerke keine große Kosten verwendet. — Viel gemeiner ist heutiges Tags die Gipspoussirung, die sehr hoch gestiegen, und allgemein beliebt geworden ist. Auch giebt es in Prag geschickte Wachspoussirer, an deren Kunst keine Aussttellung zu finden ist.

Tonkunst scheint gegenwärtig am höchsten gestiegen zu seyn, und gleichsam sich selbst übertroffen zu haben. Man zählt gegenwärtig hierorts eine Menge Tonkünstler, die in verschiedenen Arten der Vokal und Instrumentalmusik wahre Virtuosen genannt zu werden verdienen. Und es giebt wenige ansehnliche Häuser, wo sich nicht Liebhaber dieser Kunst fänden; viele unter dem Adel unterhalten unter ihren Domestiken in der Musik geübte Subjekte, und da sie

selbst

selbst Kenner sind, so lassen sie zu verschiedenen Zeiten musikalische Akademien aufführen. Da die Musik das Künstliche und Harmonische mehr als das natürlich Empfindsame und Methodische zum Zwecke sich vorgesetzt hat, so braucht sie mehr eingeschränkt als erweitert zu werden.

Nebst erwähnten Arten blühen gegenwärtig in Prag eine Menge verschiedener Künste, welche die verfeinerte Lebensart, die erweiterten Wissenschaften, und das Kommerz nach und nach hervorgebracht oder ausgedehnt hatten. So finden wir hier geschickte Mechaniker und Maschinisten, die allerhand Maschinen und künstliche Uhrwerke zusammsetzen, und mancherley zur Experimentalphysik gehörige Werkzeuge verfertigen. Herr Professor Kennert verfertigt von sehr vortreflicher Art elektrische Maschinen mit den neuesten Experimenten, und giebt Unterweisungen in der heutigen Tags so beliebten Harmonika. — Es giebt weiter in Prag geschickte Künstler, von denen man vortrefliche mathematische, optische und zur Ingenieurkunst gehörige Instrumente erhält, die in verschiedenem Betracht besser als die ausländischen zu gebrauchen sind. So verfertigt der Zirkelschmied Georg Kutschera mathematische Instrumente, die den Augspurger und Wiener vorgezogen werden. Auch sind die reichstädter Gebrüder als gute Optici in Prag wohl bekannt. — Die in Prag verfertigten werden selbst im Auslande gesucht und geschätzt, sie gewinnen zuweilen den Parisern den Vorzug ab. Johann Engelschalk steht nebst andern mehr in gutem Rufe. — Auch werden die prager Produkte der Juwelen, Galanterie, Gold und Silberarbeiterkunst in die entlegendsten Länder von Europa verführt, und in der That hat sich diese Kunst so verfeinert, daß man die Werke ihrer Schönheit wegen nicht ohne Bewunderung ansehen kann, auch sind der Künstler in Prag so viel, daß sie hier anzuführen weitläuftig fallen dörfte. — Auf gleiche Weise werden auch künstliche Stahl, Tomback und Kompositionsarbeiten gemacht, an den die Erfindungskraft des Künstlers sich erschöpft zu haben scheint, und doch sieht man mit Erstaunen neue Arten schöner Erfindungen sich vervielfältigen. — Die Steinschneiderey scheint jetzt in einigen Verfall gerathen zu seyn, weil die Produkte dieser Kunst seit einiger Zeit außer Mode geworden sind; doch sind dagegen die Steinkompositionen aufgekommen, die einigermassen im Kommerze gangbar sind.

§. 2. Professionen.

Noch vor kurzer Zeit pflegte man das sammentliche Profession oder Handwerkswesen in Prag überhaupt nach zweyerley Hauptarten zu betrachten. Es waren nämlich sogenannte Polizey

der Künste und Handwerke ꝛc.

sizey und Kommerzialzünfte vorhanden. Die ersten sollten sich schlechterdings mit Handarbeiten beschäftigen, davon die Produkte in der Stadt oder dem ausgedehnten Verstande, nach im Lande blieben; die letztern verarbeiteten mancherley Dinge, die vorzüglich den Gegenstand des innern und äußern Handels ausmachten. Die Polizeyzünfte schienen ihrer Verfassung nach ziemlich alt zu seyn. Man weis, daß schon König Johann denselben verschiedene Vorrechte eingeräumt hatte. Von dieser Zeit an wurde ihre Verbindung immer geschlossen. Allein nunmehr fieng man an über die vormalige alte Verfassungsart Betrachtungen anzustellen, und doch fand es sich, daß es nothwendig wär ein und andere Verbesserungen vorzunehmen.

Im Jahre 1731 erhielten die Zünfte besondere Generalzunftsartikeln, die seither zur allgemeinen Richtschnur in Rücksicht auf die gute Ordnung der Handwerksleute, der Meister sowohl als Gesellen gegen einander selbst, als auch in Verhältniß derselben gegen das Publikum angenommen worden waren. Doch hatten sich bereits ehedem als auch nach Erhaltung dieser Zunftsartikeln bey den Professionen so viel Misbräuche eingeschlichen, daß unter der Regierung Marien Theresiens fast alle Arten der Professionen und vorzüglich die Kommerzialzünfte ganz eigene und besondere Zunftsartikeln erhielten, in welchen man sich bemühte,

die

die zeither herrschenden Handwerksmißbräuche vom Grunde aus zu heben.

Diese Verfügungen hatten auch so viel gefruchtet, daß die kostbaren Meisterschmausereyen, die eben so kostbaren Meisterstücke, die Abhaltung der blauen Montäge, das Geleitegeben der Gesellen, die Verlassung der Werkstätte wegen Erduldung eines Handwerkschimpfes und dergleichen mehr Vorurtheile und verderbliche Gebräuche dadurch gehoben wurden.

Unter der Regierung Seiner kaiserl. königl. Majestät Josephs II. wurde den Zünften der öffentliche Umgang mit den großen Zunftfahnen und unter Abhaltung der Musik am Fronleichnamsfeste oder andern Feyerlichkeiten eingestellt. Dagegen erhalten eben jene Zünfte die Weisung sich bey den Prozessionen der kleinen Kirchenfahnen zu bedienen, und alle Musik und klingendes Geräusche bey Seite zu setzen, statt diesen aber unter der vorgeschriebenen Ordnung bestimmte Gebete laut oder in Geheim herzusagen, oder normalmäßige geistliche Lieder zu singen.

Bald nach kundgemachter dieser königlichen Verordnung erfolgte die gänzliche Aufhebung der prager Fleischhauer, Seifensieder, Glocken-Roth- und Gelbgießer, Wachszieher und Lebzeltnerzunft. Die Lade wurde sammt allen allgemeinen Zunftgeräthschaften und dem sämmtlichen Zunftsvermögen von der politischen Landesstelle

ſtelle zur Verwahrung genommen, dabey aber
jedermann auch freygeſtellt, mit den Produkten
der gleich erwähnten aufgehobenen Zünfte einen
freyen Verkehr zu treiben. Es läßt ſich vermuthen, daß dieſes Schickſal der Aufhebung noch
mehreren Zünften bevorſtehe.

Durch dieſe Aufhebung iſt aber nicht ein
unumſchränkter und ganz unbedingter Verkehr
zu verſtehen. Die Polizeybehörden wachen noch
immer wie vorher, und führen die Aufſicht,
womit die Bürger z. B. mit tüchtigem Fleiſche,
Lichtern und Kerzen ꝛc. verſehen, und in dem
Gewichte nicht betrogen werden. So muß auch
der Meiſterwerber bevor einen öffentlichen Beweis ſeiner Fähigkeit an Tag legen. Und ſo-
nach wird nur die Aufhebung der Zünfte die
allgemeinen Vortheile für die ſämmtlichen Stadt-
inwohner bewirken, ohne dabey das Entgegen-
geſetzte des Partikuliernachtheils zu befördern.
Dieſe allgemeine Vortheile beſtehen in dem, daß,
da die geſchloſſene Zahl der Meiſter aufgehoben
wird, jedem geſchickten Geſellen der Weg offen
ſtehe, zum Meiſterrechte zu gelangen, und zweytens: daß nach Auflöſung der engen Verbindung
der ſtärkſten und vermöglichſten Zunftglieder
jene Verabredungen über die Beſchaffenheit und
Preisbeſtimmung der Produkte von ſelbſt ab-
fallen, die dem Publikum ſo oft zum wichtigen
Nachtheile gereicht hätten.

Das

Das eingebildete entgegengesetzte Schädliche so nach der Aufhebung der Zünfte geschehen dörfte, wird vorzüglich auf zween Hauptpunkte gegründet. Nämlich, daß durch dergleichen Verfassung eine Menge ungeschickter Professionisten gezeigt, und die Gelegenheit zum Betrug dadurch gegeben werde, weil eine unverhältnißmäßige Zahl von Menschen zu einem Handwerke, dessen Produkte wegen den Überfluße nicht so leicht an Mann zu bringen wären, sich verwendete, und da sie wegen der Menge den nöthigen Lebensunterhalt sich nicht erwerben könnten, aus Noth zu unerlaubten Kunstgriffen die Zuflucht nehmen würden; wobey noch dieses Übel zu befürchten, daß wegen nicht Anschaffung der vorschriftmäßigen Vorräthe (bey den mit Eßwaaren handelnden Polizeyzünften) das prager Publikum ins Gedränge und Verlegenheit gerathe, und noch überdies allgemein betrachtet die Professionisten selbst zur Leistung der Beysteuer nach und nach außer Stand sich versetzt fänden.

Nach gegenwärtiger Einleitung hatte man sich bemüht alle diese Einwürfe bevor vom Grunde aus zu heben. Denn, da durch die geöffneten Wege sich einen Verdienst auf was immer für eine erlaubte Art zu verschaffen, zugleich alle mögliche Erleichterung zur Erweiterung der Kenntniße und Entwickelung des Erfindungsgeistes bewirkt worden ist; so folgte daraus, daß sich

sich die solcher Verfassung nach gebildeten Professionisten nach Maaß ihrer erweiterten Einsichten von selbst zu einer Handthierung verwenden, von der sie vernünftiger Weise voraussehen, daß sie davon hinlänglichen Verdienst zu hoffen hätten, und ein fehlgeschlagener Entwurf ist nicht sowohl der Verfassung der Handwerke, nach welchem jedem für fähig befundenen Gesellen das Meisterrecht zu erlangen gestattet wird, als vielmehr einer unrecht getroffenen Wahl der Profession, oder andern wenigen günstiger zufälligen Umständen zuzuschreiben. — Inzwischen liegt es der Polizey ob, darüber zu wachen, damit das Publikum durch die Professionisten nicht betrogen werde, auch ist es eben dieser Stelle nicht unbekannt, wie der Nährstand in dem Kreise eines erlaubten Betriebes der erlernten Profession zu erhalten ist.

Gegenwärtig werden also in Prag die sämmtlichen Handwerke nicht sowohl eines wesentlichen Nutzens wegen in Rücksicht auf die verschiedenen Nahrungswege, als vielmehr der vormaligen Eintheilung nach, in Polizey und Kommerzzünfte eingetheilt. Die erste Art ist, wie schon bereits erwähnt worden, sehr alt, und beschäftigt sich mit der Verarbeitung jener Artikeln, die inwärts verbraucht werden, und folglich den Gegenstand der Handlung nicht ausmachen.

Nach-

Nachdem diese sämmtlich zu verbrauchenden Artikeln entweder Eßwaaren, Kleidungsstücke, Hausgeräthe und Gebäuaufführungen betreffen, eben nach solcher Art werden auch die Polizeyzünfte in Prag eingetheilt. Sie werden besonders Polizeyzünfte genannt, weil sie vornehmlich deswegen der Polizeydirektion unterliegen, damit die Statt mit ächten Konsumtibilien, und dazu in hinlänglicher Quantität versehen werden möchte. In die erste Klasse der Polizeyzünfte werden die Müller, Bäcker, Fleischhauer, Bierbräuer, Brandweinbrenner, Weinschänker, Gastgeber, Fischhändler, Obstverkäufer u. d. m. gerechnet, die sowohl zum nothwendigen Lebensunterhalt bestimmte, als auch zur Erquickung dienende Eßwaaren und Getränke zum öffentlichen Verkaufe aussetzen, zubereiten, oder herstellen.

Die Müller haben ihre Mahlwerke, die aber meist emphiteutisch sind, und der prager Stadtgemeinde gehören, an beyden Ufern des Moldauflußes angelegt. Doch sind jene an der alt und neustädter Seite ungleich zahlreicher, als die so an der Kleinseite sich befinden. Es scheint, daß anfänglich die prager Müller eben so wie die auf dem Lande, blos vom Mahlverdienste sich unterhielten; und den Mehl und Zugemüßhandel als ein Nebenverdienst ansahen. Allein nach der Zeit hatten sie durch ein ausschließendes Vorrecht, den Mehl und Zugemüßhandel an sich

sich gezogen, und dadurch große Reichthümer erworben. Sie erhielten sich in Besitze dieses Vorrechts durch zween vorzügliche Beweggründe, nämlich, daß sie die stärkste Beysteuer zu den Staatserfordernissen lieferten, und dann, daß sie die vorgeschriebenen Vorräthe bereit halten müßten; zur Festhaltung beyder Stücke, behaupteten sie, daß ihnen schlechterdings der Schutz bey ihrem Monopol geleistet werden müßte. Da man nachher wahrnahm, daß ohngeacht dergleichen Begünstigungen die Müller zu verschiedenen Zeiten die Stadt mit ihren Produkten nicht nach dem vorgesetzten Zwecke versehen, so fieng man an von den vorgefaßten Grundsätzen dieses Monopols abzugehen, und den Mehl und Zugemußhandel etwas weiter auszudehnen.

Nach dieser Verfassung haben zwar die prager Müller, öffentliche Mehl und Zugemußniederlagen zum Bedarf der prager Innwohner, aus welchen die benöthigten Artikel insgemein abgenommen werden. Doch sind auch in jedem prager Hauptviertel öffentliche Plätze ausgewiesen, an den Wochenmärkten zum Verkauf des vom Lande eingeführten Getraides, Mehls und Zugemuß gehalten werden. Die Kramläden von Mehl und Zugemußgattungen im Kleinen sind hier und da in der Stadt sowohl an öffentlichen Marktplätzen als auch in den Gassen gelegen, und handeln damit, besonders was den letzten

Ar-

Artikel betrifft, auch Personen, die zur Müller-
profession gar nicht gehören.

Bäcker sind in Prag sehr zahlreich, und
dem Konsumo der Stadt gemäß vertheilt; weswegen sie dann ihre Werkstätte, die jederzeit mit
der sogenannten Feuergerechtigkeit versehen seyn
müssen, fast in allen Bezirken unterhalten. Ihre
Kramläden befinden sich theils an den Backhäu-
sern, theils in verschiedenen Gegenden der Stadt,
um den Bürgern eine Bequemlichkeit im Kaufe
des Brods zu verschaffen. In Beziehung auf
die innerliche Verfassung werden die Bäcker nach
zweyerley Art betrachtet, einmal nämlich als
zunftmäßige Meister, deren Zahl jederzeit geschlossen ist, und dann als bloße Bäcker, die
insgemein unter dem Namen der Platzbäcken
bekannt sind. Diese letztern sind nur berechtigt
an den ausgesetzten Markttägen das Brod zu
verkaufen, welches überdies noch unter besondern Qualitäten und Gewichte verbacken werden muß. Nebst dem befindet sich noch unter
den Bäckern eine andere Gattung, die man die
Schmalzbäckerey nennt, die Bäcker dieser Gattung geben sich vorzüglich mit dem Gebäck allerhand geschmalzenen Artikeln ihrer Profession ab,
die unter der Tax verkauft werden. Seit einigen Jahren ist das Hausiren mit dem leichten
Gebäcke, das sonst die Höckler zu verrichten
pflegten, auch bey den Bäckern nach der wiener Art gemein geworden. Dagegen wurde der

öffent-

öffentliche Brodverkauf blos den Bäckern eingeräumt. Die Verbackung aller übrigen Artikeln, die unter der Tax verkauft werden können, wird unter die freyen Gewerbe und Nahrungsarten gerechnet, die jedermann ungehindert betreiben kann. In Prag findet man daher von dieser letzten Gattung Eßwaaren sowohl öffentliche Kramlöden, als auch damit Umhergehende verkaufen.

Fleischhauer waren ehedem in Prag zünftig, sind aber im Jahre 1783 ihrer zünftigen Verfassung nach aufgehoben worden. Von dieser Zeit an wäre jedermann gestattet unter den ausgesetzten Polizeybedingnissen, das Fleisch zum öffentlichen Verkaufe auszusetzen. Die ehedem bestandenen prager Fleischermeister haben ihre alten Fleischbänke zum Verkaufe der Fleischgattungen behalten. Die unzünftigen Verkäufer aber haben besondere Plätze ausgewiesen, wo sie das Fleisch unter der Tax verkaufen. Um die Tüchtigkeit und gesunde Beschaffenheit des Schlachtviehes zu untersuchen, sind an den prager Schlachtbänken dazu eigends beeidigte Personen bestellt, sonst aber verrichten dieses Amt die ordentlichen Polizeymarktbeschauer, welche jederzeit an den Fleischverlaufplätzen umhergehen, und alle auch sonst wie immer entstehen mögende Unordnungen auf der Stelle beyzulegen sich angelegen seyn lassen.

Bierbräuer. Die Bierverlegerey machte vormals in Prag eines der wichtigsten und einträglichsten bürgerlichen Nahrungsbetriebs aus, weswegen sich auch die vornehmsten Bürger damit abgegeben hatten. Nach der Zeit, da die Gebräue mit großen Taxen belegt worden waren, hatte sich auch der Nutzen, den diese Profession abwarf, ungemein vermindert, und sonach gerieth die Bierverlegerey zuweilen unter schlechte Hände. Dieser ungleiche Betrieb erwähnter Nahrung hatte verursachet, daß die Bräuer durch das Bräuen eines elenden Getränkes, das dem vormaligen prager Bier gleich sehen sollte, den hohen Biertaxen das Gleichgewicht zu halten sich bemühten. Zu unsern Zeiten hat sich der Verfall der Bierverlegernahrung noch mehr verbreitet, welches man den häufigen Verpachtungen zuschreiben will, da nämlich die vielen unvermöglichen Pachter und Bräuer nicht im Stand sind zur rechten Zeit die nothwendigen Vorräthe anzuschaffen, und daher genöthigt werden, von den Bierverleger-Großhändlern die Gerste und Holz in theuren Preisen zu erhandeln. Diese und dergleichen mehrere Umstände brachten endlich die Sachen auf den Punkt, daß die prager Bierverleger selbst in Rücksicht ihrer besondern zu erlegenden Steuerabgaben in einen beträchtlichen Rest geriethen, woran meist die Neustädter, als die Unvermöglichsten Schuld trugen.

Die-

Diesem Uibel abzuhelfen, brachte um das Jahr 1776 der Herr Gubernialrath von Hoyer einen Entwurf auf die Bahne, eine besondere Verfassung in dem sämmtlichen Bräuwesen dergestalt zu treffen, daß ein jeder Bierverleger, der seine Nahrung pachtweise zu überlassen gesinnt wär, sein Recht der besonders dazu bestimmten Bierbräupachtungskommission überlassen könnte, zu deren Handen dann die Bierbräuprofession betrieben worden war. Die Nahrung des sein Recht abgetretenen Bierverlegers wurde abgeschätzt, und ihm sonach ein jährliches Pachtquant baar bezahlt, wofür aber die Kommission den ganzen Aktiv und Passivstand der Nahrung auf eigene Gefahr übernahm. Den übrigen zur Pachtung nicht eingetretenen Bierverlegern wurde aufgetragen, eine gleichförmige Schüttung bey ihren Gebräuen zu beobachten; Dieser Vorgang war nothwendig, um nicht durch eine ungleiche Schüttung den Absatz des unter der Direktion der allgemeinen Pachtung gebräuten Biers zu verhindern, von der man behauptete, daß es ungemein schwach und dünne wär.

Obgleich nun diese allgemeine Bierbräupachtungskommission unter königlichem Schutze stand, so hatte sie doch nicht die gehofte Wirkung hervorgebracht, und ihre Auflösung erfolgte in kurzer Zeit. Die wesentlichen Umstände des Verfalls des prager Bräuwesens blieben inzwischen

schen die nämlichen. — Die meisten Bräuhäuser befinden sich in Prag auf der Altstadt in der langen Gasse, und auf dem Bergstein. Die übrigen auf dieser Stadt, so wie auf der Neustadt und der Kleinseite sind hier und da in verschiedenen Bezirken der Stadt gelegen. — Bey den meisten Bräuhäusern sind auch Brandweinsbrennereyen angelegt.

Außer gleich erwähnten Polizeyprofessionen, die sich mit Ablieferung der Eßwaaren und Getränke abgeben, kommen die übrigen von gleicher Art, wenn man den Weinhandel ausnimmt, in keinen großen Betracht.

Unter die zweyte Klasse der Polizeyprofessionen, derjenigen nämlich, die sich mit Verfertigung der Kleidungsstücke und Hausgeräthe abgeben, zählt man die Schneider, die noch bis jetzt zünftig sind, in Manns und Frauenschneider eingetheilt werden, und auf jeder Stadt eine besondere Lade unterhalten, zu welcher sie sich auch einzig halten, und ohne besonderer Vereinigung von einer Stadt von Prag in die andere nicht überziehen.

Diese Profession zählt vor allen andern die häufigsten Meister, welches der häufige Bedarf der Verfertigung ihrer Artikeln verursacht.

Schuhmacher, eine der vorhergehenden an der Menge der Meister gleichkommende Profession, welche aber einigermaßen unter die Kom-

der Künste und Handwerke ꝛc.

merzialzünfte gezählt werden mag, weil ihre Produkte sehr oft den Gegenstand des Handels ausmachen; denn die prager Schuhmacherwaaren kommen in der Schönheit und Güte den Wienern gleich, und werden daher auch auswärts verführet. Die prager Schuhmacher werden noch bis itzt dem alten Herkommen nach, nach den 3 Hauptvierteln der Stadt eingetheilt, wo sie eine bestimmte Zahl der Schuhbänke, das ist Schuhmachergerechtsamen innehaben, welche niemals überzählig sind, auch muß ein jeder Meister sich in seinem Hauptviertel halten. Die meisten Schuhmacher halten ihre Kramläden in der Jesuitengasse, welche aus dieser Ursache sehr wohl die Schuhmachergasse genannt werden mag.

Seifensieder waren vor dem Jahre 1783 zünftig, sind aber fast zugleich mit den Fleischbackern von der zunftmäßigen Verfassung freygesprochen worden. Die prager Seifensiederey machte von jeher einen beträchtlichen Zweig der bürgerlichen Nahrung aus, und diese Profession war eine der angesehensten Polizeyzünften, obgleich die Produkte davon, so wie mehrere andere Polizeyprofessionen mehr in die Privathaushaltung, als ein eigentliches Handwerk einschlagen. — Die Seifensiederprofession ist sehr nahe verwandt mit

Der Wachszieherey mit den dazu gehörigen mancherley Arten der Wachsarbeiten und

Pouß-

Poußirungen. Durch die Einführung des einförmigen Gottesdienstes geschahe dieser Profession ein großer Abbruch, auch ist es an dem die Wachszieherey als unzünftig zu erklären.

Tischler, eine ansehnliche Profession in Prag, die viele Meister hat. Sie ist gegenwärtig zu einer großen Vollkommenheit gestiegen, und man sieht in varnehmen Haushaltungen recht bewundernswürdige, und in jedem Betracht künstliche Schreinerarbeiten.

Maurer, Ziegeldecker und Zimmermeister werden unter Polizeyprofessionen nebst andern mehr weniger beträchtlichen Handwerken, die alle hier besonders anzuführen, weitläufig wäre, gerechnet.

Rauchfangkehrer waren noch zu Anfang dieses Jahrhunderts in Prag sehr rar. Man mußte sie aus Wälschland hereinkommen lassen. Diese wälschen Ankömmlinge wurden insgemein unter dem Namen de Martini bekannt, und genossen das ausschliessende Vorrecht die Kamine zu fegen. Nachdem man einen Uiberfluß an inländischen Rauchfangkehrern erhalten, so hatte man ihnen besondere Stadtvierteln ausgewiesen, in den sie die Rauchfänge rein halten müßten.

Töpfer verrichten in Prag blos das Ofensetzen, weswegen sie unter die Polizeyzünfte gezählt werden. Die Verfertigung der niederen

Ge-

Geschirre wird bey ihnen als eine Nebensache angesehen, sie treiben damit blos einen Handel, indem sie solche von den brauner und andern Landtöpfermeistern übernehmen.

Kommerzialprofessionen werden in Prag jene genannt, die mit Verarbeitung der Werke von solcher Art sich abgeben, die den Gegenstand des auswärtigen Handels ausmachen, darunter kann man folgende nach alphabetischer Ordnung bemerkte Zünfte rechnen.

Büchsenmacher, davon werden in Prag gegenwärtig nur 10 Meister gezählet. Sie mochten um die Zeiten, da das Jägerwesen in Böhmen mehr im Schwunge war, zahlreicher gewesen seyn. Die Schiftmacher machen eine besondere Profession. Die Oerter, wo in Böhmen allerhand Arten von Schleßgewehre verfertiget werden, sind in der geographischen Beschreibung angezeigt worden.

Bürstenbinder, eine unansehnliche Profession, die etwa über 4 Meister in Prag nicht haben wird; die Produkte dieser Profession werden gegenwärtig häufig von Personen herumgetragen, die nicht anders als Leute von freyen Gewerbe angesehen werden können. Die öffentlichen Kramläden dieser, so wie auch die Wohnungen aller Arten von Professionen, sind in der Beschreibung von Prag vom Jahr 1774 enthalten.

Drechs-

Drechsler, eine Profession, die mit den Kunstgewerben in großer Verwandtschaft steht. Die Zahl der Meister ist mit jenen von der Büchsenmacher Profession fast gleich. Die Arbeit der prager Drechslerwaaren von Holz, Horn und Bein steht auch auswärts im guten Rufe.

Feilhauer sind vor einigen Jahren mit den Zeugschmieden vereinigt worden. Beyde Professionen beschäftigen sich mit Verfertigung stählener Werkzeuge und anderer Zeuge vom gehärteten Eisen. Auch diese Produkte sind sehr vollkommen in ihrer Art in Prag zu bekommen.

Loh und Weißgärber veranstalten die Zurichtung verschiedener Gattungen der Häute und des Leders, um es zum Gebrauche in mancherley Bedürfnisse des gemeinen Lebens tüchtig zu machen. Die Lohgärber haben ihre Werkstätte im Girharj, welchen Namen auch dieser Bezirk der Stadt von ihrer Handthierung erhalten.

Gelbgießer belaufen sich in Prag auf etwa 5 bis 6 Meister, sie arbeiten in Meßing, Tombak und dergleichen Metallarten und Kompositionen mehr.

Glaser, eine Profession, die hierorts sehr viele Meister hat. So weit es das Glaseinsetzen betrift, sind die Glaser eine Polizeyzunft; in Rücksicht aber des Glashandels machen sie aber eine Kommerzialzunft aus. Dergleichen gemischte Zünfte giebt es mehrere Arten. Die prager Glaser sind die Kommissärs der böhmischen

schen Glasverleger. Von dem böhmischen Glashandel ist an seinem Orte gehandelt worden.

Glockengießer sind sammt den Rothgießern im Jahre 1784 für unzünftig erklärt worden. Von der ersten Gattung befinden sich etwa 5 Meister in Prag. Die Produkte dieser Profession bestehen nicht bloß in Gießung der Glocken, sondern in sehr vielen Arbeiten von Glockenspeise. Sie verfertigen auch die großen Feuerspritzen.

Gürtler, eine ziemlich ansehnliche Profession in Prag, die wenigstens bis 16 Meister zählt. Ihre Produkte gränzen sehr nahe an die Gold und Silberarbeiterkunst, und wird nur der Freyheit nach, und nur dadurch unterschieden, daß bey den Gold und Silberarbeiten die edle Metalle den Hauptstoff ausmachen, dahingegen bey den Gürtlern das Gold und Silber, als ein Nebenmateriale angesehen wird.

Handschuhmacher, Meister sind in Prag gegen 20. Diese Profession ist zwar im strengen Verstande eine Kommerzialzunft, doch hinderte dies nicht in Rücksicht auf einige besondere Handschuhmacherartikeln in Prag Fabriken anzulegen. Die neu angelegte französische Handschuhfabrike ist gegenwärtig sehr berühmt, und sie verlegt mit ihren beliebt gewordenen Waaren fast alle prager Handelsleute.

Hutmacher zählt man hier etwa 10, die alle vollständige Arbeiten ihrer Profession liefern, weswegen auch die prager Hüte im Auslande und besonders in Sachsen berühmt sind. Man hat in Prag eine Hutfabrike, welche die Smrkkauer genannt wird, und in der Tischlergasse zu finden ist.

Kammmacherwaaren findet man zu Anfang der Eisengasse, in der Kotzen, und beym Sachsenhause.

Gehäus oder Kapsmacher ist hinter dem Karolin im grünen Baum, und in der Jesuitengasse zur goldenen Schlange.

Kartenmaler befinden sich in Prag etwa 10, ihre Wohnungen sind nach den ausgehangenen Schildern leicht abzunehmen. Die Neuhäuser und Kuttenberger Karten haben vor den Prager ihren Vorzug.

Klämpner oder Spängler halten sich meist in der Plattnergasse auf, die deswegen auch die Klämpnergasse heißt. Die Produkte dieser Profession bestehen meist in verzinnten Eisen, Blecharbeiten von allen Gattungen und Meßingschlagen.

Kupferschmiede sind viele in gleichgewöhnter Gasse befindlich, sie arbeiten so, wie man dem Namen nach urtheilen kann, in Kupfer. Unter ihren verschiedenen Verarbeitungen der kupfernen Gefäße zeichnen sich die großen Bräukessel besonders aus, die zu ihrer Vollbringung

gung große Kunst und Geschicklichkeit erfordern.

Kirschner, etwa 15 an der Zahl, sie verfertigen nicht nur allein Pelzwerke, sondern handeln auch mit allen möglichen Arten von Rauh und Futterwerke, zu welchem Ende sie auch in verschiedenen Abtheilungen der Stadt ihre besondere Gewölbe unterhalten. Die Beschreibung der inländischen Pelz und Rauharten gehört in die vaterländische Natur, Kunst und Handlungsgeschichte.

Lebzelner oder Pfefferküchler sind im Jahre 1784 ihrer Zunft nach aufgehoben worden. Ihr Nahrungsbetrieb ist bey Einführung der neuen Kirchenordnung und Einstellung der Prozessionen, Wallfahrten und Kirchenfesten sehr herabgesetzt worden.

Messerschmiede, diese Zunft war vormals in Kurz und Langmesserschmiede eingetheilt. Bey der jüngst vorgenommenen Verbesserung in dem System des sämmtlichen Handwerkswesens sind beyde Zünfte miteinander vereinigt, oder vielmehr die Langmesserschmiederey den Schwertfegern zugetheilt worden. Unter den Produkten dieser Profession zeichnen sich gegenwärtig hierorts vor andern die Sethalrischen aus, den man sowohl die Güte als äußerliche Schönheit und einen wohlgewählten Geschmack nicht absprechen kann.

Nadlerprofession bestehet in Prag in etwa 10 Meister. Seit der Zeit da die königliche Nadelfabrike das ausschliessende Vorrecht die Nähnadeln zu verfertigen erhalten, ist die prager Nadelprofession einigermassen in Verfall gerathen. Die hiesigen Nadler verfertigen nur blos Spennadeln, Haarnadeln, und einige andere mehr mit ihrer Profession in Zusammenhang stehende Artikeln. Im gemeinen Handel werden die Karlsbader Nadelwaaren vornehmlich gesucht.

Nagelschmiede sind an der Zahl der Meister den Nadlern fast gleich. Ihre Waaren werden entweder von den Werkstätten oder in öffentlichen Kramläden verkauft.

Perückenmacherkunst ist eigentlich als keine Zunft, sondern mehr eine Art von Verbindung anzusehen, welche die Prinzipalen dieses Gewerbs untereinander errichtet, und von der politischen Landesstelle ist bestättiget worden. Die Perückenmacher sind unter die Polizeyzünfte einzuschalten. In Prag siehe man gegenwärtig über 40 Perückenmachergewölbe. Das Frisiren, wenn es vom Hausiren abgesöndert wird, ist ein freyes Gewerb, doch hat solches zeither die Perückenmacherey sehr herabgesetzt, daß fast in einem jeden ansehnlichen Hause Leute unterhalten werden, die ihre Herren und Frauen im Frisiren bedienen.

per-

Petschierstecher unterhalten meist ihre Läden an öffentlichen Plätzen der Stadt, als an dem St. Gallplätzel, beym Judentändelmarkt, gegen dem Karolin, auf dem kleinen Ringel, und an der Brücke. Das Petschlerstechen wird mehr in die Klasse der Künste als der Kommerzialzünfte gezählt.

Posamentirer, eine in Prag sehr ansehnliche Profession, die über 20 Meister zählt, welche meist in Ablieferung schöner Produkte ihrer Art berühmt sind. Vor einiger Zeit hatte die Posamentirprofession ungleich mehr als itzt geblüht, welches sowohl die Einschränkung der Ausgaben auf die Kirchen als politische Pracht verursacht. Die Posamentlers sind von den Gold und Silberdratziehern unterschieden, weil sie nur die Seide mit Gold und Silber überziehen. Nach einer königlichen Verordnung sind die Posamentierer sowohl als alle übrige im Gold und Silber arbeitende Meister dem königlichen Münzauslösungsamte unterworfen, welches ihre Produkte prüft, ob sie nach dem vorgeschriebenen normalmäßigen Fuße verfertigt sind.

Riemer bestehen beyläufig in 15 Meister, welche sich meist in der Jesuiten und Brückengasse aufhalten.

Seiler etwa 5 Meister, wovon 2 auf dem Augezd, 1 bey St. Heinrich, dann auf dem Roßmarkte und in der Spitelgasse sich aufhalten.

Sattler sind an der Zahl der Meister fast den Riemern gleich. Ihre Profession steht itz so wie alle andere, die an Verfertigung verschiedener Kutscherarbeiten einen Antheil haben, in ziemlich gutem Ansehen; denn die beständige Veränderung mancherley Arten von Fahrzeuge, die itz im Schwunge sind, verschaft den sich damit abgebenden Professionisten einen beständigen Verdienst, wovon diejenigen am besten daran sind, die von einem glücklichen Erfindungsgeist des guten Geschmacks angetrieben werden.

Schleiffer sind in Prag vornehmlich drey bekannt, als auf dem Kohlmarkt, in der Zeltnergasse, und bey den Schleifmühlen. In Beziehung auf das bloße Schleifen und Poliren gehören die Schleifer unter die Klasse der Polizeyzünfte, doch kann man sie einigermassen als Kommerzialprofessionisten betrachten, in wie fern sie sich mit der Zurichtung verschiedener zum Schleifen gehörigen Werkzeuge, und der Verbesserung der Schleiferwaaren abgeben.

Schlosser sind gleichfalls unter eine Art Mittelding zwischen einer Polizey und Kommerzialzunft zu rechnen. In Prag kann man über 30 Schlossermeister zählen, welche mit den Tischlern in einigem Zusammenhang stehen. Die Schlosserprofession ist inzwischen sehr künstlich und von großer Ausdehnung, indem sie einen großen Einfluß in die Großuhrmacherey hat, der Künste und Handwerke ꝛc.   175

hat, und überhaupt die Anlage zur Zusammensetzung verschiedener Arten von Maschinen,
und Verfertigung der Verzierungen an die
Hand giebt.

Schmiede giebt es ohngefähr 16 in Prag,
die alle öffentliche Werkstätte unterhalten. Die
eigentliche Hufschmiederey ist eine Polizeyzunft;
die Grobschmiede sind aber wahre Kommerzialprofessionisten.

Schwertfeger befinden sich in Prag ungefähr 16, worunter viele in der Jesuitengasse
wohnen. Vormals, da die herrschende Mode
des Degentragens war, sahe man schöne Produkte dieser Gattung, die von prager Schwertfegern verfertigt gewesen. Nunmehr aber, da
von dieser Mode viel abgekommen, sieht man
wahre Meisterstücke an Schnallen und Rohr-
knöpfen, die aber von diesen Professionisten
mit recht erfinderischem Geiste dargestellt werden.

Strumpfwirker sind zweyerley Art, nämlich die aus Seide, und dann die aus Wolle
Strümpf wirken. Beyde Professionen haben
hierorts ziemlich viele Meister. In den Geschmeidler und Handlungsgewölbern erhält man
alle mögliche Sorten von seidenen Strümpfen,
die von guter Qualität sind, und von prager
Meistern verfertiget werden. Von wollenen
Strümpfen findet man bey den Rothen Kramläden;

läden; und harassene Strümpfe sind in Kommission der Duxer Niederlage zu suchen.

Sporner sind ein Paar in der Plattnergasse zu finden, nebst dem sind noch einige wenige Meister hier und da in der Stadt wohnhaft.

Taschner befinden sich in der Jesuitengasse, sie verfertigen nicht nur allein alle Arten von Reisekoffern, sondern auch alle mögliche Behältniße, die nach Taschnerart hergestellt werden.

Wagner eine gemischte Polizey und Kommerzialprofession, davon sind in Prag etwa 12 Meister vorhanden.

Manufakturen und Fabriken.

Die Manufakturen und Fabriken ist eine ungleich jüngere Verfassung der Nährstandesarten, als jene der gleich beschriebenen Professionen, weswegen man auch hier von aller zunftmäßigen Verfassung gänzlich abgegangen ist, und eine auf das Wesen und die Natur des Gewerbes sich gründende Freyheit, so die Seele der Industrie ist, eingeführt wissen wollte. — Man findet gegenwärtig in Prag folgende Fabriken und Manufakturen.

Salpetersiederey hinter dem Spinnhause und am Roßthore. Die Salpetererzeugung gehört unter die königliche Bergbaudirektion und
dies-

der Manufakturen und Fabriken.

diesfälligen Fabrikanten sind zur Entrichtung des königlichen Zehentens und Ablieferung des Salpeters zum Artilleriedepartement verbunden. Die prager Salpeterfabrike liefert das Salpeter an das hiesige Zeughaus ab, mit dem Salitersatze aber wird der gemeine Handel getrieben, den man aber nur den eigends dazu berechtigten Personen gestatten will, damit dadurch das gemeine Kochsalzregale nicht beeinträchtiget werden möchte.

Potaschenniederlage, sie wird von den auf dem Lande hier und da befindlichen Siedereyen versehen, die meist von den Juden besorgt werden. Im Kleinen wird damit der Handel in den Materialiengewölbern betrieben. Die Seifensieder, Färber und Bleichwerke können diesen Artikel nicht entbehren.

Tabakmanufaktur in dem vormaligen Cölestiner Klostergebäu auf der Neustadt in der Heinrichsgasse befindet sich gegenwärtig unter k. k. Direktion. Man richtet hier zu alle mögliche Sorten von Taback, deren Kleinhandel man besonders dazu berechtigten Personen überläßt, die ihre Kramläden durch alle Bezirke der Stadt vertheilt haben. Von dem Tabackspinnen, Sortiren, Palzen, Schneiden ꝛc. unterhalten sich in Prag viele Personen. Da der Taback hierorts unter die Regalien gerechnet wird, so muß er schlechterdings aus der königlichen Niederlage abgenommen werden, und zwar

Beschr. v. Prag. II.Th.   M   nach

nach seiner völligen Zurichtung. Doch hatte man einigen Gemeinden das Salzen nach eigener Art zugestanden, die aber den Tabak zum eigenen Gebrauch behalten mußten.

Scheidewasserbrennerey wird in der Langengasse von dem Chymisten Pregner getrieben. Nebst dem beschäftigen sich damit noch viele Chymisten in Prag, so die Scheidewasserbrennerey als eine Nebenarbeit der Chymie ansehen. Im Kleinen wird das Scheidewasser in den Materialiengewölbern und Apotheken verkauft, welche letztere ihre eigene Laboratoria unterhalten. Das Scheidewasserbrennen hat einen Zusammenhang mit der Salpeterfabrike. Die Künstler und Professionisten, so in Metallen arbeiten, die Färber, Hutmacher u. a. m. brauchen das Scheidewasser bey ihren Arbeiten.

Lichtsieberfabrike in dem ehemaligen Klostergebäu der aufgehobenen Nonnen zu St. Anna, die von Buschtiehrad her verlegt worden war. Sie steht unter jüdischer Direktion. Die Produkte dieser Fabrike finden bey den Abnehmern einen ziemlichen Beyfall. Übrigens wird auch das Lichterziehen überhaupt als ein freyes Gewerbe angesehen, wovon sich in Prag viele Leute ernähren.

Schmierseifenfabrike war vormals von dem Juden Scheftelles vor dem Strahofer Thore errichtet. Nach Aufhebung der Seifensiederzunft konnten die Artikeln dieser und anderer Fabriken

mehr

mehr frey verkauft werden. Unter den neuen Produkten der Seifensiederey ist besonders die sogenannte grüne Seife bekannt, die in ihrer Art gute Dienste leisten soll, und an der die Fabriken hierorts ihre Versuche angestellt haben.

Färberey, ein der beträchtlichsten Nahrungszweige in Prag, der seit kurzer Zeit zu einem hohen Grade der Vollkommenheit gestiegen. — Die Färberey an sich selbst betrachtet ist ein weitschichtiges Geschäfte, das vier Hauptarten in sich enthält, nämlich die Färberey in der Leinwand, 2) der Baumwolle, 3) Wolle, und 4) der Seide. Die Färberey in Leinwand und Baumwolle wird von einerley Art Fabrikanten betrieben, die man in Prag die Tüchel- druckerfabrikanten und Katunfärber nennt, unter andern ist hierorts die Sängrische, Pregrische, Hergetische und Bluttische Fabrik bekannt. Die Waaren mit Appreturen gehören unter diese Art von Fabriken. Die bloße Druckerey aber ist ein freyes Gewerbe. Der Unterschied zwischen Schwarzfärber, Schönfärber und Seidenfärber soll bey einer wohleingerichteten Polizey aufhören; am besten ist es, wenn ein Färber alle Arten der Färberey vollkommen versteht, so daß er also alle Materialien, je nach Bedürfniß, fest, schön, und fest und schön färben kann. In der ganzen Färberkunst giebt es eigentlich nur 5 Hauptfarben: blau, roth, gelb, braun und schwarz; man hat aber jede ihrer besondere und unendlich manigfärbige Schattirungen, welche der Färber alle im Erforderungsfall hervorzubringen weis. Durch die Vermischung der Hauptfarben und ihre Schattirungen entstehen alle andere Nebenfarben. Die Produkte der Tüchel und Kattundrucker werden im Kleinen theils in der Kotzen und dem Judenhandelmarkt, theils in besondern Handlungsniederlagen von Leinwand und Baumwollwaaren verkauft. Unter der Wollfärberey ist die, so die Kerulsche Handlung unterhält, wohl bekannt, welche Handlung auch viele Tuchfabriken verlegt. Nebst dem sind auch unter den Schönfärbern berühmt Erkel in der Röhrgasse, Engel in der Tischlergasse, und Weit eben daselbst. Der erste unterhält eine eigene Bleiche auf der sogenannten Färberinsel, welche einen großen Zuspruch hat. Unter der Schönfärberey ist das Blaufärben ein Meisterstück, es beruht auf guter Verfertigung der Blauküpe, welche durch Gährung und Kochen in gewissen Gefässen bereitet wird. Zur blauen Farbe bedient man sich vornehmlich zweyer Farbstoffe, des Indig und des Waldes, der erste giebt eine sehr schöne aber nicht haltbare Farbe, der letzte färbt haltbar aber nicht schön, daher pflegt man beyde Farbstoffe miteinander zu verbinden, dies geschieht vermittels der sogenannten Waldküpe, diese färbt alsdenn haltbar und schön zugleich. Die Schafwolle, Wollenzeuge und Tücher können

in

in einer kalten Kupe nicht blau gefärbt werden. Unter der Seidenfärberey ist die Kandonische berühmt, man findet auch in der Jesuitengasse, größern Post und Platnergasse Färbereyen von erwähnter Art.

Die Bleiche auf dem sogenannten großen Venedig wird von gleich beschriebener Kandonischer Fabrike besorgt. Wenn die Seide von den Solomands gehaspelt worden, so ist sie rauh und hart, oft hat sie auch einen gelben Schmuz, wovon sie befreyet werden muß, daher besteht die erste Arbeit des Seidenfärbers darinnen, daß er die Seide von beyden Materien reinige, welches durch Kochen in Seife geschieht. Die weisse Farbe der Seide hat ihre besondere Schattirungen, als da ist Chinesisch weiß, Indianisch weiß, Milchweiß, Silberweiß, und bläulichweiß. Alle Seide zu den schönsten weissen Zeugen wird geschwefelt, weil sie dadurch den höchsten Grad der Weiße erhält. — Die Färberey ist inzwischen überhaupt betrachtet ein wichtiger Gegenstand der Gewerbe, dies sah schon vormals Albert sehr wohl ein, daher setzte er durch Preise die Chymisten und Künstler in Bewegung, die besten Farben zu erfinden.

Bleichereyen sind auf der sogenannten Färberinsel und dem großen Venedig, wie schon bey den Färbereyen ist erwähnt worden.

Kalk

Kalk und Ziegelhütten befinden sich in einem jeden Hauptviertel der Stadt, die den prager Stadtgemeinen gehören. Nebst dem sind auch hierorts privat Kalk und Ziegelbrennereyen, als die Wischehrader, Schwarzenbergische und Hergetische, welche letztere erst vor einigen Jahren angelegt, und mit allen zu diesem Gewerbe erforderlichen Nothwendigkeiten wohl versehen worden ist. Der Kalk, den man von der neustädter Kalkbrennerey erhält, ist vorzüglich wegen seiner Weiße berühmt, er wird vorzüglich zum Uibertünchen der Zimmer und der Gebäude gebraucht.

Säg oder Breetmühlen finden wir in Prag bey den ordentlichen Werkmühlen, wo auch Schleifmühlen sind, wie bereits angemerkt worden. — Hier werden durch die Kraft des Wassers Holzklötze zu mancherley Zimmer oder Schreinergebrauche geschnitten, das sonst von den Dielenschneidern verrichtet werden mußte.

Papiermühle im neustädter Hauptviertel, und vor dem Spittelthore. Jene Leute, die sonst zum Betriebe eines Gewerbes nicht geschickt sind, geben sich mit dem Einsammeln der leinenen und hänfenen Lumpen ab, sie sie nach der Papiermühle bringen, und dafür einen Lohn erhalten. Diese Lumpen werden nach vorhergegangener Vorbereitung vermittels eines Stampf und Reibewerkes in die feinsten Fäserchen zu einem Brey aufgelöst, dieser dann durch die

der Manufakturen und Fabriken.

die Formen, Pressen, Trocknen, Leimen, Glätten u. d. m. Blätter von mancherley Art und zu vielfältigem Gebrauche verwandelt, und alsdenn Papier genannt, dessen ungemein starker Bedarf diese Mühle zu einem der wichtigsten Gewerbe macht. Die hiesige Papiermühle steht unter der Leitung der von Schönfeldschen Buchdruckerey und Buchhandlung, welches den Betrieb dieser Handlung um so ausgedehnter und wirksamer macht, als die Papierfabrike mit der Buchdruckerey im engsten Zusammenhange steht, auch zur Vervollkommung jeder Art typographischer Produkte das meiste beyträgt, ja sogar zum Großhandel oder dem Verlage anderer Offizinen, als dem einträglichsten Zweige des Verdienstes den Grund legt.

Weberfabriken, die Weberey enthält solche Bereitungen, wo Maschinen und Hände zusammenwirken, um aus zarten Fasern verschiedener Gewächse gewisser dazu geschickten Haaren der Thiere und dem Gespinnste des Seidenwurms, Fäden von mancherley Feinheit und Dichtigkeit zu spinnen; diese auf verschiedene Weise in einander zu flechten und so zu bereiten, daß lange und breite, biegsame und geschmeidige, zu Kleidungsstücken und allerley Gebrauche bequeme Werke, Zeuge, Stoffen, oder Gewände daraus entstehen, die nach dem Willen des Käufers entweder dauerhaft, oder schön und dauerhaft, oder endlich nur schön sind. Die

Land-

Landwirthschaft liefert den wahren Stoff zur Weberey, alle Gattungen desselben sind Produkte des Pflanzen und Thierreichs, wenn man den Asbestein ausnimmt, aus welchem man Gespinnste und Gewebe verfertigen kann, die aber so wie auch die neu erfunden seyn sollende Stahlgewebe, hier nicht in Betracht kommen, weil sie wegen ihrer Seltenheit kein Gegenstand des Gewerbes sind. Das Pflanzenreich enthält viele Gewächse, aus welchen spinnbare Fasern erhalten werden können; bis daher sind aber Flachs, Hanf und Baumwolle die vorzüglichsten Pflanzen, auf deren Bearbeitung man sich einlassen kann. — In dem Thierreiche nimmt die Schafwolle und die Seide den größten Wirkungskreis des Webers ein. Die ungarische Ziegenhaare zu Kameelhaar, und Kamelot sind nicht so beträchtlich, und ihre Erzeugung und Gebrauch nicht so ausgebreitet, daß sie einen großen Zweig des Gewerbes ausmachten. Biberwolle, eigentliche Kameelhaare, und dergleichen mehr werden seltener gesponnen als gefilzt.

Leinwandweber werden zwar der hierortigen Verfassung nach als wahre Kommerzialprofessionen angesehen, doch da die Leinwandweberey nach der Zeit sehr ausgebreitet worden ist, hat man die in neueren Zeiten häufig errichteten Leinwandweberreyen mit den Fabriken und Manufakturen in gleiche Klasse versetzt.

In

In Prag hat man Weberstühle von dieser Gattung in der St. Petersgasse; Fabriken aber davon sind auf dem Augezd und Smilhofe hier und da verlegt. Man bearbeitet hier das Garn vom Flachse und Hanf in Gewebe von 1 bis 2 Ellen Breite und beliebiger Länge, desgleichen auch von sehr verschiedener Feinheit und Güte. Die Feinheit der Leinwand beruht auf der Feinheit der Fäden und der guten Bleiche. Zur Kette und zum Einschlag müssen die Fäden gleich seyn; das ist, die Strähne müssen aus einem Pfund von gleicher Länge seyn. Die Stärke oder Festigkeit aber beruht erstlich auf der Festigkeit der Fäden, und dann auf dem dichten Gewebe; der Faden wird fest, wenn der rohe Stoff gut ist, und gehörig gesponnen wird. Das Gewebe wird fest, wenn das Rietblatt so eng ist, daß sich die Kettenfäden gedrängt an einander schliessen, und wenn der Weber die Einschlagsfäden recht stark einschlägt.

Solchemnach müssen die Fabrikanten gesetzmäßige Haspeln haben, die besonders bey Verfertigung der zum öffentlichen Verkauf bestimmten Leinwand zu gebrauchen sind. Das leinene Bildwerk zum Tischzeuge wird gewöhnlich eckigt gebildet, man hat aber auch sehr seltne Arten, die auf einem Damast oder Zeugstuhle gewebt werden. Das eckigte Gebilde wird mit Kämmen und Schäumerln gewebt. Die Leinwandmanufaktur begreift das leinene

Strumpf-

Strumpfstricken oder Weben, das leinene Bandwirken, das leinene Tuch, Zwillich und Bildwerkweben in sich.

Wollenzeugwebereyen bilden aus gekämmter Wolle und daraus gesponnenen feinen Fäden verschiedene Stoffe. Der Stuhl des Zeugwebers kömmt im Wesentlichen mit dem Leinweberstuhle überein. Der allerdünnste und geringste Zeug ist der Etamin; der Damis ist nichts anders als ein Etamin, welcher durch das Kalandern und Pressen einen starken Glanz bekommen hat. Drep des Dames ist ein Zeug, der aus feiner Wolle wie ein dünnes Tuch auf einem zweywänigten Stuhl gewebt, und hernach auch wie Tuch bereitet wird. Der Droget ist dem Drep des Dames sehr ähnlich, nur daß die Kette aus gekämmter Wolle besteht und das Weben auf einem einwänigten Stuhle geschieht. Nach eben dieser Art wird die Serge der Rasch, Serge de Rom u. d. m. verfertigt. Es giebt Zeuge, die zwar keine Figuren enthalten, nicht gebildet, gewebt werden, und doch breit sind, dergleichen sind die Kamelote und der Kalmank die feinsten Zeuge, und vorzüglich diejenigen, welche wegen dem Bildweben viele Kämme erfordern, werden auf dem Koutremarschstuhle gewebt.

Der wollene Sammet heißt Plüsch, der baumwollene Manschester, auch diese Gattungen gehören unter die Wollenzeugweberey. Endlich sind

sind noch die brochirten Zeuge, die man ebenfalls hieher einschalten kann. — Aus dem itzt Erwähnten ist leicht abzunehmen, von was für einem großen Umfange die Wollenzeugweberey ist, doch ist zu merken, daß alle Wollenzeuggattungen bey einem und dem nämlichen prager Fabrikanten sehr selten gearbeitet werden. Eine Wollenzeugfabrik auf Serge de Rom, den sogenannten herrnhuter Zeug und andere Zeuge von ähnlicher Gattung mehr befindet sich auf dem Roßmarkte, andere Fabriken sind theils in dem Petersviertel, theils in dem Bezirk von St. Katharina und andern Orten mehr hier und da zerstreut, verlegt. Sie handeln nur im Großen. Der Kleinhandel in allerhand Wollenzeugwaaren wird von christlichen sowohl als von jüdischen Handelsleuten betrieben, welche auch meist diese und andere Fabriken mehr verlegen. Auch giebt es in Prag Kamm- und Blattbinder, die für die Weberstühle Kämme verfertigen, und dazu beeidet sind, um dergleichen Werkzeuge nach gesetzmäßiger Vorschrift zu liefern. Einige von diesen Kammbindern wohnen gegenwärtig in der Rosengasse unweit des Neuthors.

Tuchmacherfabrik auf der Altstadt in dem vormaligen Klostergebäu zu St. Anna; ist hieher aus dem Gebäude des aufgehobenen Nonnenklosters von St. Agnes verlegt worden. Es ist hier auch eine Wollenspinnerey, die ihre besondere Aufseher hat, wie dann auch bey den meisten übrigen neu errichteten Fabriken die Vorbereitungsarbeiten, die ohnehin feine Gewerbe sind, vorgenommen werden. Die schon vorhin bestandene prager Tuchmacher werden unter die Kommerzialzünfte gerechnet. — Von der Tuchmacherey wird die Appretur oder Zurichtung der Tücher unterschieden, solches wird von einer besondern Art Fabrikanten verrichtet. Diese Appretur verschaft die äußerliche Schönheit den Tüchern, und erfordert daher geschickte Leute, die sie vornehmen. Die Tücher werden zwar hierorts zugericht, doch ist die sächsisch- und schlesische Tücherappretur vollständiger als die hiesige. Es werden daher noch itzt innländische Tücher zur Appretur nach der Lausitz geschickt, die nachher in der Feinheit sehr viel gewonnen haben.

Bey den jüdischen Tuchfabrikverlegern ist aus einem übertriebenen Eigennuz die Zurichtung vermittels des Rumpols gewöhnlich, allein diese Art die Tücher auszudehnen, ist durch die neuesten Geseze scharf verboten worden.

Seidenweberey, die Theorie dieses Gewerbes allgemein betrachtet, kömmt mit den vorher beschriebenen Webereyen überein. Ihre besondere Arten aber sind:

Die Seidenbandweberey, solche wird auf einer eigends bestimmten Bandmaschine verrichtet. In Prag giebt es viele Bandmacher, die

der Manufakturen und Fabriken. 189

in verschiedenen Abtheilungen der Stadt sich aufhalten.

Die Strümpfe werden entweder aus freyer Hand oder auf dem Strumpfstuhle gestrickt. Die Zeuge werden auf dem gemeinen Kontremarsch, und Zeugstühlen gewebt.

Von der Strumpfstrickerey und dem Wirken ist bereits oben gehandelt worden.

Seidenzeugweberey begreift in sich die glatten seidenen Zeuge, solche nennt man, die weder gekipert sind, noch gebildet werden, und die also einen Leinwandgrund haben. Die Arten davon sind: der Tafet und Gros de Tour. Der Tafet wird in den leichten und schweren abgetheilt. — 2) Serge und Atlas Der erste hat einen schrägern und stärkern Kiper als der Letztere. Die Sorten davon sind leicht und schwer, fassonirte Zeuge nennt man, welche Figuren haben; die fasonirten Arbeiten sind die künstlichsten. Der gestreifte Blumentafet hat Streifen mit vielfältigen Blumen. Man webt auch geblumten Atlas. Die Damaste haben einen Atlasgrund, in welchem die Blumen stärker gekipert erscheinen. Man hat dreyerley Arten, holländischen, französischen und italiänischen. Der Moor ist ein Gros de Tour, der gewässert wird; gebildmter Moor hat Atlasblumen und gewässerten Gros de Tourgrund. Broschirte Zeuge enthalten große und vielfältige Blumen in sich. Sie sind zweyerley, seidene

und

und reiche Stoffe. Reiche Stoffe sind solche, die mit Gold und Silber broschirt werden.

Sammet hat man zwo Arten: den leichten und schweren. Die Appretur der seidenen Zeuge wird bey den Manufakturen sehr geheim gehalten. Die nicht sehr seidenreichen Stoffe erhalten den Glanz und die Steife durch gummiartige Materien.

In Prag ist die Sacherische Seidenzeugmanufaktur in der Zeltnergasse sehr berühmt. Nebst dem giebt es noch in Prag viele Seidenzeugmacher, die nebst den schon bevor beschriebenen Artikeln alle Sorten von halbseidenen Stoffen, seidene Tücheln, Tapeten, Flor u. d. m. verfertigen.

Hutfabrike in der Tischlergasse, und auf der Kleinseite. Das mehrere über die Hutmacher ist bereits unter der Rubrike der Kommerzialzünfte gemeldet worden.

Fischbeinfabrike ist dermal ebenfalls in Prag errichtet. Man erhält hier alle mögliche Sortiments von diesem heutiges Tags so sehr brauchbaren Artikel.

Handschuhfabrike unter der Firma Boulogne und Kompagnie im Petersviertel, wo alle Gattungen von Handschuhen verfertigt, und damit die prager Handelsleute versehen werden.

Moltonfabrike, seit einiger Zeit sind die Moltons und die damit im Zusammenhange stehende

der freyen Gewerbe.

hende Stoffe zu einer herrschenden Mode geworden. Es sind eine Art Zeuge, die aus Baumwolle verfertigt werden, und die Kleidungsstücke von beyderley Geschlechten ausmachen.

Flanel, Boy und Kutzenfabrick im Spinnhause am so genannten Tummelplatz bey der untern altstädter Ueberfuhr. Treibt auch den Kleinhandel mit ihren Artikeln. Andere Sortiments davon findet man bey den hiesigen Eisenhändlern, und in dem Christen- und Judentandelmarkt.

Freye Gewerbe

Freie Gewerbe werden nach hiesiger Verfassung jene Nahrungsarten genannt, die Jedermann frei betreiben kann, ohne daß es nothwendig wär, sich einzunften zu lassen, gewisse Lehrjahre deßhalb auszuhalten, oder seiner Fähigkeit wegen öffentliche Meisterstücke darzustellen. Weswegen dann auch die freien Gewerbe von Weibern und Kindern betrieben werden können. Die besondern Arten davon sind folgende: Die Stärkmacherey; die meisten Stärkmacher befinden sich in Prag in Gircharz, und in dem Sbaraßer Bezirk, weil diese Gegend zum Betrieb ihrer Nahrung wegen den nahen Wassermühlen und dem Wasser sehr bequem ist. Von daher werden die prager Handelsleute mit der Stärke und dem Haarpuder versehen, welche beyde Artikeln stark konsumirt werden.

Parfumerie nennt man die Verfertigung und den Handel mit allen denjenigen Artikeln, die zur Erhebung der eigentlichen Galanterie oder einer reizlichen und wollüstigen Lebensart gehören. Darunter werden die gebrannten und abgezogenen riechenden Wässer, Rauchwerke, Pulver und Schmänken, Waschseifen, Pomade, und jede Art der äußerlichen Schönheitsmitteln begriffen. Es ist zu verwundern, wie heutiges Tags dergleichen Sachen einen so grossen Absatz gefunden. Man hat häufige Kramläden, die einen Ueberfluß an solchen vergeblichen Schönheitsmitteln haben, und die alle eines grossen Zuspruchs sich erfreuen. Viele von solcher Art Kramläden stehen unter der Kleinseitner Hauptlaube, die übrigen sind in verschiedenen Stadtvierteln zerstreut. In wie fern sich die Parfumerie mit Verfertigung jener Artikeln abgibt, die im strengsten Verstande als eigentliche äußerliche Schönheitsmitteln angesehen werden können, so ist sie ein freies Gewerbe. Allein sobald sie sich auch mit der Zubereitung einiger Arten von Mitteln beschäftigt, die zum innerlichen Gebrauch angewendet, und sonach einigermassen als Arzneyen betrachtet werden könnten, so schlägt die Parfumerie in die Apothekerkunst ein, und ist nicht mehr ein freies Gewerbe. Inzwischen ist die Parfumerie, wenn man die Sache ihrem Wesen nach beurtheilen will, ein Theil der Chymie, so insgemein un-

ter

der freyen Gewerbe.

ter den Namen der Distilirkunst bekannt ist. Obgleich in der Parfumerie auch Zubereitungen vorkommen, die außer dem Kreise der Distilirkunst sind, dieses ist eine Nebensache, welches die Bestimmung der Parfumerie nicht verändert. Dem wesentlichen Umfange also der Parfumerie nach gehört auch das Rosoliabziehen darunter, welches aber nach heutiger Verfassung, was die schlechten Sorten betrift, bey den Brandweinbrennereyen verrichtet wird. Die besten Gattungen kommen meistens vom Auslande herein, und wird damit der Kleinhandel von den prager Kaufleuten betrieben.

Druckerey der Lein- Woll- und seidenen Zeuge mit der vollständigen Appretur ist eine Fabriksache, von welcher unter der Rubricke der Fabriken gehandelt worden ist. Die Druckerey ohne Appretur ist ein freies Gewerbe, wovon sich in Prag viele Leute unterhalten. Ihre Aufenthaltsörter hier anzuzeigen wär unnütz, weil sie die Wohnungen öfters wechseln, welches auch von andern Gewerben, Fabriken und Professionen zu verstehen ist, deren Wohnungen vielmehr aus den ausgehängten Schildern zu erkennen. — Die Druckerwohnungen werden meistens durch die ausgehängten Modelle bemerket. Sie hausiren auch selbst mit ihren Mustern zu Privatpersonen, und nehmen auf solche Art Bestellungen an. Mit dem Drucker ist die Färberey verwandt, auch diese von der Appretur abgesöndert ist ein freies Gewerb.

Spinnerey im Flachse, Baumwolle, Wolle und Seide mit der dazu gehörigen Zubereitung. Sie wird hierorts nach dreyerley verschiedener Art betrieben. Als erstens in Privathaushaltungen zum eigenen Bedarf; da denn das Garn dem Fabrikanten abgeliefert wird, um daraus ein Gewebe nach der Vorschrift des Eigenthümers zu verfertigen. Zweytens wird die Spinnerey als eine Vorarbeit bey den Fabriken angesehen, und in diesem Verstande unterhalten die Fabrikanten selbst Spinnereyen, um die Produkte davon sogleich bey der Hand zu haben. Drittens wird die Spinnerey betrachtet, wie sie in öffentlichen Instituten verrichtet wird. So werden in dem hiesigen Arbeitshause Personen mit der Spinnerey beschäftigt, die des Müssiggehens wegen eingefangen worden sind, oder sonst bey dem Vorsteher des Instituts sich gemeldet, daß sie keinen Verdienst hätten. Solchen Personen wird nur der normalmässige Lohn für ihre Arbeit abgereicht, und die Gespunst in die Fabriken geliefert. Im Spinnhause wird die in Privathäusern gezupfte Seide gesponnen, woraus hernach in den Fabriken Strümpfe oder andere Stoffen verfertigt werden.

Im welschen Spital bemüht man sich die Seidenerzeugung hervorzubringen, zu welchem
En-

der freyen Gewerbe.

Ende man hier viel Maulbeerbäumer gepflanzet hat, und die Kinder in der Seidenzucht unterrichtet, und zur Arbeit in Abwartung der Seidenwürmer anhält. Wer aus den Bürgern die Erzeugung der Seide zu einer Privatbeschäftigung sich machen will, erhält von daher die Seidenwürmer und Maulbeerbaumblätter. Nebst dem arbeiten auch hier und da viele Menschen vor sich an verschiedenen Gespunstarten, die sie den prager Fabrikanten und Handelsleuten zum Kauf bringen.

Strickerey auf den Stühlen wird von Fabrikanten betrieben, welche sowohl Strümpfe als mancherley gestrickte baumwollene und seidene Stoffe, die gegenwärtig sehr zur Mode geworden sind, darstellen. Strickerey, die ohne Maschinen verrichtet wird, ist ein freies Gewerb und eine Haushaltungsbeschäftigung.

Stickerkunst wird an Stoffen verschiedener Art mit Gold Silber und Seyde nach mancherley bedeln verrichtet. Stickerey an Kleidungsstücken wird von den Schneidern besorgt. Dieses Gewerb wird einigermaßen unter die Künste gerechnet. Die Gold= und Silberstickerey in Bildnüssen und Figuren war ehemals in der Mahlerkonfraternität mit einbegriffen; Uebrigens ist die Stickerey gegenwärtig sehr in Mode. Gestickte Stoffen von allen Sorten werden in den gewöhnlichen Handlungsgewölbern verkauft.

Siegelwachsfabricke unterhält die pertonische Handlung im so genanuten Paradeis auf dem kleinen Ringel. Sonst ist das Siegelwachsgießen ein freies Gewerbe. Siegelwachs von allen Gattungen erhält man in allen Kaufmannsläden, und bey den Papierhändlern. Mit dem Siegelwachsmachen ist die Laquierkunst verwandt, die ebenfalls frey betrieben wird.

Federschmüker sind in Prag Joseph Hart, unter der Brücke und andere mehr, wie aus den ausgehängten Zeichen zu erkennen ist.

Fleckputzer auf dem kleinen Ringel nächst dem schwarzen Adler. Viele in das Fleckputzen einschlagende Artikeln erhält man in dem Parfumerieladen.

Fächermacher sind hier und da in Prag zerstreuet, man erkennt ihre Wohnungen nach den ausgehängten Zeichen.

Handelschaft.

Was der Künstler, Professionist, Fabrikant, und Gewerbsmann hervorbringt, dieß setzt der Handelsmann ab, und bringt dadurch den Nationalfleiß und Industrie zur Thätigkeit. Wenn durch den Handelsmann der Nationalreichtum bewirkt wird, so hat die Handlung ihren Zweck erreicht, sonst aber gereicht sie dem Staat zum wahren Nachtheil; der Privatnutzen einiger Partikuliers kömmt hier in keinen Betracht. Der
Zu-

der freyen Gewerbe.

Zustand einer Handlung ist wohl beschaffen, wenn er der Einfuhr fremder Artikeln eine gute Balanz hält, und er ist vortreflich, wenn durch die Ausfuhr inländischer Verarbeitungen der Staat einen beträchlichen Gewinnst ziehet. Dieses zu bewirken ist es nothwendig, die inländischen Verarbeitungen in den Zustand zu versetzen, daß sie in der Güte der äußerlichen Schönheit, und einer verhältnißmäßigen Wohlfeile des Preises vor den Ausländischen einen Vorzug gewinnen? Wenn der Fabrikant seine Produkte leicht an Mann, und dazu in einem seinem Fleiße entsprechenden Lohne bringen kann, so hat er dadurch einen mächtigen Trieb erhalten, mit verdoppelter Industrie an der Vollständigkeit seiner Produkte zu arbeiten. Die gute Verfassung des Verlags und zweckmäßigen Vorkehrungen in Rücksicht des ausländischen Kommerzes sind die Mitteln die Fabriken und Manufakturen in Aufnahme zu bringen. — Unter der Regierung Marien Theresiens war in Prag ein Kommerzkollegium angestellt, dessen Zweck es war, die Verfügungen, den Handel blühend zu machen, zu treffen, und deshalb die nöthigen Berichte zu der höchsten Hofstelle einzuschicken. Dieses Kommerzkollegium besteht zwar gegenwärtig nicht mehr; doch werden jährlich dem königlichen Landesgubernium von den untergeordneten politischen Stellen die Kommerzial-Landesaufnahmstabellen vorgelegt, woraus sich leicht der Zu-

stand

Stand der Fabriken und des Handels samt den Ursachen des Wachsthums oder Verfalls des Kommerzes herausbringen läßt; wornach denn die weiteren Befehle von der Hoffnanzdirekzion erfolgen. — Wenn ein geschickter Fabrikant einen Vorschuß verlangt, und hinlängliche Sicherheit der Rückzahlung ausweisen kann, so erhält er das Geld von der königlichen Kammer gegen sehr leidentliche Zinse und Abschlungstermine, wie man davon viele Beyspiele, besonders an den prager Seidenzeugmachern und Druckerfabrikanten hat. Die Emigranten erhalten eben durch diesen Fond 50 fl. und wenn ihr Gewerb einen größern Verlag erfodert, so wird auch kein Austand genommen, denselben unter Beobachtung der gesetzlich vorgeschriebenen Behutsamkeit einen größeren Betrag auszuliefern. — Um den Absaz der hierländigen Produkte um so mehr zu befördern, ist im Jahr 1784. eine Generalkommerzialverordnung herausgekommen, nach welcher alle entbehrlichen ausländischen Artikeln außer dem Handel gesezt worden sind. Durch dieß Gesez sollte den inländischen Fabrikanten die Gelegenheit gegeben werden, mit mehrerer Industrie an ihren Produkten zu arbeiten, und dadurch den inländischen Handel, durch Ersezung der auswärtigen Waaren mit den inländischen in Thätigkeit zu bringen. Die verschiedenen Klassen, woraus der prager Handelsstand insgemein besteht, sind folgende.

Ba n-

der freyen Gewerbe.

Banquiers, welche mit den vornehmsten auswärtigen Handelsstädten, und Handlungshäusern in Korrespondenz stehen, und das Goldwechselgeschäft besorgen. In Prag hat man die Benische, Kafatische, Hebelische, Köshulrische, Plasische, Prodatschische, Schubertische, Stolzische, Thumische, und Balabenische Wechselstuben. Viele Handelsleute, als z. B. die Kernische Handlung, unterhalten ihre eigene Wechselstube.

Buchhändler haben ihren Buchläden auf dem kleinen Ringel, in der Jesuitengasse, und der Brückengasse eröffnet. Die prager Buchhändler sind berechtiget, alle mit ihrer Handlung im Zusammenhange stehende Gewerbe, als Schriftgiessereyen, Buchbindereyen, Papiermühlen ꝛc. unter ihrer Direcszion zu leiten. — Sie haben weiters das Recht alle auswärtige Impressa, die nicht mit einem besondern kaiserlichen Privilegio versehen sind, nachzudrucken u. d. m. Man erhält in den Buchläden nicht nur diejenigen Bücher, die sonst in den ordentlichen neuherauskommenen Katalogen verzeichnet sind, sondern man kann auch auf was immer für Werke Bestellungen machen, die dann der Buchhändler von seinen Korrespondenten verschreiben läßt, und sonach bey Erhaltung des Buchs, solches dem Besteller übergiebt. In den prager Jahrmärkten wird auch hierortes die walterische Hofbuchhandlung von Dresden, dann die Lochner

ner und Mairsche von Nürnberg eröffnet. Die bekannte Karlsruher Sammlung der deutschen Klassiker, ist bey dem Handelsmann Hofbauer in der Schwefelgasse zum grünen Rosenkranz zu haben. Bücherantiquarien sind auf der Kleinseite unter der Laube gegen der St. Nikklashauptpfarrkirche, dann in dem Christen- und Judentandelmarkt zu haben. Bücher zum lesen werden vorgeliehen in dem gerlischen Lesekabinet im Zukerischen Hause, anfangs der langen Gasse gegen den Altstädterring; in eben diesem Lesekabinet werden auch zu gewissen Zeiten öffentliche Bücherauktionen abgehalten. — Die Buchhändler nehmen die Verlage verschiedener nützlichen Handschriften über sich, die sich mit den Schriftstellern besonders gut vertragen. In Beziehung auf diese Art des Verlags ist vornämlich die v. Schönfeldsche Buchhandlung berühmt, die seither viele nützliche vaterländische Schriften aufgelegt, und einen korrekten Nachdruck von manchem guten auswärtigen Werke geliefert hat. —

Die Bücher sowohl, als zum Druck bestimmte Handschriften unterliegen der Prüfung einer königlichen Bücherrevision, deren Verfassung aber eine auf vernünftige Grundsätze sich gründende freye Denkart nicht erstickt, sondern dem Aufnehmen der Wissenschaften vollkommen gemäß eingerichtet ist.

Alle Buchdruckereyen, die einzige Höchenbergische auf der Kleinseite ausgenommen, be-

der freyen Gewerbe.

finden sich alle auf der Altstadt. Die königliche Normalschulbuchdruckerey ist vorzüglich mit allen typographischen Erfodernissen wohl versehen. Die erzbischöfliche Buchdruckerey ist gegenwärtig noch in dem aufgehobenen Klostergebäu zu St. Georgi am Hradschin. Die Ständische oder Hrabische nächst dem Dominikanerkloster St. Egidi; in eben dieser Gegend ist die Prußsche, wo zugleich ein Frag und Kundschaftsamt errichtet ist. Bey der Edlen von Schönfeldschen Buchdruckerey befindet sich das Prager Zeitungskomtoir, und die Diesbachische auf dem kleinen Ringel, versteht die Prager Schaubühne mit der Druckarbeit. — Die Lettern zu den Prager Buchdruckereyen wurden von der Krabatischen Schriftgießerey abgenommen; Nach einer jüngst ergangenen königlichen Verordnung wird den Buchdruckern freygestellt Schriftgießereyen unter eigener Leitung für ihre Impressuren zu errichten. — Kupferstecherläden sind in der Jesuitengasse, welche von den Gebrüdern Balzer errichtet worden sind.

Buchbinder sind im Prag wenigstens 25. welches von dem häufigen Bücherabsatze ein deutliches Zeugniß giebt.

Papierhändler sind auf der Kleinseite in der Sporngasse, auf der Altstadt in der Eisengasse, und auf der Neustadt nächst dem Roßmarkte beym Thore zu Marlaschneplatze. Im Judenhan-
del-

belmarkt ist ein Papierladen im Leberhause, und
gegen den Karolin.

Eisenhändler sind die meisten in der Eisengasse, auf dem Brückel gegen St. Galli Kloster auf dem Graben. — Die Eisenhändler hatten eine Art und Vereinigung mit den Kaufleuten (Spezereykrämern) errichtet; vermög welcher beyderseitige Handlungsbediente in der Eigenschaft, als hätten sie sich zugleich bey beyden Arten dieses Handlungszweiges gebrauchen lassen, betrachtet werden. Man erhält bey den Eisenhändlern nicht nur allein alle mögliche Produkte, so auf den Eisenhämmern und Eisenhütten gearbeitet werden, sondern auch alle andere Eisenwerkzeuge und Eisensortiments, so im gemeinen Leben gebraucht werden.

Englisch und Nürnbergerwaaren hatten sonst die hierorts sich seßhaft gemachten tyrolischen Handelsleute oder sogenannte Geschmeidler verkauft. Nach dem Kommerznormale von 1784. handeln sie gegenwärtig nur nach der Einschränkung des Gesetzes in Beziehung der auswärtigen entbehrlichen außer dem Handel gesetzten Artikeln. — Sie werden insgemein Tyroler genannt, weil sie aus Tyrol herkommen, und des Handels wegen sich hierorts niedergelassen, wie dann auch ihre Landsleute, die das Land nicht ernähren kann, in ganz Europa mit Kramwaaren herumziehen. Der friedliebende

Cha-

Charakter dieser Nation hat sie zum Betrieb des Handels bewogen, da hingegen ihre Nachbarn die Schweizer, welche die Beschaffenheit des Landes in gleiche Verlegenheit setzt, lieber dem Kriege nachgehen. — In Prag sind die tyroler Kramläden meist von der Eisengasse an dem Ringe, der Jesuitengasse bis zur Kleinseite planirt. — Die vornehmste Handlung ist die Grinerische in der Eisenthüre. Man erhält in den Tyrolerläden alle nur mögliche Sorten von Juwelen, Gold, Silber und Kompositions- Galonteriewaaren nach dem herrschendsten Geschmack; verschiedene seidene Stoffen, Handschuhe, und alle Artikeln der sogenannten kurzen Nürnbergerwaaren und Geschmelde.

Leinwandniederlagen befinden sich im sogenannten alten Gericht und in der Kotzen. Man erhält hier alle Leinwandsortimente, baumwollene Waaren, Kattun, und halbseidene Stoffe.

Materialistenläden sind zween auf dem Bergsteine unter den Namen Kanziani und Patka, einer in der Zeltnergasse, und dann auf der Kleinseite im Sachsenhause. Man bekömmt hier alle Materialien, so in der Chymie der Apothekerkunst, der Färberey und anderen mechanischen Verarbeitungen gebraucht werden. Obgleich die Apotheker das Vorrecht haben, zusammengesetzte Arzneyen zu verkaufen, so dehnt sich noch auch dieses Apothekervorrecht so weit aus, daß die

Materialisten mit vielen einfachen Arzneymitteln in Beziehung auf Privatkäufer nicht handeln dürfen, welches eine Polizeyvorsicht ist um unvorsichtige Leute von Schaden zu befreyen, den sie sich durch einen Mißbrauch der Arzneymitteln zuziehen könnten.

Porzelän- und Majoliknieverlage in der Jesultengasse, auf dem Ringe, und der Zeltnergasse, auch ist auf der Brücke ein Kramladen davon. Wenn man den chinesischen und holländischen Porzelän ausnimmt, so hat der Sächsische vor allen andern den Vorzug. Die Produkte davon sind mit dem Churfürstlichen Zeichen marquirt. Der Berliner ist dem Stoffe nach nicht so vollkommen, aber die Farben, die Verzierungen und der Geschmak in der Verarbeitung sind unverbesserlich. Der inblanische Porzelän unterscheidet sich nach der dichten dabey aber doch feinen Maße vor allen ändern Arten, die Farben übertreffen an der Lebhaftigkeit die europäischen, allein der Geschmak in Anlegung derselben ist nicht der beste. Der Wiener Porzelän nimmt zwar die unterste Stelle ein, es wird aber an seiner Vollkommenheit beständig gearbeitet, und man hat davon auch bereits schöne Produkte. Was den Majolik betrift, so wird jener, der unter dem Namen Holitscher bekannt ist, für den besten gehalten.

Seidenschnittwaarengewölber sind nebst andern die vorzüglichsten das Kernische in der

Schre-

der freyen Gewerbe.

Schwefelgasse, und Kalwische in der Jesuitengasse; mehrere Läden dieser Art finden wir im Judentandelmarkt.

Nähseiden und Kamelhaar wird verkauft in der Eisengasse, auf dem Drückel, in der Schwefelgasse, am kleinen Ringel u. d. m.

Spezereywaaren führen alle unter dem Namen der Kaufleute bekannte Handelsleute. Sie sind unter allen übrigen die zahlreichsten, indem sie sich in Prag bis auf 70 belaufen. Doch sind darunter die wenigsten, die ihren eigenen Verlag haben. Sie sind Abnehmer von einigen der angesehensten Handlungshäusern, und betreiben also bloß im Kleinen den Spezereyhandel. Die vornehmsten Kaufmannshandlungen in Prag sind: Die Kernische, Sarabarische, Kraußische, Bertonische, Dörflische, Jankolsche, Marzanische, 2c. Erwähnte Kaufmannsläden führen nebst den Spezereywaaren noch mehr andere Artikeln, als Weine und andere Liqueurs, verschiedene Arten Meerfische, wälsche Früchten, und verschiedene Materialien.

Tuch = und Wollenzeugläden sind in der Schwefel= Eisengasse und dem kleinen Ringel, wo die waldsteinische Fabricke sich befindet.

Alle bisher angezeigten bey christlichen Handelsleuten käuflich zu erhaltende Artikeln, werden auch im Judentandelmarkt ausgesetzt.

Abgetragene Kleidungsstücke, Gewehr, Eisen, Zinn und Kupfergeräthe und Werkzeuge, verschiedene Meubeln, Bilder und Holzwerk wird im Christentandelmarkt verkauft. Eben dergleichen Artikeln setzen die Tändler hier und da zum öffentlichen Verkauf aus, oder hausiren gar damit. Dergleichen Leute lassen sich bey den Versteigerungen einfinden, und verhandeln die eingekauften Effekten, auf verschiedene Art. Sie nehmen auch Bestellungen von Privathaushaltungen an, und verschaffen sonach das Anverlangte, oder verkaufen das, von dem man sich gerne hätte entledigen wollen.

Einige besondere Vereinigungen, die unter die schon beschriebene Arten von Gewerben nicht gezählt werden.

Apotheken: 1) In der Eisengasse.
   2) Auf dem Roßmarkte zum Greifen.
   3) Eben auf dem Roßmarkte zum Einhorn.
   4) Auf dem Ring zum weißen Löven.
   5) Auf dem Viehmarkte zum Engel.
   6) Auf dem kleinen Ringel zur goldnen Krone.
   7) In der Sporngasse die Hofapotheke.
   8) In der Brückengasse zum Adler.

Wundärzte sind hier und da in verschiedenen Bezirken der Stadt vertheilt, und werden ihre Offizinen leicht aus dem ausgehängten gelben Balbierbecken erkannt. Die, so weiße Balbierbecken führen, sind Offizinen vor Neophiten oder zum Christenthum sich bekannten jüdischen Wundärzten, den man aus Kunst der

Religion Balbierstuben zu halten gestattet hat. Doch dürfen sie keine Lehrjunge annehmen, sondern die Chirurgie bloß auf eigene Hand betreiben. — Vormals waren die Baber von den Wundärzten unterschieden, jene durften nur Balbieren, Ader lassen, Zähne ausreissen, schröpfen, Igel setzen, und dergleichen mehr wenige wichtige chyrurgische Operazionen vornehmen. Heutiges Tags wird aber dieser Unterschied wenig mehr beobachtet. In den neuesten Verordnungen zufolge wird itzt den Wundärzten selbst die Ausübung der chyrurgischen Medizin gestattet, wenn sie nach einer unterzogenen Prüfung bezeugen, daß sie zulängliche Kenntnisse in diesem Fache besitzen.

Da wir von dem vormaligen Zustande der Wissenschaften, der Künste, der Gewerbe und der Handlung in Prag und überhaupt dem ganzen Lande gehandelt, so hatten wir auch des Zusammenhangs wegen die Beschaffenheit des Ackerbaues in Böhmen berührt.

Obgleich nun der Ackerbau dem strengsten Verstande nach mit der besondern Beschreibung von der Stadt Prag in keinem Verhältnisse zu stehen scheint, so hat doch dieser ursprüngliche Nahrungszweig einen so wichtigen Einfluß in die Gewerbe der grossen Städte, daß die Beschreibung derselben, ob sie schon zur Geschichte des ganzen Landes gehört, vieles zur Erläuterung der Beschaffenheit der bürgerlichen Nah-

rung

rungen beytragen muß. Dieß ist die Ursache, weswegen man für nothwendig erachtet hat, in diesem Abschnitte auch der vormaligen Verfassung des Ackerbaues Erwähnung zu thun. Nun ist also an dem, den gegenwärtigen Zustand des Ackerbaues künstlich abzuschildern. Dem gemeinen Laufe der politischen Verfassung eines Landes nach geschiehet es, daß die Größe der Nation, die entweder an physikalischer Stärke, oder an Ueberlegenheit der Verstandskräfte die gemeinen Leute, die man deshalb Unterthanen heißt, übertreffen, durch verschiedene Umstände und Erwerbungsarten zum Besitze mancherley Klassen von Glücksgütern gelangen. In Böhmen geschah es durch die Erhebung durch kriegerischen Heldenthaten, durch Beytrag zur Unterdrückung der Gegenparthey in der Denkart über die Regierungsform, oder Religionswesen, das man den patriotischen Enthusiasmus nennt, durch Favoritenkünste, und etwas weniges durch Handlungsindustrie. — In diesen Jahrhunderten war die klingende Münze unter die Raritäten gezählt, die man nur selten zu Gesicht bekommt. Man belohnte die Verdienste durch Schänkung der Ländereyen und Verleihung oft anderer gereichender Vorrechte. Jene Klasse der Großen, denen ansehnliche unbewegliche Güter zu Theil geworden sind, sah ich bald in die Verlegenheit versetzt, solche durch eigene Kräfte anzubauen. — Denn es geschah nicht

im-

immer, daß wenn man einen Grund erhielt, auch damit angeschriebene Sklaven, die selbst nach der Lehre des Christotelus zur Dienstbarkeit gebohren wären, zur Bestreitung der Feldarbeit bekommen.

Um also eine hinlängliche Bearbeitung der Felder zu erhalten, wurde beliebt, die überflüssigen Gründe dem gemeinen Landvolke, das ohnehin in der Theilung leer ausgieng, und nichts zu thun, folglich auch keinen Verdienst hatte, mit dem Bedinge zum Genuß zu überlassen, daß es verbunden wär, die im Eigenthum der Großen stehende Felder zu bauen, und dieselben nach dem strengsten Verstande als ihre wahre Herrn anzusehen. Dieß ist der natürliche Ursprung der Unterwürfigkeit des gemeinen Landvolkes in Böhmen an die Großen der Nation. Es ist wahr, daß diese Unterwürfigkeit auch sehr oft in der Folge durch freyen Willen des Unterthans, durch Kaufverträge, aus Strafe für bezeigte Widerspenstigkeiten u. d. m. geschah, auch daß die oberherrliche Gewalt durch verschiedene nachfolgende Verfassungen modificiret worden war, allein dieß sind Nebenumstände, die die Sache selbst nicht änderten, und die hier anzuführen weitläufig wär.

Obgleich nun die Herren ihre überflüssigen Güter den Unterthanen zum Benuß unter den vorgeschriebenen Bedingnissen überließen, so hatten sie sich deswegen doch nicht des oberherrli-

Beschr. v. Prag II. Th. O chen

chen Rechts begeben. Wenn der Unterthan
seine Pflichten nicht erfüllt, oder gar sich eines Verbrechens gegen dem Herrn schuldig gemacht hatte; so konnte er abgestraft, das heißt aus dem
Besitze des unterthänigen Grundes weggejagt
werden.

Durch diese Einrichtung glaubte man die Sachen in die beste Lage versetzt zu haben. Die
Herrn erhielten dadurch den Vortheil, daß ihre
Gründe, die sie wegen der großen Weitschichtigkeit durch eigenes Hausgesind und Knechte
besorgen zu lassen, nicht vermögend gewesen,
durch ihre Unterthanen angebauet wurden. Und
den Unterthanen war die Gutthat erwiesen, daß,
da sie sonst aus Abgang des Verdienstes an
den nothwendigen Unterhaltungsmitteln Mangel leiden müßten, nunmehr hinlängliche Mitteln zu ihrer Erhaltung gefunden. Und in der
That vertraten viele Herrn die Vatersstelle bey
ihren Unterthanen, und trugen alles mögliche
bey, sie bey guten Vermögensumständen zu erhalten, durch diese vernünftige Behandlung hatten sie nicht nur fleißige Anbauer ihrer Gründe
erhalten, sondern diese Unterthanen und ihre
Familien trugen bey sich ereignenden Fällen kein
Bedenken ihr Gut und Leben für die Wohlfahrt
ihrer Herrn aufzuopfern. — Dagegen waren
auch viele Herrn, die im jeden Betracht eine tyrannische Gewalt gegen ihre Unterthanen ausübten, und dadurch gegenseitige Wiederspenstig-

ßigkeiten, Bevortheilungen, Hartnäckigkeit, und Trägheit in Besorgung der herrschaftlichen Arbeiten veranlaßten. — Die Sachen kamen nach und nach auf den Punkt, daß man aus offenbaren Merkmalen deutlich bemerken konnte, daß eine allgemeine Abneigung der Unterthanen gegen ihre Herrschaften der meisten Orten des Landes sich ausbreite, und daß die herrschaftlichen Handarbeiten oder sogenannte Robote zum allgemeinen Nachtheil des Landes sehr elend, und dazu mit vielem Zwang und vorgehenden Widersetzlichkeiten verrichtet wurden.

Da man der Grundursache dieses so weit um sich greifenden Uebels nachdachte, so glaubte man endlich die Wurzel entdeckt zu haben, indem man sich fest überzeugte, daß, wenn bey den Unterthanen eine Verfassung eingeführet würde, die dem Eigenthum näher käme, das Uebel größtentheils gehoben werden müßte. Ein Mensch der da weis, daß das Feld, so er baue, sein eigen wär, und daß er die Früchte seiner Arbeit genüssen solle, wird seinen Beschäftigungen weit vollkommener obliegen, als derjenige, der ein frembdes Gut kultivirt, und wohl weis, daß die Folgen seines Fleißes einem anderen Nutzen bringen werden.

Es wurde daher noch unter der Regierung Marien Theresiens das bekannte Robot-Abolitionssystem eingeführt. Nach solchen wurden auf den königlichen Kammeralherrschaften, auf den der Exjesulten, der königlichen Städte, und einigen geistlichen Gütern die Dominikalgründe unter die Unterthanen dergestalt vertheilt, daß sie statt der vormals zu leisten habender Robot, ein Aequivalent an einem gewissen Geldbetrag des Grundzinses der Grundobrigkeit abliefern mußten.

Diese neue Verfassung entsprach an vielen Orten der Erwartung. Nur in jenen Bezirken war der Zweck nicht erreicht worden, wo die zu einer Natur gewordene eingewurzelte Trägheit der Unterthanen es nicht zuließ, einen solchen Gebrauch der ihrer ertheilten Freyheit zu machen, der ihr wahres Bestes hätte bewirken sollen; allein, obgleich dieses System nicht durchgängig die gehoften Früchte hervorgebracht, so kann man doch vorhersehen, daß der junge Nachwachs der Landleute, der durch die gegenwärtigen Erziehungsanstalten eine ganz andere Bildung erhält, die ihm ertheilten Vortheile zu benutzen wissen wird.

Gleich anfangs der Regierung Sr. k. k. Majestät Joseph II. kam die völlige Aufhebung der Leibeigenschaft und Einführung des Eigenthumes zu Stande. Die einzige Verbindlichkeit des Landmannes gegen seine Obrigkeit besteht nur in der Unterthänigkeit, — dem Gehorsame, und der Schuldigkeit Frondienste zu leisten, oder statt einen das Aequivalent an Gelde abzutragen; die Vertheilung der herrschaftlichen

lichen und Gemeingrundstücke unter einzelne Familien, hatte nebst schon angezeigten Gründen auch diese Bewegursache, weil man überzeugt war, daß es dem Lande, dem Ganzen nach betrachtet, vortheilhafter ist, wenn die Nahrungsmitteln unter mehrere einzelne Hände zur Bearbeitung kommen, als wenn sie unter einem mächtigen Hause oder Gemeinheit stehen, die beyde oft nicht zulängliche Kräfte besitzen, den ganzen Umfang ihrer weitschichtigen Grundstücke zu übersehen, und solche vollständig ohne Zuziehung fremder Beyhilfe anzubauen. Da inzwischen eine einzelne Familie die ihren Kräften angemessene Wirthschaft genau übersehen kann, und da sie solche als ihr Eigenthum betrachtet, dadurch Muth erhält an der möglichsten Vervollkommung zu arbeiten.

Freylich werden auch gegen die Zertheilung der Grundstücke wichtige Einwürfe gemacht; allein welche Verfassung ist wohl so beschaffen, daß an ihr nichts Mangelbares gefunden werden könnte. Nur jene Verfassung ist die beste, die von andern die wenigsten Fehler hat, keine vollkommene kann nicht erfunden werden.

Neunter Abschnitt.

Von verschiedenen merkwürdigen Dingen in Prag, die sowohl für die Innländer, als Auswärtigen, und Passagieurs zu wissen nützlich sind.

Von den Sitten der prager Einwohner insgemein.

Die gegenwärtigen Sitten und die Lebensart der Prager ist von der vormaligen sehr unterschieden. Um darüber Betrachtungen anzustellen, wollen wir nur die Zeiten Karls VI. mit den itzigen vergleichen, denn weiters zurückzugehen wäre überflüssig, da fast ein jedes Zeitalter von einer Generation eine andere Art von herrschenden Sitten zugleich erzeugt. — Unter der Regierung gleich erwähnten Monarchens bestund die Beschäftigung der Grossen meist im Kriege und der Jägerey, man richtete sich hierinfalls nach dem Hofgebrauche, der zu allen Zeiten als eine Richtschnur der Lebensart für alle Stände nach einer gewissen Verhältniß angenommen zu werden pflegt. Jene, so an beyden Arten dieser Beschäftigungen keinen Geschmak fanden, unterhielten prächtige Festin-Spiele und Gesellschaften. Man errichtete deshalb ordentliche Verträge, bey den ausgemacht

war,

der Sitten der prager Einwohner.

war, an wen die Reihe der bestimmten Ordnung nach in Abhaltung des Schmauses, das man Gastfreyheit hieß, treffen sollte, und darnach wurden die Besuche eingerichtet.

Der Mittelstand folgte dem Beyspiele der Großen nach, und ein aufbrausendes Lermen der Menschen begleitete fast immer ihre Zusammenkünfte. Wenig öffentliche Ergötzungsgelegenheiten gab es in Prag, die sich nicht mit blutigen Auftritten geendiget hätten. Selbst die Nächte waren nicht viel ruhiger, denn man hörte fast von allen Seiten das Geräusch der Kassationen. Bey öffentlichen Landesfeyerlichkeiten pflegte man die Stadt zu beleuchten, und Feuerwerke abbrennen zu lassen. Eine jede nicht gemeine Ereigniß, sie mochte noch so unbedeutend gewesen seyn, wurde mit einer Gasterey verewigt, wobey das Gesundheittrinken nach besondern Formeln im vollen Schwunge gewesen. Diese Gewohnheit des Luxus erstreckte sich bis auf die gottesdienstlichen Handlungen. Jedes Titularfest, Kirchweihe, Wallfahrt, oder sonstige feyerliche Begängniß wurde unter einer lärmenden Kirchenmusik begangen, und mit einem Schmause geendiget. Die häufigen öffentlichen Umgänge, die wegen der großen Menge des Volks sehr unordentlich geführt wurden, hatten mehr Pracht als Erbauung zum Grunde gehabt.

Bey der niedrigsten Klasse der Bürger, und besonders bey dem Landvolke waren die Uiberbleibseln der alten Barbarey noch sehr sichtbar. Der Aberglaube und der Hang zu den Zauberkünsten machte bey vielen den Hauptkarakter aus. Die Geistlichkeit schien noch der einzige Stand gewesen zu seyn, der Kenntnisse und Wissenschaften besaß, aber auch diese waren mit vielen leeren Spitzfindigkeiten vermengt, und viele hatten solche zur Täuschung oder Unterdrückung der Profanen misbraucht, indem sie von ihrer Schwäche Vortheile zu ziehen gewußt haben. Es ist zu verwundern, daß noch in diesem Jahrhunderte an ansehnlichen Orten Leute mit großer Mühe aufgesucht worden waren, die nur einigermassen die Fähigkeit besässen, gemeine schriftliche Aufsätze zu verfassen.

Im gesellschaftlichen Umgange herrschte meist das entgegengesetzte Aeußerste, entweder eine ganz rohe oder grobe Lebensart, oder eine Art von übertriebenen Höflichkeitsbezeigungen, die mehr zur Last als Vergnügen im gemeinen Leben diente. Es waren mehr Formeln oder Sprüche nach einerley Art hergeleiert, als wahre Politesse. Wer in dergleichen Formeln nicht geübt war, der wurde als ein Mensch von ungesitteter Lebensart angesehen. Diese Höflichkeitsformeln bestunden in so häufigen Redensarten, daß man oft eine Stunde in Gesellschaften saß, ehe man sie alle abfertigte, und von

an-

andern Dingen zum Sprechen kam. Bey der
Erziehung der Kinder wurde mehr die Strenge
als eine vernünftige Gelindigkeit beobachtet, daher wird die Trotzigkeit das hartnäckige und
leutscheuche Wesen hergeleitet, das den Kindern
damaliger Zeiten anhieng, und einen Zug ihres
Karakters ausmachte.

In Beziehung auf das Hausgeräthe und
der Kleidung liebte man mehr das Krotesque
als das Niedliche und Bequeme. Die Meubeln von mancherley Art waren sonach zwar
prächtig, aber wegen ihrer unverhältnißmäßigen
Größe unbequem, kostbar und von keinem guten Geschmacke. Dabey waren sie so zahlreich
und aneinander gehäuft, daß die Zimmer den
Kramläden gleich gesehen, und man hatte eine
beständige Beschäftigung um die Sachen sauber
zu halten. Wenn damaliger Zeiten Diogenes
bey Ereigniß eines allgemeinen Landfestes Wohnung in Prag gesucht hätte, so würde er in
ein oder dem andern Kasten einer bürgerlichen
Haushaltung Raum gefunden haben. So wie
die Meubeln vieles Unbequeme, Überlästige und
Unverhältnißmäßige an sich hatten, eben so
waren auch die Kleidungsarten beschaffen; sie
waren eine Art schleppender Gewände mehr zu
einer strotzenden Pracht, als anständiger Zierde
gemacht. Der Stoff an sich selbst war dauerhaft, weil die Abänderung der Mode ihn nicht
verdrängen konnte. Bürgerfrauen und Töchter

waren mit goldenem Geschmeide und Perlen geschmückt; und die Männer trugen silberne Knöpfe an ihren Kleidern, eben aus diesem Metalle ließen sie auch das feine Geräth, als Messer, Gabel, Löfeln, Salzvässeln, Rohrknöpfe, Dosen, Tabackreiber ꝛc. verfertigen.

So stunden ungefähr die Sachen, als der Tod Kaisers Karl VI. eine allgemeine Veränderung hervorgebracht hatte. Die bald darauf folgenden Kriege stürzten die Bürger in einen Verfall, der die Nothwendigkeit nach sich zog, den Aufwand, den sie zeither auf ihre Lebensart verwendet, in etwas einzuschränken. Der Handel war durch die noch unter der Regierung Kaisers Karl VI. aufgehobene ostendische Kompagnie nicht mehr so blühend als ehedem, und die Verfassung des Kommerzes, die unter Anleitung Kaisers Franz I. bestand, war nach den Grundsätzen des Privatinteresse als des allgemeinen Bestens betrieben. Der Handel mit einigen beträchtlichen inländischen Naturprodukten machte noch den wichtigsten Gegenstand des Nazionalreichthums aus. Man nahm sich vor, diesen Handel einträglicher und gemeinnüziger zu machen, indem man die Ausfuhr der unentbehrlichsten Naturerzeugnisse verboten hatte; dadurch glaubte man zu bewirken, daß der Nährstand zur Bearbeitung der rohen inländischen Naturprodukte bewogen würde, und sonach das Kommerz zu dem Grade seiner Vollkommenheit

sich

sich erhöbe. Doch diese Vorkehrungen konnten wegen vielen andern mehr damals noch bestandenen Hindernissen der Erwartung nicht entsprechen. In unsern Zeiten fieng man an, solche aus dem Wege zu räumen.

Obgleich aber das kriegerische Zeitalter Marien Theresiens den ehemaligen Wohlstand der Bürger sehr herabgesetzt, so hatte solches doch auch von einer andern Seite Vortheile verschaft. Durch die Gemeinschaft mit den angränzenden Nazionen waren die hiesigen Sitten sehr gemindert worden; man theilte sich Kenntnisse mit, so die Aufklärung des Verstandes beförderten, und eine verfeinerte Lebensart fand unbemerkt den Eingang in der Hauptstadt Böhmens. Jene Gebäude, so nach der prager Belagerung von 1757 aufgeführt wurden, hatten nicht mehr das kroteske Ansehen, sondern es herrschte darinn Niedlichkeit, Bequemlichkeit und ächter Geschmack, so schafte man auch das Ungeheuer in den Meubeln ab, und führte dagegen eine Art bequemer, zierlicher und netter Einrichtung ein. — Die Kleidungsart behielt noch am längsten die altväterlichen Rechte, doch mußte sie endlich in der zweyten Hälfte der Regierung Marien Theresiens dem herrschenden guten Geschmacke weichen.

Die ehemalige Art Gastmahle zu halten, zob sich von dem prager Adel in die Provinz zu der Geistlichkeit, und der Bürgerschaft zurück,

fol=

solche war aber von dem vormaligen Aufwande
sehr unterschieden. Die reichen Klosterstifte unterhielten noch immer Gastfreyheiten und eine
Art des reformirten alten Zeremoniels. Bey
der niederen Klasse der Bürgerschaft beobachtete
man bey der Tauf, Trau und Beerdigungshand-
lungen, dann auch anderer Gattungen von
Feyerlichkeiten, eine besondere Art von Gepränge,
die viel Gezwungenes und zum Theil Lächerli-
ches und Ungereimtes an sich hatte. Wenn bey
dergleichen Gelegenheiten Mahlzeiten gegeben
wurden, so geschah solches nicht ohne vielen
Formalitäten; ein sogenannter Lustigmacher hatte hier den Vorsitz, und unterhielt die Gesellschaft mit Erzählung lächerlicher Histörchen,
Räthseln, Possen und Zotten, weil niemand etwas besseres zur Unterhaltung vorzubringen vermochte.

Dieses und andere mehr der jetzt beschriebenen Gebräuche ähnliche Dinge giengen noch
hier und da vor sich, als eine neue Verfassung
zu unsern Zeiten eine auch ganz neue Lebensart
einführte, welche durch ihre vernünftige, freye,
ungezwungene und wohlgewählte Anlage von
der vorigen sich sehr unterscheidet. Zu diesem
hat das Beyspiel des gegenwärtig eingeführten
Hofgebrauchs das meiste beygetragen. — Man
ist gewöhnt das Hofgepränge als ein Model
der allgemeinen Lebensart anzunehmen. Dieses
Hofgepränge war vormals nach dem spanischen

Ey-

System eingerichtet, und jedermann bemühte sich ein spanisches Ansehen zu verschaffen. — Nun gründet sich die Hofetiquete auf die Regeln einer zweckmäßigen, ungezwungenen, wohlgewählten und zum wahren äußerlichen Glanze gereichenden Verfassung, und sofort wird auch diese Richtschnur nach den Bürgern überhaupt angenommen.

Solchemnach wird gegenwärtig der vormalige große Aufwand bey der Beziehung dieser oder jener Art von feyerlichen Handlungen vermieden, ohne doch den Werth oder Wichtigkeit des Gegenstandes herabzusetzen. Denn man ist überzeugt, daß die Größe eines an sich selbst wichtigen Dings, nicht in dem äußerlichen Gepränge, worunter es begangen wird, sondern in der erhabenen Vorstellung, die man sich davon macht, bestehen. Um aber dem gemeinen Haufen den irrigen Wahn, daß solches aus übertriebener Sparsamkeit geschehe, zu benehmen, so ist es nunmehr bey der vermöglichen Klasse der Bürger zur Gewohnheit geworden, die Auslagen, die sonst zur Pracht verwendet wurden, an ein oder das andere Armeninstitut, oder zu was sonst einem heilsamen Endzwecke vorzuschlagen.

Die Kinderzucht wird nicht mehr nach der alten steifen, strengen und eckelhaften Methode vorgenommen. — Natürliche Einfalt, ungezwungene Behandlung, und Vergnügen und Wiß-

Wißbegierde einflößender Lehrart herrscht durchgängig in der heutigen Erziehung, und der zarte Zögling wird zu blos nützlichen und seinen Begriff nicht übersteigenden Kenntnissen unterwiesen. — Daher kömmt es, daß ein genauer Beobachter der Handlungen der Kinder schon itzt bey diesem Alter ein freyes, ungezwungenes und einnehmendes Wesen bemerken kann, das in der Folge die besten Früchte zum Nutzen und Vergnügen des gesellschaftlichen Lebens bringen wird.

Die Alten machen uns den Vorwurf, daß die Moden sowohl in der Einrichtung der Wohnungen, als auch der heutigen Kleidertracht einer stäten Veränderung unterworfen wären; da hingegen zu ihren Zeiten eine gewisse Bestimmung in der Wahl der Meubeln und Kleidungen eine ziemliche Epoche fortgedauert, und nebst dem in der Verfertigung selbst eine besondere Solizität, Gründlichkeit und reifes Ansehen geäußert hatten. Man muß gestehen, daß die heutige Art der Aufführung der Gebäude, derselben inwendige Auszierungen, und der Geschmack in den Kleidungen der vormaligen an der Kostbarkeit weichen müsse; doch hat solche dabey den Vorzug in der Bequemlichkeit und Niedlichkeit, welches die Alten nicht so sehr beobachteten. Dieser Regel zufolge werden die heut zu Tage aufgeführten Häuser mehr zu einer bequemen Wohnung dargestellt.

der Sitten der prager Einwohner.

Die vormals mit einer Menge der Bilder bedeckten Wände und häufigen Hausgeräthe angefüllten Zimmer wurden nun entweder mit Tapeten behängt, oder mit Mauermalerey ausgeziert. Zur Zierde dienten darinn meist die Spiegeln, Wand und Hängeleuchter, einige niedliche Stücke von Schreinergeräthe, ein paar Tabutetteln, Sesseln und Soffen. — Nichts wird gefunden, was nur einigermaſſen die freye Paſſage, oder das Auf- und Abgehen in Zimmern verhindern könnte. Einen groſſen Tiſch in die Mitte des Zimmers aufzuſtellen iſt kleinſtädtiſch, und verräth einen ſchlechten Geſchmack. Statt deſſen bedient man ſich der Teppiche. Vieles Schnitzwerk und andere Kleinigkeiten geben nach heutiger Denkungsart einem Zimmer das Anſehen eines Kramladens. Man hat dieſe Dinge verbannt, und bedient ſich einer Art von Meubeln, die ſo beſchaffen ſind, daß ſie mit leichter Mühe vom Staube gereiniget, und ſauber erhalten werden können.

Dieſe Meubeln ſind auch ſo verfertiget, daß ſie in viele Stücke zerlegt, und auf ſolche Weiſe von einem Orte zum andern bequem und ohne Beſchädigung mögen übertragen werden. Statt den vormaligen Rüſtkammern, Gewehrkäſten, Trinkgläſerbehältniſſen, Käſteln und Hausaltären ſieht man gegenwärtig in anſehnlichen Privatwohnungen Bibliotheken, Toiletten. Die erſten dienen nicht nur den Beſitzern als

Vor-

Vorrathskammern zur Ausbildung des Verstandes, sondern sie werden in strengster Bedeutung als wahre Meubeln angesehen, wie man es leicht aus dem Modeeinbunde und den niedlichen Gestellen abnehmen kann. Vom Minister bis zum Küchenjunge, und der Dame bis zum Zuchtmädchen beschäftigt sich alles mit Bücherlesen.

Die Gestalt der großen Paradebetten mit Gardinen sind abgeschaft; an deren Stelle hat man eine Art kleiner Ruhebetten in Form der Gezelte angenommen, sie sind meist nur für eine Person eingerichtet. Bey Verehelichten stehen solche Ruhebetten in dem Schlafkabinet dicht aneinander.

Die öftere Veränderungen in den Moden in Rücksicht auf die Meubeln und Kleidungen, ob sie schon mancher Haushaltung zur Last fallen, verschaffen sie doch den Gewerben eine beständige Gelegenheit zum Verdienste. Eine Menge fleißiger und erfindsamer Künstler müßte in Verfall gerathen, wenn der herrschende Geschmack in unsern Einrichtungen beständig wäre. Und in der That können Veränderungen dieser Art überhaupt betrachtet niemals tadelhaft seyn, wenn sie Verbesserung, Erweiterung der Künste, Kenntnisse, Bequemlichkeit und ächte äusserliche Schönheit zum Grunde haben. Was die Kleidung betrifft, so kann solche in ihrer Art nach der herrschenden Mode die vortrefflichste

trefflichste seyn, die nebst der äußerlichen Zierde und Anstand so bequem, nett und naif verfertigt ist, daß anstatt die Taille zu verdecken oder zu verunstalten, sie solche vielmehr erhebt und angenehm macht. Auch hierinn hat die heutige Kleidungsart vor der vormaligen einen großen Vorzug. Bey ein und andern Häusern geht der Putz etwas in das Weibliche und Wollüstige, das geht aber das Allgemeine nichts an, und solcher findet nur bey Stutzern und Koquetten Beyfall.

Gleichwie vormals die Schmäusereyen das stärkste Band der Gesellschaften gewesen sind, so werden itzt Freundschaften nach einer ungleich edlern Art unterhalten. — Wenn jemand in einer Gesellschaft nach Erfrischungen Lust trägt, so steht es ihm frey, solche zu begehren; er nimmt davon so viel es ihm beliebt zu sich, und man dringt nicht wie vormals in ihn, viel von eß und trinkbaren Artikeln hinzuschlucken, nach den ihn öfters gar nicht gelüstet. — Bey den heutigen Gesellschaften selbst pflegt man sich durch Gespräche und das Spiel die Weile zu verkürzen. An vielen Orten unterhält man musikalische Akademien, und wo es Ziergärten giebt, bringt man die Zeit mit Spazieren zu. — In Prag befinden sich viele solche Gärten, sie kommen aber den des vorigen Zeitalters an der Pracht und Zierde nicht gleich. Der Adel wendet nicht viel an die Ziergärten in Prag, weil er lieber den Sommer in den reizenden Landhäusern zubringt, wo schöne Gärten mit belaubten Gängen, Pagoden, Sommerlauben, Grotten und Badezimmern angelegt sind.

Im Umgange selbst herrscht durchgängig ein freyes und gefälliges Wesen. Der vormalige zur allgemeinen Mode angenommene Zwang und übertriebenes Zeremoniel ist gänzlich abgeschaft. Jedermann behält die Freyheit seine gleichgültigen oder willkührlichen Handlungen zu verrichten, ohne daß er befürchten dürfte, deswegen wie ehedem gegen einen unrecht angebrachten Wohlstand anzustoßen, oder lächerlich zu werden. — Viele gehen itzt hierinn so weit, daß sie selbst die Bezeigung der gewöhnlichen Höflichkeitsmarken, besonders beym Abschiede übergehen, um dadurch den Zirkel nicht zu belästigen, oder das Gespräch nicht zu unterbrechen.

Auch der Umgang unter beyderley Geschlechtern ist seither viel freyer geworden, ohne doch dabey die Regeln der Wohlanständigkeit überschritten zu haben. — Mädchen kommen in Gesellschaften meist in Begleitung einer verehelichten Person ihres Geschlechts, welches auch bey allen öffentlichen Ergötzlichkeiten beobachtet wird. — Bey weniger vertrauten Freunden werden Privatbesuchsanmeldungen vorausgeschickt. Bey Abwesenheit der Person hinterläßt man einen Visitzettel. Diese Art von Besuchen unterliegt noch manchem Zeremoniel, das einigermaßen mit dem alten Gebrauch große Aehnlichkeit hat, obgleich einige Beobachtungen, Formalitäten und Redensarten ein neues Gespräche erhalten.

Bey den mindern Ständen, und besonders dem gemeinen Haufen, erhalten sich hier und da noch deutliche Spuren der alten Gebräuche; an den meisten Orten ist man aber auch itzt davon abgegangen. Die Verschwendung bey den Festins an Pracht und Mahlzeiten ist von der guten Haushaltung verdränget worden. Man fängt an bey freundschaftlichen Zusammenkünften die lächerlichen Formalitäten des gezwungenen Zeremoniels auszulegen und sich an eine freye und wohlanständige Lebensart anzugewöhnen. Man behandelt das Gesinde nicht mit der vormaligen Strenge und Lieblosigkeit, und gegen Fremde ist man nicht mißtrauisch; selbst gegen gegenseitige Religionsverwandte ist man verträglich und menschenfreundlich. Die jüngst eingeführten Armuthversorgungsanstalten geben zu erkennen, daß überhaupt bey den Bürgern Triebe des Mitleidens und der Freygebigkeit beständig thätig sind.

Allgemein betrachtet nimmt man wahr, wie Vorurtheile, Aberglauben, Hartnäckigkeit und Unempfindlichkeit den Schönen und Rührenden, der Aufklärung nützlichen Kenntnissen, der Leutseligkeit und dem guten Geschmacke gewichen. Es ist wahr, daß unter diesen schönen Nationalkarakteren auch die Weichlichkeit sich eingeschlichen, allein wie schwer ist in allen menschlichen Dingen die Mittelstrasse zu beobachten. Ehemals war die Grausamkeit und Vergnügen an Blutvergießen das Aeußerste des gar zu rohen und ernsthaften Nationalhumors. Nun sind wir daran in das Wollüstige zu verfallen. Allein was liegts daran, es bleibt immer nur das Aeußerste.

Das Nationalgenie hatte von jeher mehr eine Anlage zum Nachahmen, als zum Erfinden; dies hatte vornehmlich die Bequemlichkeit sich im Nachdenken nicht viel anzustrengen verursacht. Im Nachahmen war man jederzeit sehr glücklich. Es sind hier und da Produkte, die durch den Nachahmungsgeist hervorgebracht worden sind, die ihren Originalen an die Seite gesetzt zu werden verdienen. — Durch Einführung der freyen Denkart, und Aufhebung der Kunst und Handwerksmißbräuche hat man gegründete Ursachen, zu hoffen, daß die Nationalindustrie eine glückliche Evolution erhalten wird.

Von

Von Münzen.

Aus Mangel zuverläßlicher Urkunden kann man nicht bestimmen, welcher böhmische Herzog Geld zu prägen angefangen. Daß in den ältesten Zeiten eine gewisse Geldsorte im Umlaufe war, ist daraus abzunehmen, weil die Handlung von jeher betrieben worden war. Ferner läßt sich solches aus dem Tribute muthmassen, den die Böhmen dem deutschen Kaiser Karl dem Großen entrichten mußten. Ja! man hat noch itzt einige Münzen aus diesem Zeitpunkte aufbehalten, die aber nicht allerdings kennbar sind, weil zur Zeit dieses Gepräges in Böhmen noch keine Buchstaben und Schriften im Gebrauch waren.

Mit Gewißheit kann dagegen behauptet werden, daß unter Boleslaw I. das Geldmünzen stark sey betrieben worden. Dieser Herzog ließ in Prag ein eigenes Münzhaus erbauen, bestellte darinn erfahrne Münzarbeiter, und ließ sowohl gold als silberne auf beyden Seiten geprägte Münzen verfertigen. Der Werth eines solchen Silberstückes soll 1/6 eines Joachimsthalers betragen haben. Eine Seite dieser Münze hatte das Bildniß Boleslaws, die andere des heiligen Wenzels, seines Bruders. Unter Boleslaw II. wurden viele Goldstücke geprägt; die nachfolgenden Herzoge Boleslaw III. Jaromir und Udalrich ließen auch Gold prägen.

Um das Jahr 1080 war so viel Münze im öffentlichen Umlaufe, daß dadurch in Prag eine Menge der reichsten Wechselstuben entstanden. Dieser Umstand rührte von den damaliger Zeit so ergiebigen Bergwerken her.

Unter Wladislaw II. war dies bey dem Münzwesen das Merkwürdigste, daß nebst den auf beyden Seiten geprägten Schillingen, oder Denarien, auch Blechmünzen, die man Bratzgaden nennt, in Böhmen geprägt wurden. Bey Gelegenheit des unterm Wenzel I. entdeckten Joachimsthaler Bergwerke, wurde auch der Grund zu einem verbesserten Münzfuße gelegt. Wenzel II. ließ im Jahre 1300 aus Florenz einige Münzer nach Böhmen berufen, und zu Kuttenberg, wo damals die Bergwerke entdeckt worden waren, die ersten böhmischen Groschen schlagen.

König Johann ist der erste, der eine förmliche goldene Münze in Böhmen eingeführt hat, da man sich nur vorhin mit unregelmäßigen Goldklümpchen behelfen mußte. Aber um die Silbermünze machte er sich nicht sehr verdient; denn er verringerte sie mit einem starken Zusatz von Kupfer, welches eine große Verwirrung und Murren unter dem Volke verursachte.

Karl IV. gab eine allgemeine Münzordnung heraus. Allein in dem Hussitenkriege gerieth das Münzwesen in gänzlichen Verfall. Das Verderben der Münzen mußte nothwendig

auf

auf die allgemeine Zerrüttung des Staats folgen. Die Hußiten hatten die Münze zu Prag in ihrer Gewalt, und verpachteten dieselbe zween ihrer Mitbürger, nämlich dem Jakob Wssenicha und Martin von Sebek für 150 prager Groschen. Zu Kuttenberg blieb zwar die Münze eine zeitlang unter der Aufsicht des Großpriors von Strakonitz Peters von Sternberg und des Niklas von Lukow in der Gewalt des Kaisers Sigismund, dies währte aber nur so lang, bis sich die Hußiten der Stadt bemächtigten und sie mit Feuer verheerten. Sigmund gab sich endlich Mühe, als er zur Regierung kam, dem Münzwesen neuerdings aufzuhelfen. Er verordnete im Jahre 1437 auf dem Landtage, daß künftig die Münzen nirgends, als in der nunmehr wieder größtentheils ausgebauten Stadt Kuttenberg sollen geschlagen werden.

König Georg nahm abermals eine allgemeine Verbesserung der Münze vor. Unter ihm wurden die sogenannten Meißner Groschen zu Prag geschlagen. Man nannte sie Meißnischgroschen, weil sie zu Prag im Meißnerischen Hause geprägt wurden.

Wladislaw II. machte sich um das Münzwesen nicht weniger verdient. Weil die unter König Georg verordneten Meißnergroschen von Tag zu Tag schlechter wurden, so war er sehr darauf bedacht, dieselben wieder zum Schalt zu brin-

bringen. Ja er gieng selbst im Jahre 1477, nach Kutenberg, und prägte mit eigener Hand Groschen, Pfennige und Heller von gutem Gehalte.

Unter dem König Ludwig wurden die sogenannten Joachimsthaler am ersten geprägt. Kaiser Ferdinand I. machte alle mögliche Verfügungen zum Besten des Münzwesens. Er verbot auf das Verlangen der Stände eine gewisse Gattung Geldes im Lande, die man sonst nur die Lignitzer Münze nannte, und die sehr schlecht am Gehalte war. Nebst dem ließ er auch eine neue Münzordnung kundmachen, die nach jener Wenzels II. die vornehmste ist. Ubrigens rechnete man unter Ferdinanden, nebst den übrigen schon zuvor in Böhmen üblichen Geldsorten, als den Dukaten, rheinischen Gold, Gulden, Thaler, Groschen und weißen Pfenningen, auch bisweilen noch Batzen, deren 15 auf einen rheinischen Gulden giengen.

In dem Münzwesen gieng unter Maximilian nichts besonders Merkwürdiges vor, außer daß er in der Münzordnung Ferdinands I. manches erklärte und verbesserte, was bey den damaligen Umständen nach einigermassen umgeändert nothwendig schien, und daß unter seiner Regierung die Zehnkreuzerstücke aufkamen. Die sogenannten kleinen Groschen ließ Rudolph münzen, 60 davon machten ein Meißnisch Schok aus. Ein dergleichen Maly groß, oder kleiner

Groder Münzen.

Groschen galt an sich selbst 7 kleine Pfennige und zween davon galten eigentlich einen böhmischen Groschen.

Unter Mathias litt das Münzwesen einen beträchtlichen Schaden durch die damals entstandenen Kippen und Wippen, das ist Goldbeschneiden, Goldschmelzen und Verfälschen. Diese Leute hatten durch ihren Betrug und Verfälschung die Schwere der Münze verringert, die guten ächten Münzen eingeschmelzt, und dafür andere geringhältige in Umlauf gebracht. Übrigens prägte man auch noch unterm Mathias die kleinen Groschen, aber mit der eigenen Umschrift dieses Kaisers. Der Zustand des Münzwesens während der zu Zeiten Kaisers Mathias entstandenen allgemeinen Empörungen konnte nicht anders, als sehr schlecht gewesen seyn. Die ständischen Münzen erhielten in diesem Zeitpunkte ihren Werth. Von Ferdinand II. und den folgenden Regenten sieht man noch gegenwärtig viele gold und silberne Münzen, die zu verschiedener Zeit geprägt worden sind. Die Leopoldinischen Dukaten, Thaler, Gulden, Siebenzehner und Siebner, dann Groschen nebst anderer Land oder Schüttmünze sind bekannt genug. Die meisten von den Siebenzehner und Siebner sind gebogen, welches von der damaligen Art zu Münzen herrührt, das durch Walzwerke betrieben worden war. Die alten Siebenzehner und Siebner galten vormals nur 15

und

und 6 Kreuzer, nach der Zeit aber ist ihr Werth auf 17 und 7 Kreuzer erhöht worden, in den sie auch bis itzt im öffentlichen Umlaufe angenommen werden.

Unterm Karl VI. erschienen diese Siebenzehner und Siebner nicht mehr so häufig gebogen, weil man sich zu selbiger Zeit bey der Münzung der Streckmaschine zu gebrauchen anfieng. Die unter der Regierung gleicherwähnten Kaisers geprägte Münze hat schon ein schönes äußerliches Ansehen. Unter der Regierung Marien Theresiens wurden zuerst die Zwanziger und Zehner geschlagen, die wegen der runden Zahl im Rechnen ungleich bequemer als die 17 und 7 Kreuzerstücke sind. Diese Zwanziger und Zehner sind schön geprägt, und zweyfacher Art, die einen nämlich sind mit dem Bilde der Kaiserinn Königinn von Ungarn und Böhmen, die andern mit dem des römischen Kaisers Franz I. Ihres Gemahls gezeichnet. Von eben diesem Kaiser sieht man auch Dukaten, Thaler, Gulden und andere leichte silberne Münzen, wie dann auch unter Marien Theresien selbst verschiedene Arten heut zu Tage kursirender Münze geprägt worden sind. Eine andere Art gold- und silberne Münze sind auch zum Vorschein gekommen als gleicherwähnte Monarchinn in Wittwenstand gerieth; von dieser Zeit an kommen die Münzen mit dem umschleierten Bilde zum Vorschein. Zu eben dieser Zeit wurde auch das

Geld

der Münzen.

Geld mit dem Bilde des gegenwärtig glorwürdigst regierenden Kaisers Josephs II. als damals zum Mitherrscher angenommen gemünzt.

Noch ehe dieses geschah, ist bereits im Jahre 1760 die kupferne Münze aufgekommen. Sie verdrang die ehedem im Umlaufe gewesene kleine silberne Land oder Schüttmünze, welche in Zweygroschenstücke, Kreuzer, Gröschel und halben Kreutzern bestand. Die an ihre Stelle getretene Kupfermünze hatte nebst allen gleicherwähnten Geldsorten noch Pfennige und Heller, welche letztere aber eine Zeit darauf außer Kommerz geriethen. Die heutigen neuesten Geldsorten werden mit dem Bilde Sr. itzt herrschenden kaiserlich königlichen Majestät Josephs II. geprägt, sie sind überhaupt schön, und von gutem Gehalt, daher sie auch überall beliebt geworden sind.

Gegenwärtig befinden sich an inländischen Goldsorten folgende Münzen im öffentlichen Kurse: Ganze Souvraind'ors gelten nach dem im Jahre 1786 erhöhten Werth der Goldmünzen 13 fl. 20 kr., desgleichen halbe zu 6 fl. 40 kr. Kremnitzer Dukaten 4 fl. 30 kr., doch nur bis zum Schluß von 1787, nach dessen Verlauf sie in das Münzeinlösamt gebracht werden müssen. Desgleichen gemeine kaiserliche 4 fl. 30 kr., doppelte Kremnitzer 9 fl., desgleichen kaiserliche 9 fl. An Silbermünzen: kaiserlicher Thaler zu 40

Kaisergroschen, oder 120 Kreuzer gerechnet, Kaiserguldenn zu 20 Groschen oder 60 Kreuzer. Ein Halbguldenſtück 10 Groschen oder 30 Kreuzer. Ein Zwanzigkreuzerſtück, davon 3 auf einen Gulden gehen. Siebenzehner, sieben Stück und 1 Kreuzer zu zween Gulden gezählt. Fünfzehnkreuzerſtück, Zehner, Siebner, Fünfer und Groschen.

Von Kupfermünzen ſind vorhanden: Zweygröſchler ſonſt Polturacken genannt, Kreuzer, Gröſchel, halbe Kreuzer und Pfennige. — Ausländiſche Münzen werden nach dem Konventionsfuße angenommen. Wobey von den holländer Dukaten anzumerken, daß ſolche nach dem Münzpatent von 1786 mit Schluß des Jahrs nach dem königlichen Münzeinlösamt abgeliefert werden müſſen. — Man ſieht hierorts aber etwas ſeltener ſpaniſche, portugieſiſche und franzöſiſche ganze, doppelte und dreyfache Dukaten, die aber oft der Devalvation unterworfen ſind. Gemeine ſind die venetianiſche Zechinen zu 4 fl. 22 kr., Florentiner, Salzburger, Päbſtliche und von verſchiedenen Reichsfürſten geprägte Dukaten, die den gemeinen kaiserlichen im Werthe gleich gehalten werden. Holländer Dukaten zu 4 fl. 18 kr., dann rheiniſche Goldgulden, halbe und Viertelbukaten.

Von Silbermünzen ſind die kurbayerischen und sächſiſchen Thaler am meiſten im Gange, doch ſieht man auch franzöſiſche, Nürnberger und

der Münzen.

und andere Reichsmünze. Guldenstücke kommen abermals die sächsischen am häufigsten zum Vorschein. Zwanzig und Zehnkreuzerstücke bayrischen und anspachischen, nürnberger u. b. m. Geringere ausländische Münzsorten werden im öffentlichen Kurse nicht angenommen, weil sie nach dem Konventionsfuße nicht ausgemünzt sind. —

Während des bayerischen Erbfolgskriegs vom Jahre 1778 sind auch nach Böhmen viele kaiserliche niederländische Geldsorten gebracht worden; die man noch heutiges Tags oft zu Gesicht bekommt; und die ein schönes Ansehen haben.

Nebst der klingenden Münze giebt es auch hierorts eine Art Geldes, das unter dem Namen Bankozetteln bekannt ist, und das statt baarer Münze kursirt. Diese Bankozettel sind unter der Regierung Marien Theresiens aufgekommen, um Theils einer größern Menge Geldes, das diese Bankozettel vorstellen, in Umlauf zu bringen; als auch dadurch den Weg mancherley Arten von Geldversendungen zu erleichtern. Da mit der Zeit die Bankozettel durch den Gebrauch abgenutzt worden sind, so wurde im Jahr 1785 die Verfügung getroffen, solche gegen andere neu verfertigte auszuwechseln, welche auf 20 Millionen Gulden im Werthe in öffentlichen Umlauf gebracht worden sind. Diese Bankozettel sind mancherley Art, nämlich von

5 fl.

5 fl., 25 fl., 50 fl., 100 fl., 500 fl. und 1000 fl. Man erhält sie gegen baares Geld hierorts bey der Bankaladministration. Sie selbst aber werden bey allen öffentlichen Kassen statt baaren Geldes angenommen.

Bis zum Jahr 1784 befand sich in Prag ein Münzhaus, das aber gegenwärtig zur Gewohnung des böhmischen Generalmilitärkommando eingerichtet worden ist, weil nunmehro in Prag keine Münze mehr geprägt wird. Statt dieses Münzhauses ist ein Münz-, Gold und Silbereinlösungsamt errichtet worden, das in dem ehemaligen Gebäude der königlichen Bankaladministration zu finden ist. — Dem Münzwesen stunde vormals einer aus den obersten Landesoffizieren, der unter dem Namen des obersten Münzmeisters bekannt war, vor.

Vom Postwesen.

Daß das Postwesen in Böhmen eine schon lange Zeit bestehende Einrichtung sey, läßt sich daraus abnehmen, weil solche mit dem Komerz, das schon hierorts von jeher blühend war, in einer Verbindung steht. Das Postwesen wird unter die Regalien gezählt, die Verwaltung davon wird einem Landesstande überlassen, der von dem abwerfenden Nutzen einen bestimmten Betrag überhaupt an die königliche Finanzkammer abliefert. Solche Verwaltung bleibt auch gewissermaßen emphyteutisch einem gewissen Hause an.

vom Postwesen.

en. Vormals stunde das Postwesen unter der gräflichen Familie von Paar. — Das königliche Oberpostamt in Prag ist auf dem wälschen Platze im Lichtensteinischen Hause.

Hier ist eine vollständige Nachricht von ankommenden und abgehenden Posten in Prag. Die ordentlichen Posten gehen ab am Sonntage: die Linzer Vormittags um 11 Uhr nach Linz, Braunau, Altöting, Salzburg, Roveredo, Bozen, ganz Ober und Vorderösterreich und ganz Italien. Dann Tabor, Budweis, Pisek, Neuhaus, und die meisten Oerter des prachiner, bechiner und kaurzimer Kreises, und sämmtlich nach diesen Oberämtern auf dem geraden Postlauf unter vorgelegten Filialpoststationen, Marktflecken, Dorfschaften ꝛc. — Kommen dagegen an, nach dem wiener Journal von Kolin, Czaslau, Iglau, Wien, Ungarn, Siebenbürgen, Temeswarer Banat, und ganz Italien. — Dann kommt auch an die schlesische Post. — Nachmittags um 5 Uhr geht ab die schlesische Post nach ganz Rußland und Großpohlen, Breslau, Glatz, Landshut, Schmiedeberg, ganz Niederschlesien, Königgratz, Jaromirz, Trautenau, Holitz, Leutomischel, Ketzelsdorf, bis Olmütz. Jungbunzlau, Gabel, Zittau, und die Lausnitz, dann Gitschin, und dem ganzen Bunzlauer, Königgratzer, Chrudimer, und theils Leutmeritzer Kreis.

Dagegen kömmt an die Reichspost. Abends um 6 Uhr geht ab die Mährische Post. Nach Brünn, Nikolspurg, Olmütz, Teschen, ganz Mähren und Oberschlesien. Item nach Pardubitz, Chrudim, Pölitschka, und dasigen Gegenden. Desgleichen die Wiener über Kolin, Czaslau, Iglau, Wien, Triest, Venedig, Flume, Görz und Laybach, Presburg, Raab, Komörn und Ofen. — Kommt an die Reichspost.

Montags Abends um 6 Uhr geht ab die wiener Post wie am Sonntage, dann nach Rom, ganz Italien, Sardinien, Roverédo, Bötzen und ganz Kärnten. — Kommt an die wiener Post über Kolin, Czaslau, Iglau, Wien, dann Slavonien und Kroatien.

Dienstags Vormittag um 11. Uhr geht ab die Erfurter Post nach Karlsbad, Eger, Hof, Erfurt, Bamberg, Bayreuth, Jena, Weimar, Gotha, Eisenach, ganz Thüringen und Vögtland. Item Saatz, Grütz, Komotau. — Kömmt an die Wienerpost über Wien, Venedig, Triest, Flume, Görz und Laibach. — Desgleichen geht auch ab die sächsische Post nach Lobositz, Außig, Töplitz, Dresden, Leipzig, Braunschweig, Hamburg, Ober und Niedersachsen, Mark Brandenburg, Dännemark, Schweden und Norwegen. — Kommt an die Mährische Post von Brünn, Tropau und ganz Oberschlesien. Chrudim, Pardubitz, Chrast und Politschka. Dann die Linzer Post wie Sonntags. — Abends um um 6 Uhr geht ab die wiener Post nach allen am Sonntage bemerkten Ortschaften. Item ganz Ungarn, Siebenbürgen und Temeswarer Bannat.

Mittwochs geht ab die Reichspost. Vormittags um 11 Uhr nach Eger, Pilsen, Regensburg, Augspurg, München, Nürnberg, Mergentheim, Würzburg, Frankfurt am Mayn, Kölln, Brüssel, ganz Nieder und Holland, ganz Frankreich, Spanien, Portugal und England. Kömmt an die wiener Post wie Montags. Abends um 6 Uhr geht ab die wiener Post wie Sonntags. Item Lemberg, Zeng, Görz, Venedig, ganz Vorderösterreich. Montags um 11 Uhr kömmt an die Erfurter wie am Dienstage.

Donnerstag geht ab die Linzer, Schlesische, Mährische und Wienerpost, nach allen am Sonntage bemerkten Ortschaften. Desgleichen kömmt an die Wienerpost wie am Dienstage, dann die Schlesische und Reichspost nach der Route vom Sonntag und Mittwoche.

Freytags geht ab die Wienerpost wie am Montag. Dann kömmt eben dieselbe an wie am Dienstage.

Samstags geht ab die Erfurter und Schlesische Post wie am Dienstag Vormittags um 11 Uhr. Die Reichspost wie Mittwochs um 6 Uhr Abends; und die Wiener wie Dienstags. Kömmt an die Wienerpost über Wien und Rom, ganz

Italien, Roveredo, Botzen, Klagenfurt, Venedig, Görz, Fiume, Leibach. — Die Erfurter, wie am Dienstag, die Linzer wie Sonntags, und Sächsische wie Dienstags.

Fahrende Diligencewägen. Gehen ab Dienstag früh um 8 Uhr. — Wiener Diligence über Iglau nach Wien, Preßburg, Neustatt, Brug an der Muhr, Gratz, Marburg, Leibach und Triest. — Vormittags um 11 Uhr Sächsische Diligence über Lobositz, Peterswald, Dresden, Leipzig, Berlin, Hannover, Hamburg und andern Ländern mehr. —

Freytags um 11 Uhr und zwar alle 14 Täge Reichsdiligence über Pilsen, Klentsch, Waldmünchen, Bischwangdorf nach Regensburg, Augspurg, Ulm, Schweiz und Tyrol. Item Amberg, Nürnberg, Bamberg, Würzburg, Frankfurt, Strasburg, ganz Nieder, Holl und England.

Kommen an Freytags die Wienerdiligence. Dienstags die Sächsische, die Reichsdiligence alle 14 Täge.

Die zween Briefsammlungen befinden sich auf der Altstadt in der langen Gasse unweit dem rothen Krebse; und auf der Neustadt auf dem Roßmarkte im Mentlischen Hause.

Die weitere Auskunft über Postsachen wird in der k. k. Oberpostamtsexpedition ertheilt.

Von

Von Wirthshäusern und öffentlichen Ergötzungsörtern in und um Prag, dann einigen andern Dingen, die einem Fremden zu wissen nützlich sind.

Von der schlesischen Straße durch das Spittelthor hereingefahren kömmt man auf den Porschiz, dort findet man das Wirthshaus zum grünen Ochsen, grünen Baum, das neue Wirthshaus, goldenen Fasan nebst andern mehr Einkehrhäusern, die in der ganzen Spittelgasse sehr häufig zu finden sind. Bey der Anlangung eines Fremden in einem der Stadtthöre wird dieses beobachtet, daß die Person unter dem Stadtthore seinen Namen, Stand, Karakter oder Gewerbe, die Ursache der Anherkunft und das Einkehrort vermelden müsse. Der Thorschreiber verfaßt hiernach die Thorzetteln, welche dann in der Stadt an bestimmten Oertern vertheilet werden. Beym Absteigen des Passagiers im Gasthofe, verfaßt der Gastwirth ein besonderes Verzeichniß über die Geschaffenheit des Fremden, und übergiebt solches der Polizeydirektion. — In Betreff der Anschaffung verschiedener Artikeln pflegt man sich an den Hausjuden zu verwenden, der um alle Weitläufigkeiten zu vermeiden das Benöthigte ins Quartier bringen läßt. Die übrige Bedienung besorgt ein Lehnlakey. Wenn ein Zweifel über ein oder den andern Umstand des Fremden vorfällt,

fällt, so werden die Beglaubigungsurkunden bey Prüfung der Polizeydirektion vorgelegt, wie dann auch in Rücksicht des Zoll und Mautwesens der Passagier sich der gewöhnlichen Untersuchung unter dem Stadtthore unterziehen muß.

Wienerstrasse durchs Neuthor. In dieser Gegend ist das Wirthshaus zum weissen Löwen in der Hibernergasse, das zum grünen Adler, und blauen Stern in eben dieser Gasse, dann etwas weiter auf der Altstadt das neue Wirthshaus, welches mit vielen Bequemlichkeiten zur Einkehr versehen ist. — Auf dem Graben in der alten Alee ist das Wirthshaus zu drey Linden und schwarzen Rose, in diesem letztern ist ein Tanzboden.

Roßthor. Auf dem Roßmarkt überhaupt findet man häufige Gasthäuser, z. B. das bey Fabian, Stotzel, Karaus, Michalek, und dergleichen mehr.

Kornthor. Umher finden sich Wirthshäuser, in dem sogenannten blinden Thor, wo auch ein Tanzboden ist, nebst andern unbeträchtlichen Oertern mehr, die aber nur meist von einheimischen Fuhrleuten besucht werden, weil hierdurch keine ordentliche Strasse, so wie auch durch das Roßthor geht.

Wischehrader Thor, österreicher Strasse. In der Gegend findet man gleich keine Wirthshäuser, sondern man muß, um in solchen einzutreffen etwas tiefer und in die Stadt hinein gegen den Viehmarkt zu fahren, um welche Gegend einige angetroffen werden.

Auge;derthor, Reichsstraſſe. Einhorn, eines der berühmtesten Gasthöfe in Prag, das von Alters her im ausgebreiten Rufe ſteht, und durch die Einkehr mancher vornehmer Paſſagier bekannt geworden iſt. Es iſt ſehr geräumig, bequem und gut eingerichtet. Gegenüber ſieht man das gleichfalls von Alters her berühmte Wirthshaus im Bade genannt, wo zur Faſchingszeit Bälle gegeben werden. —

Wirthshaus auf der alten Poſt genannt, auf dem grünen Ziegenbockplätzel. Desgleichen am nämlichen Orte das zum grünen Kreutz; und etwas weiter gegen die Karmelitergaſſe das Wirthshaus zum ſchwarzen Löwen.

Strahöſerthor, Leipziger Straſſe. Auf dem Strahofe, dem Pohorſchelet und dem Hradſchin überhaupt giebt es einige gemeine Wirthshäuſer. Vornehmere Paſſagiers müſſen daher die Einkehr in der nuten gelegenen Kleinſeite nehmen, ſo auch ihren Verrichtungen in der Stadt viel bequemer iſt.

Sandthor. Mit dieſer Gegend hat es faſt die nämliche Beſchaffenheit, doch findet man um die Bruska einige gemeine Wirthshäuſer. Tiefer in die Stadt gefahren findet man auf der Kleinſeite in der Brückengaſſe ein anſehnliches Einkehrhaus zu drey Glocken genannt, das

zum

zum Empfang der Gäste sehr bequem eingerichtet ist.

Mitten in Prag sind noch Wirthshäuser zum weissen Löwen auf der Altstadt in der Platnergasse, zum goldenen Rad auf dem Kohlmarkte, das erst neu reparirt worden ist, beym Plateys eben auf dem Kohlmarkte schon von alten Zeiten bekannt. In der Postgasse beym Kuchinka und Walsch u. d. m. An den meisten dieser Wirthshäuser werden auch Freytafeln gegeben. Nebst dem findet man Freytafeln auf der Neustadt in der Spittelgasse im Rablischen Hause, auf der Altstadt zur blauen Weintraube gegen dem Nationaltheater, in der Jesuitengasse zum rothen Krebse, in der Jungen Gasse im alten Stempelamte, auf dem Ringe im Dietrichschen Hause, auf dem Graben in der neuen Alee, auf der Kleinseite unter beyden Lauben ec. Garküchen sind auf dem Kohlmarkte, dem kleinen Ringel, auf der Kleinseite nächst bem ehemaligen Rathhause und gegen der St. Niklashauptpfarrkirche ec.

Mehrere Auskunft über dergleichen Dinge, wie auch wo verschiedene Artikel käuflich zu überkommen sind, u. d. m. ist in der topographischen Beschreibung zu finden.

Einheimische Personen, die außer Land sich begeben wollen, müssen bey der hohen Landesstelle um die Bewilligung einkommen. Von dieser wird sonach die Untersuchung deshalb bey

der

der Konscriptionskommission angeordnet, findet sich nun hieben kein Anstand, so erfolgt die Erlaubniß zur Uiberkommung eines Freypasses, den ordentlicher Weise der Stadtrath ausfertigt. Vornehme Standespersonen erhalten ihre Rechtfertigungsurkunden von dem Präsidenten, welches auch in jenen Fällen, die keinen Verzug leiden geschieht. Außer dem darf niemand ohne Paß außer Land sich begeben, worüber die Gränzwachen eine besondere Instruktion haben.

Oeffentliche Spaziergänge und Ergötzungsörter giebt es in Prag vornehmlich zweyerley Art, nämlich diejenigen, die innerhalb der Stadt, und dann die vor den Stadtmauern nächst um die umher sind. — Innerhalb der Stadt ist gegenwärtig der gemeinste Spaziergang auf dem Graben durch die Allee, wo besonders bey schönen Sommerabenden eine Menge Volks von verschiedenen Ständen gesehen wird. Nebst dem kann man sich auch der Stadtwälle als eines öffentlichen Spaziergangs in der Stadt bedienen. Die Marienschanze, und die Strecke zwischen dem Neu- und Roßthor ist besonders dazu gut gelegen.

Die häufigen in der Stadt sich befindlichen Gärten, Tanz und Spielsäle bieten jedermann eine zureichende Gelegenheit zu Ergötzungen an. Um das Neuthor finden wir die Gärten zu Bort und den 7 Kurfürsten. Dann in der

der Hybernergasse den Italianischen Tanzsaal und Garten. — Dann den ganzen Graben durch ist eine Reihe von öffentlichen Gärten, Trakteur und Kaffeehäusern. Auf dem Karolinplatz steht das unlängst neu erbaute Nationaltheater, wo täglich von 7 Uhr Abends anzufangen verschiedene Arten von Spektakeln aufgeführt werden. Um die Gegend von Porzitz sieht man theils auch lustige Gärten, die aber mehr nach der ländlichen Art angelegt sind; nächst den Schanzen zwischen dem Spittel-Neu und Roßthor befinden sich viele Küchengärten, welches auch von der Gegend Katerzinka und dem Wissehrader Bezirk zu verstehen ist.

An Badestuben ist in Prag gleichfalls kein Mangel, in dem St. Wenzelsbade findet man alle Badebequemlichkeiten, und auf der Kleinseite im gräfischen Garten sind erst jüngst Bäder nach englischer Art im Flußwasser eingerichtet worden. In der Brentengasse auf der Neustadt ist der Garten zum goldenen Waffel wegen den künstlich angelegten Kettraben bekannt. In eben dieser Gasse ist ein Trakteurhaus zum römischen Kaiser genannt. In der Waffergasse ist der Tanzboden zum silbernen Waffel. Im Hrabek hinter Emaus wird Seltzer und Seltschkzerwasser verkauft, welches die Gäste mit Wein vermischt zu trinken pflegen, das Ort an sich selbst ist mit allen Erfordernissen zum Empfang der Gäste wohl versehen.

Auf

der öffentlichen Belustigungsörter. 149

Auf der Altstadt sieht man zwar wenig öffentliche Gärten, doch giebt es auch hier andere Ergötzungsörter. Die meisten Gärten sind hierorts an dem Graben. Bey der goldenen Sonne ist ein Tanzboden und Garten mit einigen Kegelplätzen, die man auch in dem nächst daran stossenden sogenannten Konviktgarten antrifft. Weiters werden die Gärten im Paperlhaabe, in der Holzlege, beym Hoch ꝛc. stark besucht. Endlich findet man noch einige Gärten am Tummelplatze, der Platner und der langen Gasse. Die Trakteurshäuser zur Weintraube, beym Saug in der Eisengasse, beym Dietrich auf dem Ringe ꝛc. geben desgleichen anständige Ergötzungsörter ab. Die sogenannte Färberinsel hat einen großen Zuspruch von Gästen; desgleichen auch die Schützeninsel, wo die prager Schützenkonfraternität sich im Scharfschüssen übt.

Auf der Kleinseite ist der gräfische Garten bekannt, auch sieht man um die Gegend des Moldauflußes eine Menge reizender Gärten. In der Mitte der Stadt ist kein Mangel an öffentlichen Tanz, Spiel und andern Ergötzungshäusern. Auf dem Hradschin ist der königliche Lust und Fasangarten, nebst andern Oertern mehr, die bereits in der topographischen Beschreibung angezeigt worden.

Unter den Privatgärten zeichnen sich in Prag unter andern aus; der Losische, Wieschnitische, Pikolomenische, Przichowälische, Kolowratische, Klamische, Lobkowitzische, Waldsteinische, Klenauische und andere Gärten mehr.

Außerhalb Prag liegt vor dem Spittelthore der sogenannte große Venedig, wo zuweilen Thierhetzen gehalten werden. Die Schaschkower Insel, ein besonders reizendes Ort. Der letzte Pfennig an der Landstraße, und der Brimankische Garten. Der anmuthigste Spaziergang ist hierorts längst dem Flusse. Vor dem Neuthor sieht man viele lustige Weingärten, worunter der sogenannte Ellenarzka der bekannteste ist. Den bequemsten Spaziergang bietet uns dar die Strecke nächst den Stadtmauern zwischen dem Spittel und Neuthore. — Vor dem Roßthore ist der gräflich Klamische Garten sehr geschmackvoll angelegt, in der nämlichen Reihe sind noch manche lustige Gärten und Weinberge. — Wenn man durchs Kornthor passirt, so kommt man nach Nussel, Michel und dem Gasthofe na Stromkach genannt, welches lauter zur Ergötzung dienende Derter sind. Bey Nussel sieht man den schönen ehemals Mannsfeldischen nun Fürstkolorsdischen Ziergarten. Auch sind in dieser Gegend viele schöne Wein und Obstgärten.

Der

der Belustigungsörter.

Der Bezirk vor dem Jugesberthore ist der anmuthigste an verschiedenen Lustgärten, worunter sich der gräflich Buquoysche hervorthut, am Moldauufer sind reizende Gärten angelegt, die fast in einer ununterbrochenen Kette durch die ganze smichofer Reihe fortlaufen. Die andere Seite an der Landstraße ist nicht minder reizend und angenehm. Man erblickt hier viele Mayerhöfe, Landhäuser und einige Weinberge.

Vor dem Wischebraberthor ist ein besonders angenehmer Spaziergang nach dem Pedos, welcher Ort wegen den schmackhaften Krebsen, Aalen und Haberfischeln berühmt ist.

Vor dem Strahöferthor ist ein angenehmer Spaziergang durch die Alee nach St. Margareth. An einer Anhöhe linkerseits ist ein Wallfahrtsweg nach dem weißen Berge, und dem Kloster Waldel. Rechterseits ist der ehemalige Kajetanergarten, und einige reizende Oerter mehr. Endlich findet man vor dem Sandthore das Bergschloß Bubenetz mit einer lustigen Gegend, das Lustschloß Troja, die Kaisermühle, und von der andern Seite über den Fluß gefahren den Flecken Bubna nebst einigen angenehmen Mayerhöfen.

Beschreibung

Vom Maaße und Gewicht.

So viel es aus der Geschichte bekannt ist, so hat Przemißl Ottogar eine wichtige Verbesserung in den böhmischen Maaßen und dem Gewichte vorgenommen, welches aber in den folgenden Zeiten immer näher zu einem vollständigen Fuße gebracht worden war. Um allen Beirrungen im Kommerz vorzubeugen, ist endlich um das Jahr 1760 eine allgemeine Gleichförmigkeit des Maaßes und Gewichts in allen österreichischen Staaten eingeführt. Die eigentliche Beschaffenheit der Sache besteht in folgender Ausgleichung.

Die neuen österreichischen Klaftern und Schuhe sind größer als die altböhmischen. Eine österreichische simple Klafter beträgt nicht drey Ellen, wie die vormalige böhmische, sondern nur 6 Schuhe österreichischen Maaßes; dieser neue Schuh wird zu 12 Zoll, und jeder Zoll weiters in 4 Theile oder Viertel getheilt. Es ist auch wohl zu merken, daß der neue Schuh nicht gleich sey einer halben Elle, wie es der alte böhmische war; ein böhmischer Schuh macht 12 österreichischer Zoll, und ein Viertel. Daher macht eine böhmische Klafter 5 österreichische Schuhe 7 Zoll und einen halben, und zwey böhmische Klafter, eine österreichische Klafter 5 Schuhe und 3 Zoll. — Eine alt böhmische Holzklafter macht 5 österreicher Schuhe. Man

vom Maaße und Gewicht.

versteht unter dieser Klafter einen Stoß Holzes, dessen Höhe beständig von einer neu österreichischen Klafter, die Breite aber von 5 Schuhen hat. Daher macht eine österreichische Klafter vier Schuhe und ein Zoll, zween volle böhmische Klafter aus. Der Preis der alt böhmischen Holzklafter mit dem Preise der neu österreichischen hat folgende Vergleichung.

Der Preis der alt böhmischen Holzklafter steiget nach dem geringsten Preise von 1 Kreuzer bey den neu österreichischen Kläftern auf ein Kreuzer ein Pfennig. Von einem Gulden auf ein Gulden 8 Kreuzer 1 Pfennig. Dann von 8 Gulden, auf 9 Gulden 16 Kreuzer 1 Pfennig u. s. w.

Die österreichische Elle ist fast um ein Viertel größer als die böhmische. Sie wird getheilt in zwey, vier, acht, sechzehn, und zwey und dreyßig Theile. Es wird auch der dritte Theil auf derselben angedeutet. Die neue Elle hat mit der neuen Klafter nichts gemein wie vormals. Eine böhmische Elle macht nach der österreichischen 3 Viertel, — 2 Ellen, 1 Elle 2 Viertel — 3 Ellen, 2 Ellen 1 Viertel und ein zwey und dreyßig Theil; 4 Ellen, 3 Ellen und ein Sechzehntheil u. s. w. Z. B. ich habe sonst 6 böhmische Ellen zu einem Kleide gebraucht, wie viel brauch ich nach österreichischer Maaß? fällt heraus 4 Ellen 2 Viertel und ein Sechzehntheil. — Die Vergleichung der

Preise

Preise steigt von einer böhmischen Elle pr. 1 Kreuzer nach österreichischer Maaß auf 1 Kreuzer 1 Pfennig. Von 30 Kreuzer auf 39 Kreuzer 1 Pfennig; von 1 fl. auf 1 fl. 18 kr. Von 10 fl. auf 13 fl. 7 kr. u. s. w. Z. B. man verlangt zu wissen, was eine österreichische Elle Tuch koste, davon sonst die böhmische Elle um 3 fl. 14 kr. gekauft worden. Nach der Tabelle steigen 3 fl. auf 3 fl. 36 kr. 1 Pf., 14 kr. auf 18 kr. 1 Pfennig. Also ist der gesuchte Preis 4 fl. 14 kr. 2 Pfennig.

Der österreichische Metzen, Viertel, Achtel und Maßel, ist mehr als um ein Drittheil geringer als der böhmische Strich, Viertel, Achtel und Metzen. Die Theile eines österreicher Metzen sind ein Viertel, Achtel, Maßel, oder der sechzehnte Theil des ganzen neuen Metzens. Dann ein halb Viertel, Achtel und Sechzehntel ines Maßels. Und ist also in der österreicher Körnermaaß kein Seidel, obschon das Achtel es Maßels fast mit einem böhmischen Seidel usammentrift, und also das Sechzehntel mit luem halben böhmischen Seidel. Ein halb böhmisches Seidel macht demnach ein Sechzehntel ines österreichischen Maßels. 1 Seidel 1 Achtel, 2 Seidel 2 Achtel, 3 Seidel 3 Achtel u. w. Ein böhmischer Metzen macht 1 österreicher Maßel und 4 Achtel, 2 Metzen 1 Achtelmeßen 1 Maßel, 3 Metzen 1 Viertelmetzen 1 Achtel und ein Viertel u. s. w. Ein böhmischer
Strich

Strich macht ein österreicher Metzen, 2 Viertel, 2 Achtelmaßel. — Die Vergleichung des Preises der Körnermaaß ist: 1 Kreuzer fällt nach dem österreicher Maaß auf 3 Pfennig, 1 fl. auf 39 kr. 2 Pf. Z. B. der Strich Korn kostet 2 fl. 35 kr., wie viel kostet 1 Metzen Korn nach österreicher Maaß? Nach der Tabelle fallen 2 fl. auf 1 fl. 18 kr. 3 Pf., 30 kr. auf 19 kr. 3 Pf. und 5 kr. auf 3 kr. 1 Pf. Also kostet der österreicher Metzen Korn 1 fl. 41 kr. 3 Pf. So fällt auch der Preis eines böhmischen Seidels oder halb Seidels von 1 Kreuzer in Vergleichung des österreicher Achtels, oder sechzehntel Maßels auf gleichfalls 1 Kreuzer 5 Kreuzer, auf 4 Kreuzer 3 Pfennig, 10 kr. 9 kr. 3 Pf., 20 kr. 19 kr. 2 Pf., 30 kr. 29 kr. 1 Pf. Das Achtel oder der achte Theil des österreicher Maßels ist nur etwas sehr weniges kleiner als das böhmische Seidel, und eben dies giebt vom Sechzehntel des Maaßes in Vergleichung mit dem böhmischen Halbseidel. Daher der Unterschied des Preises bis zu 5 kr. in Brüchen des Pfennigs besteht, die Kleinern sind als ein halber Pfennig nun also weggefallen. Wenn der Preis des Metzens ist zu 1 kr., so ist der Preis der Theile des Metzens, nämlich eines Viertels 1 Pfennig. Metzen zu 20 kr. macht das Viertel zu 5 kr., das Maßel zu 1 kr., das Achtelmaßel 1 Pfennig. Der Metzen zu 43 kr. macht das Viertel zu 10 kr. 3 Pf., das Maßel zu 2 kr. 3 Pfennig,

nig, Achtelmaßel zu 1 Pfennig. Der Metzen zu 7 fl. macht das Viertel zu 1 fl. 45 kr., das Maßel zu 26 kr. 1 Pf., das Achtelmaßel zu 3 kr. 1 Pf. ꝛc. Z. B. was kostet ein Maßel Erbsen, wenn der Metzen um 2 fl. 15 kr. verkauft wird? Wenn der Metzen nur um 2 fl. wär, würde das Maßel nach der Tabelle kosten 7 kr. 2 Pfenuig. Weiters für den Metzen 15 kr. gerechnet, kommen fürs Maßel 3 ein Viertel Pf. oder 1 Pf., die Summe dieser Zahlen 8 kr. 2 Pf. ist der verlangte Preis des Maßels, wenn der Metzen 2 fl. 15 kr. kostet.

Das österreicher Seidel und Maaß ist überhaupt kleiner als das böhmische, die österreicher Maaß macht fast 3 böhmische Seidel aus. Die Maaß wird getheilt in die Halbmaaß und Viertelmaaß, welche auch ein Seidel heißt, da hingegen in der österreicher Körner oder trockner Maaß kein Seidel zu finden ist. — Ein böhmisch Seidel macht nach dem österreicher Fuß ein und ein Viertelseidel. Eine böhmische Pint aber 1 österreicher Maaß ein und 2 Viertelseidel. Wenn eine böhmische Pint vormals 4 kr. galt, so fällt ein österreicher Maaß auf 3 kr. — Von 5 kr. auf 3 kr. 3 Pfennig. Von 6 kr. auf 4 kr. 1 Pfennig ꝛc. Ein Seidel von 1 kr. auf 3 Pf., 2 kr. auf 1 kr. 2 Pf., 3 kr. auf 2 kr. 1 Pf. ꝛc. 1 fl. böhmisch flüßiger Maaß fällt nach dem österreichischen Fuß auf 44 kr. 2 Pfennig.

Der

vom Maaße und Gewicht.

Der böhmische Eymer hielt vormals 30 Pint, klaren Getränks; der österreicher Eymer hält überhaupt 40 Maaß klares Getränk und ist um eine halbe Maaß kleiner als der böhmische Eymer von 30 Pinten. Ein böhmischer Eymer macht einen österreicher Eymer und 2 Seidel. Ein böhmisches Faß macht also 1 österreicher Faß und 2 Maaß. Die Preise fallen sonach von 11 kr. auf 10 kr. 3 Pf., von 1 fl. auf 59 kr. 1 Pf. ic.

Das österreicher Pfund, Loth und Quintel ist größer als das böhmische. Das österreicher Zentnergewicht aber ist kleiner als dieses. Es hält nicht 120 Pfund, sondern nur gerade 100. 2 böhmische Quinteln machen 1 und drey Viertel österreicher Quinteln. Ein böhmisch Loth thut 3 und drey Viertel österreicher Quinteln. 1 Pfund 29 Loth 1 und ein halb Quintel. 1 Zentner macht nach österreicher Gewicht 1 Zentner 10 Pfund und 7 Loth. — Die Vergleichung des Preises ist: 2 kr. im böhmischen Gewicht, machen nach dem österreicher 2 kr. 1 Pf., 8 kr., 8 kr. 3 Pf., 33 kr. 36 kr., 1 fl., 1 fl. 5 kr. 1 Pfennig. Die geringste Differenz eines böhmischen Zentners zu 2 kr. verhält sich zu dem österreicher zu 1 kr. 3 Pf., von 5 kr. zu 4 kr. 2 Pf., von 30 kr. zu 27 kr. 1 Pf., von 1 fl. zu 54 kr. 2 Pfennig.

Alle ist beschriebene Arten von Maaß und Gewichtern werden von der Polizeybehörde ihrer

Richtigkeit wegen gestempelt oder zimentirt. Zu gewissen Zeiten stellen auch die Polizeykommissärs unvermuthete Untersuchungen an, um zu erfahren, ob in den Kramläden, Wein und Bierschänker, Müller und Bäcker ꝛc. im Maaße und Gewicht nach vorgeschriebener Ordnung vorgegangen wird, da denn die Uibertreter den Umständen der Sache nach mit empfindlicher Leibesstrafe oder einer Geldbuße belegt werden. — Wer eine nähere Nachricht von der Beschaffenheit des Maaß und Gewichtwesens zu wissen verlangt, kann die im öffentlichen Druck im Jahre 1764 erschienenen Vergleichungstafeln der böhmischen Maaßen mit den österreichischen lesen, und sich mit der Berechnung bekannt machen.

Von Wasserüberschwemmungen, die von Alters her Prag durch Austretung des Moldauflußes gelitten.

Im Jahre 961 war ein ungemein trockener Sommer, weil es das ganze Jahr durch nicht geregnet, die Moldau gerieth dadurch in Fäulniß und die Quellen und Brünnen versiegten fast gänzlich, die Seen und Teiche verdarbin, wodurch Menschen und Vieh in Verlegenheit gebracht wurden. Hierauf warf es im Wintermonat einen so häufigen Schnee, daß die Menschen nicht aus ihren Wohnungen, und das

Wild aus seinen Aufenthaltsörtern unter der Last des an ihren Aesten liegenden Schnees gehen konnten, und eine Menge Dorfhütten stürzten aus eben der Ursache ein. Ohngefähr 8 Tage darauf kam ein starkes Thauwetter, dadurch erfolgte in Prag und auf dem ganzen Lande eine große Uiberschwemmung.

Dagegen war im Jahre 1118 im September in Böhmen eine so große Nässe, daß sich dadurch die Wässer ungemein ergossen. Man glaubte damaliger Zeit, dies wär die größte Uiberschwemmung in Böhmen seit Menschengedenken gewesen. Die Moldau breitete sich damals dermassen aus, daß sie viele Kirchen und Häuser, so nächst dem Ufer standen, aus dem Grunde hob, und mit dem Strohm fortriß. Obgleich von diesem Zufall das Wasser bis an die hölzerne Brücke bey Prag öfters gereicht; wenn es groß gewesen, so ist doch dieser Zeit das Wasser um 6 Ellen höher, als je geschehen war, gestiegen, die prager hölzerne Brücke selbst gerieth unter Wasser und viele Häuser in Prag wurden hart beschädigt.

Die beständig nasse Jahrszeit von 1180 veranlaßte eine große Wasserergießung im Lande. Am Laurenzitage war die Moldau so groß und führte so viel Holz mit sich, daß man Mühe hatte, die nunmehr steinerne prager Brücke vom Einsturze zu befreyen.

Im Jahre 1272 stellten sich in Böhmen zu Anfang des Herbstes anhaltende Regengüsse ein; die Wasserbehältnisse wuchsen dadurch stark an. In Prag wurden fast alle Mühlen fortgerissen, und viele Menschen verlohren dabey ihr Leben. Nebst dem wurden die Gärten um Prag verschlemmt. In der Altstadt erreichte das Wasser die Staffeln der St. Egydikirche; von der andern Seite kam es bis zur St. Niklaskirche und die ganze Judenstadt stund im Wasser.

Den 1. September des Jahrs 1359 stieg die Moldau so hoch, daß das Wasser die ersten Staffel der St. Niklaskirche benetzte, und auf den kleinen Ringel kam. Die hölzerne Brücke wurde fortgerissen, solche ward kurz bevor erbaut gewesen, da man die steinerne Brücke, so im Jahre 1171 die Königinn Judith machen ließ, hinweggethan, um mit dem Baue einer andern den Anfang zu machen.

Bald darauf ereignete sich im Jahre 1367 im März eine gleiche Uiberschwemmung, die Hälfte der Altstadt wurde dadurch überschwemmt, an der St. Niklaskirche, den kleinen Ringel, und bey St. Egydi sah man das Wasser an der zweyten Staffel. Das Wasser führte viele Gebäude, Mühlen, Scheunen, Menschen und Vieh vor Prag vorbey.

Eben dergleichen Wasserfluth erlebten die Prager schon wieder im Jahre 1370 am Mariä Himmelfahrtstag, wobey das Traurigste dieses war,

war, daß wegen stätem Regen das Wasser in gleicher Höhe 18 Tage lang gestanden.

Im Jahre 1398 ist am 6ten Dezember der bevor häufig gefallene Schnee plötzlich geschmolzen, dadurch entstand in Prag ein so großes Wasser, daß man auf dem altstädter Ring mit Kähnen herumfahren konnte.

Im Jahre 1445 verursachte ein durch 4 Tage ununterbrochen fortwährender Platzregen eine so starke Überschwemmung, daß dadurch das Wasser in die meisten Keller in Prag eindrang.

Eben durch ein beständiges Regenwetter geschah es im Jahre 1473, daß die Leute weder den Feldbau bestellen, noch die Straßen befahren konnten. Endlich wurde Prag am Johannistage so überschwemmt, daß man vermeinte, der Stadt würde dadurch der gänzliche Untergang zugezogen. Dieses dauerte bis zum 15. August, da sich das Wasser wieder nach und nach zurückzog.

Durch die beständige nasse Frühjahrswitterung von 1481 wurden die Landstraßen völlig zu Grunde gerichtet; um Pfingsten geschah in Prag eine Wasserergießung, daß dadurch der sogenannte Brabatsch bey der prager Brücke am Kreuzherrenspital völlig bedeckt wurde. In der Altstadt drang das Wasser sehr tief unter die Erde ein, und in der St. Annakirche, der damaligen Dominikanerordens Nonnen gieng das
Was-

Waſſer an den hohen Altar. — Dieſer Bra‐
datſch, iſt wie bereits gemeldet worden, ein in
Stein gehauener Kopf mit einem großen Barte
über den Schwiebogen des Arms der Moldau
an dem Spital der Kreuzherren unter der Brücke,
er wird wegen des großen Barts nach dem böh‐
miſchen Bradatſch genannt; dieſer Kopf war in
alten Zeiten das Maaß der außerordentlichen
Höhe des Waſſers.

Im Jahre 1501 ſtellten ſich ſtarke und
häufige Regengüſſe ein. Im Auguſt ſchwoll das
Waſſer in Prag ſo an, daß es über gleich er‐
wähnten Bradatſch zween Ellen ſtieg; die Mol‐
dau war voll von weggeſchwemmten Heu‐Grum‐
met, Mühlrädern, Hütten, Dächern, Getraide,
Schober und Mandeln. An der Brücke ſelbſt
lag viel Holz, Heu, und gedroſchenes Getraid,
welches die Juden fortflöſſen mußten. Das
Waſſer drang damals bis in die Keller der Ei‐
ſengaſſe.

Im Jahre 1655 und 1675 ereigneten ſich
abermals große Ueberſchwemmungen, die Höhe
des damals geſtiegenen Waſſers iſt in dem Hauſe
bey der Ueberfuhr in der Altſtadt und an andern
Orten mehr bemerkt.

Das Jahr 1771 iſt merkwürdig durch die
Ueberſchwemmung, die im März ſich ereignet
hatte, die Höhe des Waſſers findet man in den
Stadtmühlen bezeichnet.

von Wasserüberschwemmungen.

Doch ungleich größer war die Überschwemmung vom Jahre 1784, die durch den Eisstoß und ausgetretene Moldauwasser Nachts vom 27 bis 28 Hornung entstand. Das Wasser erreichte eine Höhe von 9 Ellen über ihren ordentlichen Stand. Eine Menge Menschen und Vieh fand im Wasser den Tod, und vieles Holz, Geräthschaften und Hütten wurden von dem reissenden Strohme mit fortgerissen. Durch die große Gewalt der angetriebenen starken Eisschrollen wurde die prager Brücke sehr beschädiget, und man brachte den ganzen Sommer an derselben Herstellung zu. Auf der Altstadt kam das Wasser bis an den kleinen Ringel; die meisten Keller wurden mit Wasser angefüllt, an dessen Herausschöpfung man lange Zeit arbeiten mußte. Das Ulbel würde noch größer gewesen seyn, wenn vom 28. Hornung auf den 1ten März nicht ein großer Frost eingefallen wär, wodurch der schon im Schmelzen begriffene noch häufige Gebirgsschnee sich aufhielt, und dann nach und nach sich auflöste.

Von Feuersbrünsten.

Im Jahre 1142 zündete Herzog Konrad bey der damaligen Belagerung Prags durch einen abgeschossenen feurigen Pfeil die Kirche St. Veit an, welche dadurch bis auf den Grund abbrannte. Gleiches Schicksal traf auch dieser Zeit die St. Georgenkirche, diese brannte nicht

nur

nur gänzlich ab, sondern stürzte auch bald darauf völlig ein. In beyden Kirchen giengen zugleich im Rauche auf viele kostbare Verzierungen und Alterthümer.

Das Strahöfer Kloster nebst den daran stossenden Gebäuden wurde im Jahre 1259 ein Raub der Flammen. Dieß Unglück geschah durch die Unvorsichtigkeit eines dortigen Klostergeistlichen, welcher mit dem Lichte nicht behutsam genug umgieng.

Das Jahr 1291 war für die Kleinseite sehr unglücklich, indem solche durch ein in der Nacht vom 6. auf den 7. Dezember ausgebrochenes Feuer ganz abgebrannt, also daß auch nicht ein Haus übrig geblieben ist.

Am Tage St. Thomä 1315 brach ein Feuer in der Judenstadt aus, dadurch verbrannte zugleich der halbe Theil von der Altstadt, nämlich die mittägige Seite bis an das Thor, wo man nach dem Zderas zu gehen pflegt. Den 10ten Tag nach dieser Feuersbrunst kam abermals nicht weit vom vorigen Orte ein Feuer aus, und zwar in dem andern Theil der Stadt, den zuvor das Feuer verschont hatte, dieser Theil wurde nun auch gänzlich verzehret. Die Kirche St. Valentin mit vielen in der Gegend umher stehenden Kapellen, das königliche Haus, das Rathhaus und andere Gebäude mehr konnten nicht gerettet werden. Es brauchte über 50 Jahre Zeit bis man alles wieder herzustellen

von Feuersbrünsten.

im Stande war. Hieraus ist auch abzunehmen, daß die ältesten Denkmäler dieses Bezirks nicht 500 Jahre alt seyn können. Merkwürdig ist es, daß kurz vor und nach dieser traurigen Begebenheit, als das Przemißlische Haus abgestorben, beyde damaligen Städte, nämlich die Altstadt und Kleinseite vom Grund aus abgebrannt.

Im Jahre 1420 legten die Hussiten im Sachsenhause Feuer an; ein gleiches thaten sie auch in dem gegenüber stehenden erzbischöflichen Hause, das Feuer ergrif mit dem größten Theil der Kleinseite mit der Muttergotteskirche an der Brücke, dem Kloster zu St. Thomas, zu St. Maria Magdalena, und Kloster Platz auf dem Augezd; das nämliche Jahr wurde auf gleiche Art das strahöfer Kloster und die meisten Klöster in der Alt und Neustadt zerstört, das folgende Jahr legte auch dieser aufrührische Pöbel Wischerad in die Asche.

Im Jahre 1501 brach am Ostertage in einem Backhause auf dem Porschitz nächst der St. Peterskirche Feuer aus, und richtete den ganzen dortigen Bezirk zu Grunde.

Bald darauf nämlich im Jahre 1504 im August betraf das nämliche Unglück die Kleinseite. — Von dem Peterschilkischen Hause an, wo man glaubte, daß das Feuer ausgebrochen wäre, brannte ab die ganze Seite von dem Thor, wo man nach dem Augezd gieng, mit dem Marktplatze bis an das Rathhaus, dann die Gasse von der Brücke nach dem Ring, desgleichen das Kloster zu St. Thomas, der Brückenthurm, das Sachsenhaus, das Baad, die vormaligen zween Thürme am maltheser Kloster ꝛc. Die Gewalt des Feuers wirkte so schnell, daß alle jetzt bemerkte Gebäude in einer Zeit von zwey Stunden in Flammen waren. Gegen 40 Personen verlohren dabey das Leben. Der Wind trug einige brennende Materien auf die Altstadt herüber, welche einige Häuser in der Plattnergasse und die St. Valentinskirche in Feuer setzten, das aber bald gelöscht worden war.

Im Jahre 1506 entstand ein Feuer in der Neustadt in dem sogenannten Judengarten und zerstörte 13 Häuser.

Die Feuersbrunst von 1541 ist in der Geschichte besonders merkwürdig. Die Kirche St. Veit, nebst dem prager Schloß, mit allen umergelegenen Gebäuden in dem ganzen Schloßbezirke, dem Hradschin, und die halbe Kleinseite wurde damals in die Asche gelegt. Der größte und unersetzlichste Schade dabey war, daß auch diesmal die königliche Landtafel mit verbrannt war. Von dieser Zeit an vermißt man viele alte wichtige Landesurkunden, Familienverträge und Handelsbücher.

Im Jahre 1653 brach ein Feuer in der Neustadt aus, von welcher Zeit eine Gasse daselbst bis itzt noch die brennte Gasse genannt wird. In diesem Brande giengen 148 Häuser zu Grunde. Der Fall ereignete sich am Fronleichnamstage, da die meisten Leute nicht zu Hause gewesen waren.

Das Jahr 1689 war für die prager Judenschaft unglücklich, das Feuer brach aus in der Karpfengasse zum schwarzen Adler, man sagt, daß es wär angelegt worden, solches ergrif alsbald die Judenstadt, und machte daraus in kurzer Zeit eine Brandstätte. Von da breitete es sich über die Altstadt aus, legte 700 Häuser nebst 5 Kirchen, worunter St. Jakob und St. Benedikt mit einbegriffen war, in Schutt, und kam sogar auf die Neustadt selbst, indem es das Kapuzinerkloster mit einigen daranstoßenden Häusern zündete.

Im Jahre 1707 entstund ein Feuer in der langen Gasse, welches sich bis zum neustädter Thore verbreitet hatte. Die in diesem Striche begriffenen Häuser wurden sämmtlich eingeäschert. Die Brandstätte war lange Zeit unausgebauet geblieben.

Eine Zeit darauf ereigneten sich zu einigemalen verschiedene Feuersbrünste in der Judenstadt; worunter der Brand um das J-br 1753 der beträchtlichste gewesen, weil dadurch abermals fast die ganze Judenstadt unwohnbar gemacht wurde. Das Feuer kam auch damals in die Altstadt, setzte die Fleischbänke in Flammen, und beschädigte viele Häuser in der Langen, Karpfen und Platnergasse.

In

In der prager Belagerung von 1757 wurden viele Häuser auf der Kleinseite, der Altstadt, besonders aber der Neustadt durch die häufig von den preußischen Baterien hereingeworfenen feurigen Kugeln und Bomben in Brand gesteckt. Der ganze Bezirk vom Spittl- und Neuthor war als eine bloße Brandstätte anzusehen, und erst viele Jahre darnach konnte man wieder die Gebäude herstellen.

Zwischen den Jahren 1760 und 70 entstunden desgleichen manche Feuersbrünste in Prag, die größten darunter sind jene gewesen, welche den altstädter und neustädter Wasserthurn zu verschiedener Zeit zu Grunde gerichtet. Der heutige schöne altstädter Wasserthurn ist nach diesem letzten Brande neu erbaut worden.

Im Jahre 1773 brach schon wieder in der Judenstadt in der Nacht vom 23 auf den 24 Juny in des Oberrabiners Wohnung Feuer aus, man bemerkte solches gleich nach Mitternacht, konnte es aber wegen des schweren Zugangs nicht sogleich löschen; daher dauerte der Brand bis gegen 4 Uhr Morgens, während welcher Zeit gegen 20 Judenhäuser theils völlig abbrannten, theils beschädigt wurden. Man will dabey bemerkt haben, daß eben jene Häuser, die in der großen Feuersbrunst von 1753 verschont geblieben, nunmehr abgebrannt wären.

Anhang

zu der vollständigen

Beschreibung

der königlichen

Haupt und Residenzstadt

Prag.

Erster Abschnitt.

Topographische Beschreibung der Plätze, Gassen und merkwürdigen Gebäude.

Seit 1787 ist man mehr als jemals darauf bedacht, der Stadt alle mögliche Zierde und Schönheit, so wie den Bürgern Bequemlichkeit zu verschaffen. Die nach und nach theils neu aufgeführte, theils hergestellte Gebäude von verschiedener Art werden nach dem nieblichsten Geschmack und einer ächten Architektur zu Stand gebracht. Ueberall hat der vormalige Prunk, das Überflüßige, und der Hang zu dem Großen, Lästigen, und Außerordentlichen, der modernen Nettigkeit, dem Wohlstande, und einer edeln Einförmigkeit gewichen.

Zur Vorbeugung der Feuersgefahr bauet man itzt bloß feuerfeste Häuser, ein Vortheil, welcher der Stadt von den vorigen Zeiten einen großen Vorzug giebt; da sonst wegen den in den Gebäuden so häufig vorgefundenen leicht feuerfangenden Materien bey entstandenen Feuersbrünsten ganze Reihen von Häusern und viele Gassen ein Raub der Flamme geworden.

Auf gleiche Art hat man jene, die freye Passage bey plötzlich eingefallenen Platzregen so unbequem machende, weit in die Gassen hervorragende Dachrinnen abgeschaft, und mit

einer

einer weit vortheilhafteren Art senkrechts herunter abgeleiteten Röhre verwechselt.

Diese und dergleichen mehr Bauvortheile um so nachdrücklicher zu befördern, ist von der Polizey die Veranstaltung getroffen worden, nach welcher ein jeder Bauherr, der entweder ein Gebäu neu aufzuführen, oder solches wesentlichen Theilen nach zu verbessern, erweitern oder herzustellen gedenket, verbunden ist, der politischen Stelle, bevor er an dem Werke arbeiten läßt, den Bauriß vorzulegen.

So wie einzelne Gebäude oft zur wahren Zierde und Vortheil der Stadt gereichen, so ist auch das nämliche von den Plätzen zu behaupten. Viele sind schon wirklich von den sonst da stehenden Kramläden und Hütten entlediget, und dadurch zu ihrem ursprünglichen Ansehen zurechtgebracht worden; den übrigen steht nächstens dergleichen glückliche Veränderung bevor.

Vormals war die gewöhnliche so ungleiche Pflasterung der Gassen mit spitzigen hervorragenden Steinen, die Höhlungen und Höckere verursachte, besonders den Fremden anstößig; allein heute bemühet man sich das Uebel auf die Seite zu räumen, indem von der politischen Stelle ernstlich darauf gedrungen wird, die Stadt mit ebenem, platten und dauerhaften Pflaster zu versehen. Ein Beyspiel davon liefert uns die jüngst hergestellte Brücke, die durchgängig mit gutem Pflaster belegt worden ist.

Be-

Anhang. 273

Besonders zur Winterszeit war es ehedem wegen Ergiessung des Wassers und Anschwellung der Rinnen, die keine rechten Abfluß hatten, die Stadt unbequem zu paßiren; jetzt hat man durch zweckmäßig angebrachte Ableitungen und Kanäle diese Unbequemlichkeit meist gehoben und dadurch einen ungehinderten Uibergang bewirkt. Durch den nämlichen Weg brachte man auch das durch die Stockung in Fäulniß gerathene und Gestank verursachende Wasser und Schlamm zum Abflusse; wie dann überhaupt jetzt die Stadt mit Kanälen gleichsam durchschnitten ist, die zur Reinlichkeit sehr viel beytragen.

An den ausgesetzten Tägen läßt jeder Hausherr den vor seinem Hause von ungefähr sich angehäuften Unflat und Kehrig wegräumen, und durch die eigends dazu bestellte Schuttführer, so die Gäßen beständig umher fahren, wegbringen. Jene Handwerke, so durch den Betrieb ihrer Nahrung mit verschiedenen Materialien die Stadt verunreinigen, bewohnen die abgelegenen Bezirke von Prag.

Durch Abbrechung verschiedener alter und überflüßiger Gebäude erhielt mancher Platz und Gaße in Prag eine schöne Aussicht und Erweiterung; und es wäre zu wünschen, daß damit besonders noch mit jenen Gebäuden fortgefahren würde, die weit in die Gäßen vorstehen, und die Baßage beschwerlich und gefährlich machen.

Beschr. v. Prag II. Th.   S.   Die

Die nächtliche Beleuchtung, die in Prag zur allgemeinen Gewohnheit geworden, gereicht der Stadt nicht minder zu einem besondern Ansehen, Sicherheit und Bequemlichkeit, wie dann auch strenge Aufsicht darüber gehalten wird, womit alles von der Strasse geräumet werde, das auf was immer für eine Art den Vorübergehenden zum Nachtheil gereichen könnte. Kurz! Prag befindet sich eben in der Epoche, um dem Bürger sowohl als Fremden den Aufenthalt angenehm, bequem und sicher zu machen.

I. Kleinseite.

Obgleich der Ring durch die im Jahre 1785 geschehene Hinwegräumung der daselbst stehenden Fleischbänke, Krambuden und des Militärwachthauses ein schönes Ansehen erhalten, so stehen gegenwärtig an dessen obern Seite einige kleine Gebäude, die, wenn sie einst eingegangen seyn werden, der Platz eine herrliche Aussicht zu gewarten haben würde. Heutiges Tags ist es daher eine heilsame Anordnung, nach der verboten wird, die Plätze und Gässen der Stadt mit Häusern zu verbauen.

N. 74. Aus dem vormaligen königlichen Kammerzahlamtsgebäu ist das Bankalamt nach dem Landhause verlegt worden. Hier befindet sich also blos die Kriegskasse.

408. Kleinseitner bürgerliches Spital ist 1787 durch ein öffentliches Feilbietungsedikt zum

zum Kauf angeboten worden, nachdem bevor das Institut gleich jenem von der Neustadt aufgehoben worden, von welcher Zeit an die Spitäler keine gemeinschaftliche Verpflegung genießen, sondern jeder für sich die bestimmte Portion erhält.

435. **Karmeliter Garten** wurde von Seiner Majestät dem Kaiser den Zöglingen des königlichen Generalseminariums geschenkt, die an ihren Ergötzungstägen solchen zu besuchen pflegen, der Garten an sich selbst ist angenehm, und mehr nach der schönen Natur als der Kunst angelegt. Da selber sich nach dem Laurenziberge erhebt, so gewinnt er dadurch eine reizende Lage, und eröffnet zugleich die Aussicht nach einem beträchtlichen Theil der Stadt. Man sieht hier viele Fruchtbäume von verschiedener Art mit lustigen Gebüschen untermengt.

207. **St. Thomaskirche** ist sammt der Maltheserkirche nach der Gottesdienstordnung vom Jahr 1784 zu einer Pfarre erhoben worden.

II. Hradschin.

Ehemaliges Nonnenkloster St. Georg wurde im Jahre 1787 zu einem Priesterhaus für die austretende Zöglinge aus dem königlichen Generalseminarium, die zu der prager Erzbischöfe gehören, eingerichtet. Diese Zöglinge unterziehen sich hier unter der Aufsicht eines Domherrns der gewöhnlichen Prüfung; erhalten sodann die Priesterweihe, und werden nach der Seelsorge verschickt.

Adeliches Fräuleinstift ist gegenwärtig mit dem vormaligen neustädter Stift vereiniget. Die am letztern Orte befindlichen Fräulein wurden 1787 in dies Gebäu überführt, und es verlautet, daß wegen bequemerer Bewohnung das Gebäu mit Zuziehung der an dasselbe anstoßenden Häuser erweitert werden soll.

Mariahilfkapelle an der sogenannten Marienschanze ist gegenwärtig geschlossen; es scheint, daß ein gleiches mit allen Kapellen vorgenommen wird.

Strahöfer Stift gerieth unter die Administration. Dieser zufolge erhalten die Geistlichen, die zur Zeit noch immer in der Gemeinschaft leben, zu ihrem Unterhalt einen bestimmten Betrag am baaren Gelde, dagegen werden alle Klostererträgnisse von der Administration verrechnet. Die nach der Kirchenordnung von 1784 hier angelegte Pfarre ist nach der Lorettokirche verlegt, und mithin weiter in die Stadt gezogen worden.

Strahöfer Spital befindet sich itzt unter der Aufsicht des milden Stiftungsinstitut, von welchem es gleichfalls verlautet, daß selbes die Aufsicht über das sämmtliche Spitalswesen übernehmen soll.

Lorettokirche, ist wie gemeldet, zu einer Pfarre gemacht.

Bil-

Anhang. 277

Bildsäule St. Ludmilla, so vormals bey der Kapelle zu Maria Einsidel stand, ist itzt nach der Brücke übertragen. Sie nimmt die Stelle an dem Pfeiler St. Johann von Nepomuck gegenüber ein. An derselben Stelle erhob man jene St. Wenzels Statue, die in dem bemerkten starken Eisgange beschädigt wurde, und vorher am nämlichen Orte stand.

III. Altstadt.

Nachdem man seit dem starken Eisgange vom Jahr 1784, der die prager Brücke sehr beschädigt, an derselben Herstellung fleißig gearbeitet; so ist endlich das Werk im Jahr 1787 in vollkommenen Stand gebracht worden. Gegenwärtig sieht man also nicht nur allein die sogenannten Eisböcke nach der Dresdner Art in dem besten Zustande, und alles, was nur immer bey künftig sich ereignen mögender Ulberschwemmung der Brücke nachtheilig seyn könnte, gehoben, sondern man hat auch dafür gesorgt, selber alle mögliche Zierde, Dauerhaftigkeit und Bequemlichkeit zu verschaffen.

Dem getroffenen Plan gemäß wurde der mittlere Pfeiler des altstädter Brückenthurms abgetragen, und dadurch die Durchfahrt erweitert, die Gefahr des Ulberfahrens gehoben und überhaupt der Gegend eine freye Aussicht verschaft. Zur Verhütung des Einsturzes ist das Gebäu mit starken eisernen Klammern fester

ge=

geschlossen, und seitwärts mit massiven Pfeilern unterstützt worden.

Das Geländer ist durchaus solider gemacht, theils planirt, und von beyden Seiten mit ziemlich breiten, gutgepflasterten, und in ununterbrochener Strecke fortlaufendem Fußsteige versehen, wie denn auch überhaupt an der Brücke eine feste und bequeme Pflasterung zu finden. An der linken Seite gegen die Kleinseite hat man das Geländer durchgebrochen um dadurch nach der unten liegenden sogenannten Insel Kampa eine kommode Treppe anzubringen.

Durch dies Werk hat man einen doppelten Vortheil erhalten; nämlich, daß jene Personen, so entweder von dieser Gegend über die Brücke nach der Alt oder Neustadt passiren wollen, oder gegentheils nach der Insel zugehen, gerade zu mittels dieser Treppe mit Vermeidung des vormaligen Umweges, den sie sonst nothwendig nehmen mußten, herunter steigen können, und dann, daß bey künftigen Überschwemmungen die Bewohner der Insel durch den nämlichen Weg ihre Rettung schleunig und sicher bewirken.

Von der entgegengesetzten Seite näher der Kleinseite zu ist gleichfalls das Geländer geöffnet, um einen Fuhrweg zu bahnen. Auch diese Einrichtung verschaft den Fahrenden, wie leicht einzusehen, viele Bequemlichkeit, da selbe sonst eine ziemliche Krümmung zu nehmen waren genöthiget worden. Die Gegend umher aber ge-

nießt

Anhang.

nießt seitdem eine schöne Aussicht. Um die Passage hierorts bequemer zu machen, wurde das sonst an dem kleinseitner Brückenthurn angebaute Wachthaus seitwärts übertragen.

An die Stelle jener durch den Eisstoß beschädigten St. Wenzels Statue setzte man die der heiligen Ludmilla, so vorher bey der Kapelle Maria Einsiedel stand. Diese sowohl als die St. Xaver Statue, die bey der Herstellung des Pfeilers abgenommen, itzt aber wieder hier aufgestellt wurde, sind mit modernem gelben Anstrich überzogen worden. Auf gleiche Art hat man auch die St. Norberts Statue verneuert und verziert.

Nach einer jüngst ergangenen Polizeyverordnung sind alle Personen, so die Brücke passiren, gehalten, sich jederzeit rechts zu halten, damit die Passage durch die sonst Entgegengehende nicht beschwerlich gemacht werde. Auch ist hier das gar zu geschwinde Fahren und Reiten verboten, eine Verordnung, von welcher zu wünschen wäre, daß sie immerfort beobachtet würde. Nach einer andern Polizeyanstalt ist gleichfalls verboten, mit Schubkarren über den Fußsteig an dem Geländer zu fahren oder mit Körben und sonstigen großen Lasten, welche den Fußgängern hinderlich seyn könnten, darüber zu passiren.

Anhang.

Altstädter Ring, obgleich mit diesem Platze bisher keine wichtige Veränderung vorgegangen, so verlautet es doch, daß nächstens selber gleich dem Kleinseitner verschönert werden solle. So will man im voraus wissen, daß die Hauptwache aus dessen Mitte geräumet, und wo immer seitwärts angebracht werden dörfte. Zur nämlichen Zeit sollen auch die itzt hier stehenden Kramläden und Buden einen abseitigen Ort angewiesen erhalten.

N. 72. Ist gegenwärtig das in der Beschreibung von Prag in dem Zufrischen Hause vorgemerkte Lesekabinet verlegt, wo es bis itzt sein Verbleiben hat. Gleich daneben befindet sich

Der nun jüngst auf beständig eröffnete Lochnerische Buchladen, dessen Besitzer ein Nürnberger, hier das Bürgerrecht angenommen und sich ansäßig gemacht hat. In dem nächst daneben stehenden vormals Zufrischen Hause ist die Stolzische Wechselstube.

Servitenkloster vormaliges ist zu der Kanzley der königlichen Domainendirektion bestimmt.

Altstädter Rathhaus wurde im Jahre 1787 so vollständig hergestellt, daß es zur Manipulation der sämmtlichen Amtsgeschäfte des prager Stadtraths, und den damit verbundenen Departements ganz zweckmäßig eingerichtet ist. Die Seite des Rathhauses, so dem großen Ring

zu

zu gelegen ist, hat ein besonders schönes Ansehen, und ist fast gänzlich erneuert und um ein Geschoß erweitert worden, daher sie izt so ziemlich regelmäßig aussiehet. Auch die Seite, wo der Haupteingang sich befindet, hat von der alten gothischen Bauart sehr vieles verlohren. Lange hatte man in der Mitte der Altstadt eine Stadtuhr vermißt; der gegenwärtige Stadtrath hat die Wünsche der Bürger in diesem Stücke erfüllt. Durch dessen Anordnung und Verwendung geschah es, daß auf dem Thurn des Rathhauses eine schöne Uhr mit deutschem Schlage angebracht worden, welche durch den ordentlichen Stundenschlag der Stadt zum ungemeinen Vortheil gereichet. Die vorher besondere böhmische Uhr wird izt als ein bloßes Stück des Alterthums und als eine Rarität angesehen.

So wie von außen das Rathhaus gegenwärtig ein schönes Ansehen hat, so hat es auch einwärts viele Zierde und Bequemlichkeit erhalten. Vorzüglich hat man bey der Erneuerung dahin gesehen, die vielen überflüßigen Winkeln des Gebäudes, die dunkeln, zum Theil sehr geräumigen und unnützen Gänge, und die so unordentlich angebrachten Treppen und Staffeln, so nach den verschiedenen in ungleicher Linie liegenden Gemächern und Gewölbern führten, so viel möglich regelmäßig, und nach einer ökonomischen Bauart einzurichten. Mit dergleichen Verbesserungen gieng man so schleunig zu

Wer-

Werke, daß das Rathhaus noch das nämliche Jahr seiner Bestimmung gemäß vollständig hergestellt worden war.

283. Stockfisch und Häringsläden sind nach der neuen Komerzeinrichtung, nach welcher ausländische entbehrliche Artikel außer Handel gesetzt worden sind, aufgehoben worden.

284. Nach Aufhebung des hierortigen Karmelitenjnstituts verbleibt die Kirche eine bloße Pfarre.

340. Aus der vormaligen St. Martinskirche, Pfarr und Schulgebäude hat ein bürgerlicher Handelsmann mit Namen Ludon ein ziemlich schönes Haus aufgeführt, das von der Seite der neuen Allee besonders ein angenehmes Ansehen hat. Er unterhält hier seine Handlungsniederlage und ein Trakteurhaus. Aus dem Begräbnißorte aber ist ein Garten geworden. Der Kirchthurn steht noch unversehrt obgleich ohne Glocken da.

Schlosserhäusel auf dem Kohlmarkte stehend ist renovirt.

465. Vormaliges Klostergebäu St. Anna ist gegenwärtig, nachdem solches von dem itzigen Besitzer dem bürgerlichen Handelsmann Tichy zu Wohnungen eingerichtet worden, durchgängig mit Inwohnern besetzt. Der nämliche Hausbesitzer hat auch eine besondere Negoerkanzley eingerichtet, in welcher Bestellungen nach verschiedenen fremden Oertern angenommen wer-

werden. Was das eigentliche Kirchengebäu betrift, dies steht zur Zeit sammt dem Thurn noch unverändert.

Zum vormaligen Jesuiten klementiner Kollegium gehörige sogenannte lateinische Kapelle ist itzt, nachdem die darinn befindlichen Kirchengeräthschaften an verschiedene Kirchen abgegeben worden sind, zu einer Verwahrungsstätte der aus den aufgehobenen Klosterbibliotheken nach der prager königlichen Universitätsbibliothek herbeygeführten, und in dem ordentlichen Bücherſaale keinen Raum findenden Büchern, bestimmt.

St. Leonhardskirche ist durch öffentliche Feilbietungsedifitalien zum Kauf angebothen worden.

St. Klemenskirche wurde dem königlichen Generalſeminarium zugeeignet, nachdem bevor das hier bestandene Pfarrecht nach der neustädter Kirche Mariaschnee übertragen worden.

Kloster und Abtey St. Nikolai, hier hielt der Stadtrath seine Versammlungen und Kanzleyen in der Zwischenzeit bis das altstädter Rathhaus hergestellt worden.

Vormaliges Klostergebäu St. Agnes ist gegenwärtig eine Militärkaſerne.

45. Vormaliges Zisterzienser Seminarium ward im Jahre 1787 völlig verneuert und zum weltlichen Gebrauch bestimmt.

727. Wagenbnrgisches Haus befindet sich itzt im jüdischen Besitze. Ein gleiches geschahe mit dem sonst Smetanischen Hause auf dem altstädter Ring, und seitdem benutzen die Juden manche Gelegenheit christliche Häuser mit Vortheil an sich zu bringen, in christlichen Häusern Inleute abzugeben, und darinn neue Kramläden zu unterhalten.

492. Das von Schönfeldsche Haus ist itzt mit jenen daneben stehenden Gebäuden vereinigt und dadurch erweitert worden.

554. In dem ersten Theile dieser Beschreibung von Pray S. 131. ist aus Versehen eingerückt worden, daß bey dem gräflich Klamischen Haus ein Garten angelegt wär, dieser Irrthum wird hier verbessert und nachgetragen, daß bey diesem Hause kein Garten zu finden wär. Den Klamischen Garten siehet man auf der Neustadt in der Gegend der sogenannten Katerzinka, wohin eine Allee von der obern Seite des Viehmarkts zwischen dem vormaligen Fräuleinstift und dem vormaligen Jesuiterkollegium führt.

710. Gräflich Chamarisches Haus Karolingebäude, im Jahre 1787 ist hierorts der medizinische Hörsaal mit den Abbildungen der berühmtesten vaterländischen Aerzte ausgezieret worden.

541. Gräflich Lajanzkisches Haus hat verwichenes Jahr der Freyherr von Hoberg gekauft,

kauft, der nächst dabey eine Tüchelbruckfabrike errichtet.

Bethlehemskirche wurde im Jahre 1787 völlig niedergerissen. An derselben Stelle befindet sich ißt der königliche Bauhof, worin die nothwendigen Baugeräthschaften und Materialien aufbewahret werden. Durch die Abbrechung dieser Kirche hatte die Gasse einen weitern Raum, und die Nachbarschaft bessere Aufsicht erhalten.

181. Vormaliges Seminargebäu zu St. Benedikt soll zu einer Kaserne verwandelt werden.

391. Konviktgebäu befindet sich ißt im Privatbesitze. Der hierortige Tanzsaal, der in der Karnevalszeit von 1787 zum erstenmale eröffnet worden war, wurde aus dem Speisezimmer der vormaligen Stiftlingen errichtet.

Vormaliges Klostergebäu der weißen Kreuzherren ist vermög einer königlichen Donation von 1787 dem nahe dabey befindlichen barmherzigen Ordensinstitut zur Unterbringung der Blödsinnigen; um solche von dem gewöhnlichen Krankenzimmer zu entfernen, gegeben worden.

461. Sedlißer Prälatenhaus kam nach Aufhebung des Klosters unter die königliche Kammeradministration.

IV. Neustadt.

Bis auf das Jahr 1788 zählt man auf der Neustadt 1248 Häuser, sonach ist seit den vorhergehenden Jahren ein Zuwachs von einigen Häusern geschehen.

So wie man auf die Erweiterung dieses Theils von der Stadt Prag bedacht ist, so trägt man auch Sorge selben die erforderliche Schönheit und Zierde zu verschaffen. Nach schon vielen in dieser Art getroffenen Verbesserungen, trachtet man gegenwärtig den schon längst vorgeschlagenen Plan von Applanirung des Viehmarktes zu vollziehen. Die Zeit muß lehren, wie bald man hierinfalls zum Zweck gelangen werde.

Ehemalige Häringsniederlage ist itzt zu einem Verwahrungsort der gemeinen Stadtgeräthschaften und Materialien bestimmt.

397. Emauser Kloster ist mit jenem von St. Niklas in der Altstadt vereinigt, steht bishero unter der Aufsicht eines Administrators.

Kapelle St. Xaveri an d– ehemaligen Jesuitenkollegium St. Ignatz wird zu einer Garnisonsapotheke eingerichtet.

776. Kaiserliches englisches Reichsstift wurde im Jahre 1787 aufgehoben und die Fräulein nach dem hradschiner Stifte untergebracht. Das hierortige Gebäu solle zu einem Rekonvaleszentenhaus der Garnison verwendet werden.

433.

Anhang.

433. Baron Wunschwitzische Haus ist von einem prager bürgerl. Töpfermeister erkauft worden. Die hier vormals befindliche Hauskapelle St. Johann von Nepomuck ist aufgehoben.

Kapuzinerkloster zu St. Joseph im Jahre 1787 aufgehoben.

Hybernerkloster desgleichen. Bisher ist noch unbekannt, wozu die Gebäude verwendet werden sollen.

924. Französische Spital, ist nach geschehener Vereinigung mit dem wälschen zu Privatwohnungen verwendet worden.

475. Franziskaner Kloster zu Mariaschnee erhielt im Jahre 1787 das Aufhebungsdekret. Im nämlichen Jahre ward auch die hierortige Kirche zu einer Pfarre erhoben.

15. Vormaliges plaßer prälatenhaus, hat nach Aufhebung des Plaßer Klosters ein bürgerlicher Handelsmann gekauft und hier eine Knopffabrik errichtet.

In der Brenntengasse wurde zu Anfang des 1787 das Pfarrhaus an der Dreyfaltigkeitskirche aus dem ehemaligen Trinitargebäu zu Stande gebracht. Es ist dies ein geräumiges und schönes Gebäu, das die Gasse verziert, welche seit voriger Zeit durch die Veränderung einiger Privathäuser ein feines Ansehen erhalten.

In der Stephansgasse hat gleichfalls der Stadtrath Herr Laufota aus dem vormals Zum-

ſandiſchen Haus, das er käuflich an ſich gebracht,
ein herrliches Gebäu hergeſtellt. Es wär übrigens zu wünſchen, daß dieſe Gaſſe durch die
Planirung und Vermeuerung einiger baufälligen
Häuſer bald eine beſſere Geſtalt erhalten möchte.

Heinrichsgaſſe 856 befindet ſich gegenwärtig das königliche Stempelamt. In der nämlichen Gaſſe hat der Stadtrath Hr. von Elſen-
ſtein aus dem vormals zu drey Plaßen genannten Haus, davon er itzt der Beſitzer iſt, ein geräumiges und der Stadt zur Verſchönerung ge-
reichendes Gebäu errichtet.

Tiſchlergaſſe 1076. insgemein genannt Ta-
rabiſches Haus, das hier erſt errichtete Arbeits-
haus iſt nač) der Kleinſeite in das alte Zeughaus verlegt worden. Mehrers von dieſem In-
ſtitut am gehörigen Orte.

Tuchmachergaſſe 1165. Findelhaus mit dazu gehörigen Gebäuen werden itzt nicht mehr
zu ſonſt beſtimmten Zwecke gebraucht. Die Be-
ſorgung des Inſtituts hat inzwiſchen die wäl-
ſche Geſellſchaft bis zur einſtweiligen allgemeinen Verfaſſung der milden Stiftungen übernommen.

1174. Königliches Tabackgefällamt nach
dem vormaligen Cöleſtiner Kloſtergebäu verlegt.

Schwarze Gaſſe N. 5. Prälatenhaus St.
Johann unter dem Felſen. Nach Aufhebung
dieſer Prälatur verkaufte es die königliche Kam-
merdirektion an einen Privatbeſitzer.

Nike-

Nikolandergaſſe, 127. iſt ſtatt Plaßer, Töpler Prälatenhaus zu verbeſſern.

Gitcharz, 138 Waſchhaus, vormals zum Auguſtinerkloſter St. Wenzel gehörig.

Hartiſche Gaſſe, in derſelben iſt das vormals gelegene Gebäu St. Karl Boromäi zur Verpflegung der in der Seelſorge wohl abgedienten Weltgeiſtlichen, nunmehr wirklich zu einer Beſatzungskaſerne eingerichtet worden.

726. Karlsböfer Prälatengebäu und Kirche iſt ſäkulariſirt.

187. Vormaliges zderaſſer Prälatengebäu iſt zur Kaſerne gewidmet.

Vormaliges neuſtädter Rathhaus iſt nun wirklich zu einem allgemeinen Stadtgefängniße beſtimmt worden.

Wiſſehrad, die in deſſen Bezirk befindliche Muttergottes Kapelle iſt gegenwärtig geſchloſſen, und es verlautet, daß ein Gleiches mit allen Kapellen geſchehen ſolle.

VI. Judenſtadt.

Nach dem königlichen Edikte von 1787 die Leichen an einem außer der Stadt gelegenen Orte zu beerdigen, iſt der ſonſt ſo geräumige, und in ſeiner Art prächtige jüdiſche Kirchhof außer ſeiner gewöhnlichen Beſtimmung verſetzt worden.

Zweyter Abschnitt.

Von der Vermehrung jetziger Anzahl und Eintheilung der Einwohner.

Vergleichung des Populationsstandes von 1784, der in dem 1sten Theile der Beschreibung von Prag eingerückt worden, mit dem gegenwärtigen von 1787.

Der Buchstabe Z. bedeutet Zuwachs, V. Verminderung. Häuser Z. 17.

Anmerkung. Dieser Zuwachs ist nicht schlechterdings durch den Anbau ganz neuer Häuser geschehen; sondern man hat theils die Konskriptionsnumer bey Gelegenheit einiger durch gegenwärtige Verfassung veränderten Gebäude nach dem Bestimmungsorte übertragen, theils statt einigen Häusern, die durch die Ueberschwemmung von 1784 ruinirt worden sind, anders aufgeführt. So bestand z. B. schon ehedem das in der Brenntengasse gelegene zum vormaligen Trinitarikloster gehörige Gebäu. Nachdem aber im Jahr 1787 daraus eine Stadtpfarre geworden, so erhielt es ein besonders Numer, da indeß mit der vormaligen St. Martinspfarre, woraus ein Privatgebäu entstund, gleiche Veränderung geschehen; dergleichen Fälle giebt es mehrere, da der Zuwachs nicht blos ganz neue Gebäude veranlaßte. Demnach zählt man itzt in Prag sämmtlich 3209 Häuser.

Die

Anhang.

Die Zahl der darin wohnenden Familien
Z. 385.

Jüdische Familien besonders Z. 131.

Einzelne Personen und zwar Geistliche
M. 285.

Adeliche W. 8.

Königliche Beamte und Honoratiores
Z. 74.

Bürger und Professionisten W. 27.

Bauern Z. 12.

Künftige Bürger oder nächste Erben Z.
124.

Häusler und sonst zum Nährstande und Provinzialbeschäftigung Gewidmete Z. 818.

In andere Staatsnothdursten Anwendbare
Z. 196.

Nachwachs von 1 bis 12 Jahren Z. 375.

Von 13 bis 17 Jahren W. 107.

Das weibliche Geschlecht Z. 7212.

Sämmtliche Anzahl der Christen Z. 2460.

Juden verheurathete W. 20.

Ledige und Wittwer Z. 133.

Hiezu das weibliche Geschlecht Z. 162.

Ganze Anzahl der Juden Z. 275.

Summe der ganzen Population Z. 2444.

Auf unbestimmte Zeit Beurlaubte W. 28.

Verheurathete Z. 108.

Ledige und Wittwer Z. 6374.

Abwesende inner Landes Z. 24.

Abwesende außer Landes Z. 110.

Unwissende wohin W. 71.

Fremde Inländer W. 858.

Aus andern österreichischen Erblanden, männlichen Geschlechts W. 43.

Weiblichen Geschlechts J. 51.

Fremde wahre Ausländer aus auswärtigen Staaten, männlich W. 191.

Weiblich J. 29.

Hieraus ist nun abzusehen, daß die Bevölkerung im Ganzen genommen, einen Zuwachs erhalten. Nur die Rubrik des geistlichen Standes litt von 1784 bis 1787 einige Veränderung, das dem Populationsstande sehr zuträglich ist. Inzwischen hat die Zahl der prager Einwohner jene von der vormaligen 80000 noch nicht erreicht, es läßt sich aber sicher vermuthen, daß bey dem immer zunehmenden Nahrungsstande und dem Handel bald eine vergrößerte Bevölkerung entstehen dörfte.

Auch die Judenschaft hat sich bisher vermehrt, denn die vormalige Einschränkung und Hindernisse der Bevölkerung dieses Geschlechts sind eines Theils gehoben worden.

Anmerkung. Obgleich in dem ersten Theil die Hauptsumme der Population vom Jahr 1784 höher als gegenwärtige von 1787 angesetzt worden, so ist daraus nicht zu schliessen, als wenn seither die Population gefallen wäre. Da in die vorhergehende Summe zugleich die Beurlaubten und Ausländer mit einbezogen wur-

wurden, so mußte nothwendig der Hauptstand ungleich größer als jener von 1787 ausfallen, in welchem erwähnte Klasse von Leuten nicht einbezogen worden.

Dritter Abschnitt.
Vom königlichen Hofe ꝛc.

Seite 242. **Königsaal gehört den Zisterzienser Mönchen.** Ist zu verbessern: erwähntes Gebäu hatten Se. kaiserliche Majestät einem Großhändler geschenkt, um daselbst eine Zuckerraffineriefabrike zu errichten, welche Fabrike selber bereits in Triest und Wien mit gutem Erfolg bestellt haben sollte.

S. 276. nachzutragen: Alle jene Landesangelegenheiten die herkommensmäßig sonst bey den Landtägen zum Vortrag kamen, werden itzt nicht mehr wie vormals durch die vier versammelten Stände des Königreichs, als von welchen es gegenwärtig abkömmt, sondern durch besondere Repräsentanten abgehandelt.

S. 278. Eben da dieser Anhang geschrieben wird, arbeitet man an einer neuen allgemeinen Steuerregulirung, die dieses Jahr zu Stande gebracht werden soll, und wodurch sonach der Systemalfuß von 1748 aufgehoben werden möchte.

Vierter Abschnitt:
Geistlicher Stand.

Seite 334. In der Rubrik der nach der Zeit in Prag aufgehobenen Klöster ist nachzutragen: Hyberner und Franziskanerkloster auf der Neustadt. — Belangend die Piaristen, diese bleiben noch bis itzt bey ihrem vormaligen Institut.

In der Kirchenzucht geschah seit dem Jahr die Verbesserung, nach welcher geboten wurde, jene Ablässe, die sich blos auf die Seelen im Fegfeuer beziehen, in die Kalender, Direktorien und Normalkatechismen nicht mehr einzurücken. Es verlautet auch, daß in Betreff der sogenannten Miethmessen eine besondere Einrichtung nächstens getroffen werden solle. Auf gleiche Art stünde den an Werktägen abzuhaltenden Messen eine wichtige Veränderung bevor, und jene, die an gebotenen Feyer und Sonntägen zu lesen wären, sollen nach einer Art eingeleitet werden, die der wahren Andacht der Gemeinde ungleich mehr, als es ehedem geschah, entspräche. Vornehmlich würde man darauf den Bedacht nehmen, die Landessprache bey denjenigen gottesdienstlichen Handlungen, die sich auf die gemeinschaftliche Erbauung der Versammlung unmittelbar beziehen, einzuführen.

Anhang.

Die Erträgnisse von den zum Theil aufgehobenen Stiftmessen, und andern geistlichen Gegenständen verwendet man zur ausgiebigeren Bestreitung der Unterhaltung verschiedener Werke des thätigen Christenthums und Beförderung des ächten Religionswesens. Hieher gehört die Errichtung mehrerer Pfarreyen und Lokalkaplaneyen in denjenigen Gegenden, die einen Mangel an geistlichen Seelsorgern leiden; von welcher Errichtung wir schon auch jetzt viele Beyspiele sehen.

In dem nämlichen 1787 Jahre geschah es auch, daß nach dem Tode des Bischofs von Regensburg die prager Erzdiözes den egerischen Bezirk, der ehedem unter die geistliche Gerichtsbarkeit von Regensburg gehörte, seiner Diözes eigen gemacht.

Seite 345. Statt auf dem Strahof ist zu setzen Loreta. — St. Klemens fällt weg. St. Martin desgleichen. Dagegen kömmt auf der Neustadt beyzusetzen: heilige Dreyfaltigkeits Pfarrkirche und die zu Mariaschner.

Fünfter Abschnitt.

Prags politische Verfassung.

Seite 351. ist bey dem böhmischen Landesgubernium zu ergänzen: alte Stadthaltereyregistratur. — Königliches Unterkammeramt

amt der böhmischen Leibgedingstädte. — Obriste ladjägermeisteramt. Kammeraladministration.

S. 364. Ständischer Landesausschuß. Nachdem solcher unter die Verfassung der heut zu Tage bekannten Nationalrepräsentanten gebracht worden, so hängt die Landeskreditsoperation schlechterdings von dem königlichen Aerarium ab.

Seite 366. Die drey beschriebene in Prag befindliche Kreisämter erhielten im Jahre 1787 die wiederholte Weisung ihren Sitz in der Hauptstadt ihres Kreises zu nehmen, demohngeachtet aber hatten sie bis itzt ihren Ort in Prag nicht verlassen.

Unter andern perlautet es, daß das rakoniher Kreisamt seinen Aufenthaltsort in der vormaligen Kreisstadt Schlan wählen werde; hingegen hätte das Kaurzimer wegen Wischehrad, das unter seine Gerichtsbarkeit gehört, in Prag zu verbleiben.

S. 367. Münzamt, eigentlicher Gold und Silbereinlößamt und Berggeſtättenkaſſa. Worunter das Bergamt zu Joachimsthal, dann die königliche Berggerichte, Wald und Hüttenämter gehören.

S. 368. Vormalige Strassenbaudirektion besteht nicht mehr vor sich, sondern die sonst dahin gehörigen Gegenstände hängen von dem hiesigen Landesgubernium ab.

Seite

Anhang.

Seite 396. Vermög dem gewöhnlichen Schematismus kömmt hieher das königliche Oberpostamt einzuschalten.

S. 393. Einzuschalten: königliche Gesellschaft zur Beförderung des Ackerbaues und der freyen Künste in Böhmen. Derselben Professor war der den 11. July 1787 verstorbene ruhmvolle Karl Egon Fürst von Fürstenberg. Diese Gesellschaft ist mit der böhmischen Gesellschaft der Wissenschaften nicht zu vermengen.

S. 400 kömmt einzurücken: königliche Bankogefällsadministration. Prager Hauptzollamt, Trankstueramt, Obersalzamt, und die auf dem Lande befindlichen Inspektoratsämter.

Königliches Tabakgefällamt.

S. 404. Mit dem prager Magistrat vereinigte königliche Wechsel und Merkantilgericht, wovon der Präses der zeitherige Bürgermeister ist. Dem Magistrat sind untergeordnet die Stadtviertel, geschworne Austufer bey Licitationen, Schätzer und Bauverständige, das Personale im Waarenlager, Waarenschätzer, Rosschätzer, Bauverständige u. d. m.

S. 411. Gegenwärtige Polizeyanstalten gründen sich vorzüglich in der unterm 30. April 1787 erlassenen Gubernialverordnung, solche bestehl in folgenden Punkten: täglich sollen alle Hausinhaber und Inwohner die Anzeigzetteln sämmtlicher Leute, den der Unterstand auch nur über eine Nacht in ihrer Behausung gegeben wird,

wird, entweder alsogleich, oder den folgenden Tag längstens bis 9 Uhr früh in dem dazu bestimmten Polizeyamte abgeben, widrigenfalls selbe bey erster Betretung mit einem Verweise ermahnt, zum zweytenmale mit 6 Gulden, und zum drittenmal mit 12 Gulden gestraft werden sollen.

Bey Bauführungen sollen die nöthigen Vorsichten mit Aushängung eines Zeichens unter Strafe von 4 fl. geschehen. — Wird unter Strafe von 10 Thalern verboten Keller oder andere Bauführungen unter die Gassen oder Plätze ohne Erlaubniß der Landesstelle zu graben und zu bewerkstelligen. Die Kellerlöcher dörfen nicht mit einem Quereisen, sondern müssen mit eisernen Deckeln, die mit angemessenen Luftlöchern versehen werden können, unter Strafe von 4 fl. gegen die Zuwiderhandelnde, verwahrt werden; auch müssen die Kellerlöcher und Fallthüre an Eingängen der Häuser oder sonst gefährliche Tiefen verwahrt, und Brückeln, dann Stege über Wasser und Gräben, wenn sie schadhaft oder verfault, oder aber die Geländer ausgebrochen sind, hergestellt, die Passage aber an Ufern oder Gräben mit Geländer versehen, hingegen weiters gepflasterte Kanäle und eingedeckte Gräben, welche schadhaft sind, nicht minder schlechte oder ausgefahrne Fahrt = und Gehwege ausgebessert werden, als im widrigen jede Übertretung mit einer Strafe von 4 fl. geahndet,

bey=

beynebst aber das Unterlassene auf Kosten des Schuldtragenden hergestellt werden würde.

Die Passage, besonders auf Hauptstraßen ist unter Strafe von 2 fl. frey zu lassen. Es werden daher nicht gelitten Baumaterialien und Tischlerholz, Fässer, Obst und andere unschicklich angebrachte Ständeln, Bier, Mehl, Holz, Wägen u. d. m. auf den Gässen so auszustellen, daß die freye Passage dadurch verhindert werden könnte.

Den Kutschern wird das schnelle Fahren, Vorfahren, Wagenschwänken, das Abfüttern der Pferde auf der Gasse, und das übermäßige Schnalzen mit der Peitsche, dann das Fahren nahe an den Häusern verwehret.

Die Verunreinigung der Gässen, es geschehe auf was immer für eine Art, ist unter Strafe von 3 Rthlr. verboten. Diese Strafe wird auf 5 Thlr. erhöht, wenn die Verunreinigung durchs Ausgießen des Prinets oder Auslegung eines Aaßes geschiehet. In jedem Falle haben die Dienstherren für ihr Gesinde zu haften.

Bey einfallendem Thauwetter haben die Hausinhaber unter Strafe von 1 fl. sich vermög der Säuberungsordnung jenen Anordnungen zu unterziehen, die ihnen von Seite des Magistrats werden an die Hand gegeben werden.

Die

Die Hausinhaber sollen unter der Strafe von 4 fl. Sorge dafür tragen, daß bey Abwerfung des Schnees von den Dächern zur Sicherheit der Vorbeygehenden ein Warnigungszeichen ausgestellt werde.

Das Betteln, Singen, Harpfenspielen, Herumziehen der Musikanten, dann die Quacksalber oder Marktschreyer werden nicht gestattet. Die Betretenden sind der Behörde zu übergeben.

Ist das Anheften und Ausstreuen der Pasquille, so wie alle unflättige Bilder und Gesänge, deren Ausrufen, und alle ärgerliche Gespräche wider die Religion und gute Sitten unter willkührlichen Strafen verboten.

Verdächtigen, mit keinem Paß, Kundschaft oder andern Urkunden versehenen Leuten ist kein Aufenthalt zu gestatten; solche sollen angehalten und der Behörde eingeliefert werden.

Die Feuerlöschordnung ist pünktlich zu beobachten. Zu diesem Ende sind in jedem Hause die vorgeschriebenen Feuerlöschgeräthschaften zu verwahren; außer den Wintermonaten wird auf den Böden Wasser unterhalten, brennbare Dinge halte man in guter Sicherheit, um bey vorgenommenen Untersuchungen sich genau rechtfertigen zu können.

Bey der Nacht müssen, unter der Strafe von 4 fl., Gruben, Gebäue, aufgebrochene Kanäle verwahret werden, bey Gerüsten und Schutthaufen,

Anhang.

haufen, die nicht sogleich weggeschaft werden können, zur Nachtzeit Laternen aufgestellt, oder Schranken gemacht werden. Nebstdem sind auch Fässer, Bauholz, ausgespannte Wägen, Weinböcke, an die Häuser gelehnte Leitern vor der Nacht aus dem Wege zu räumen.

In Stallungen und Schupfen, Böden, Holz und andere Gewölber ist mit Licht ohne Laterne nicht zu gehen; so wie das Tabackrauchen auch an diesen Oertern unter der Strafe von 10 Rthlr. und zwar bey den Wirths und Einkehrhäusern unter Haftung der Hauseigenthümer verboten.

Auf gleiche Art ist verboten mit brennenden Fackeln an Dächer und andere hölzerne Behältnisse anzustoßen. Wie nicht minder während dem Jahrmärkte in den Markthütten Licht ohne Laterne, um so weniger Kohlenfeuer zu unterhalten.

Tanßsäle werden mit gehöriger Vorsicht beleuchtet, daher unter Strafe von 3 fl. wenn darinn Musik gehalten wird, jederzeit der Polizey hievon Anzeige zu machen ist. Dörfen weder beladene noch leere Heu und Strohwägen auf der Gaße unter Strafe von 1 Rthlr. für jeden Wagen über Nacht stehen bleiben. Niemand Frember soll in den Stallungen über Nacht unter Strafe von 3 fl. unterhalten werden.

Kaffee und Gasthäuser werden unter Strafe von 10. Rthlr. zur ausgesetzten Zeit gesperrt. Schlafende in offenen oder leeren Hütten, unter Thorwegen oder auf freyer Gasse, sind auf die Seite zu schaffen, wo aber bey selben zugleich Verdacht mit verbunden ist, dergleichen Leute der Behörde einzuliefern.

Die Beschädigung der Laternen ist unter Strafe von 5 Rthlr. verboten.

Ohne vorher erhaltener Erlaubniß bleibt alle öffentliche Nachtmusik unter willkührlicher Strafe eingestellt.

Sind in Ansehung der Hunde die bereits kundgemachten Verordnungen unter den in selben ausgemessenen Strafen auf das genaueste zu beobachten; nebstdem ist aber auch kein Hund, so bald es finster wird, außer dem Hause zu belassen, sondern, wenn er auch mit einem Halsbande versehen wäre, als herrnlos anzusehen, damit das Publikum durch das Heulen der ausgesperrten Hunde nicht beunruhiget werde.

Blumen und andere Geschirre vor den Fenstern unangebundener sind nicht zu dulden.

Muß das Steigen der Flüsse wohl beobachtet, und in jedem nöthigen Fall der Behörde angezeigt werden, damit der Uebergang über Brücken zu rechter Zeit gesperrt, und in den nahe am Wasser liegenden Häusern wegen Rettung der Keller, und allenfalls anderer Geräth-
schaf-

Anhang.

räthschaften das Nöthige veranlaßt werden könnte.

Das Baden in Flüssen, Bächen und Teichen, so wie das Spielen der Kinder nahe am Wasser und auf öffentlichen Straßen, besonders bey der Dämmerung und zur Nachtszeit wird nicht gestattet, wie denn die betretenen Erwachsenen mit 1 Rthlr., die Kinder aber mit Schillingen bestraft werden.

Ist unter Strafe von 4 fl. mit Feuergewehr sowohl als mit Windbüchsen und Blasröhren in der Stadt oder vor den Thören auf den Landstraßen zu schüssen, wie auch an solchen Oertern Feuerwerke von was immer für Art zu machen, verboten.

Es kömmt ab von den späten Andachten auf der Gasse und in Privathäusern, die dergleichen Abhaltende sind der Behörde anzuzeigen.

Es soll im Sommer, wenn es nothwendig scheint, vor den Häusern, besonders aber wenn gekehrt wird, aufgespritzt werden.

Das Prozeßiongehen der Kinder, so wie auch das Herumgehen in den sogenannten drey Königs und Nikolaikleidern bleibt eingestellt.

Sollen ungenußbare und schädliche Marktfeilschaften, ungesunde und alle unbekannte Schwämme, unzeitiges Obst, faule Fische, unreines und ungesundes Fleisch u. d. m. nicht zu Markte gebracht und verkauft, das Betretene

in

in Beschlag genommen und vertilget, die Verkäufer aber willkührlich gestraft werden.

Wird das Schleifen auf dem Eise in Gassen und auf Plätzen, so wie auch außer dem an gefährlichen Orten, dann das Wandeln übers Eis bey aufthauendem Wetter nicht gestattet.

Sind gezahlte Hauskomödien, so wie die haltenden Bälle an öffentlichen und Privatorten ohne erhaltener Erlaubniß, dann auch die Tanz- und Fechtlektionen von unbefugten Leuten unter Strafe von 10 Rthlr. verboten.

Folgende Hazardspiele sind unter den im Spielverbotspatente ausgesetzten Strafen untersagt: Pharao, Bassete, Würfel, Basso dieci, Landsknecht, Quindiezi, Trento, Quaranta, Räuscheln, Färbeln, Strachakin, Branteln, Mohna, Walacho, Makao, Halbzwölf oder Meja duodezi, Bingt un u. d. m. unter was immer für einem Namen die Spielsucht zur Vereitelung des Gesetzes dieselben bereits erfunden habe oder noch erfinden mag.

Müssen abergläubige Mißbräuche, als Sonnenwendfeuer am St. Johann und Walburgisvorabend, und in Lößnächten allerley Unfug auf Kirch und Kreuzgängen; nicht minder das Nikolai, Dreykönigspiel ꝛc. der Behörde angezeigt werden.

Das Setzen der Bäume im Monat May, dann bey den Hütten, Kirchen, Prozessionen und an Kirchweihtagen ist unter 3 fl. Strafe ver-

Anhang.

verboten. Bleiben in verbotenen Tägen alle öffentliche Lustbarkeiten unter der Strafe von 10 Rthlr. eingestellt.

Darf in den Wochenmarkttägen das Getraid nur auf dem bestimmten Marktplatz verkauft werden.

Wird das Kastanien und Bratelbraten oder Kochen, dann Erbsenrösten auf der Gasse verboten, auch wird unter der Strafe von 10 Rthlr. das Holz in den Oefen zu dörren verboten.

An Sonn und Feyertagen darf die Musik, so wie das Kegel und Billardspiel vor 4 Uhr Nachmittags unter Strafe von 10 Rthlr. nicht angefangen werden.

Ist das Auf und Abpacken der Fracht und schweren Wägen unter Strafe von 1 Rthlr. verboten.

Auch dürfen die Ständeln bey Kirchen mit Gebeteln und Bildern unter Strafe von 2 Rthlr. nicht aufgemacht werden.

Ist am Palmsonntage der Verkauf der Palmzweige unter Strafe von 1 fl. verboten.

An den nämlichen Sonn- und gebotenen Feyertägen können Peruquenmachergewölber unter Strafe von 10 Rthlr. nur bis 11 Uhr Vormittags offen seyn, und nach 4 Uhr des Nachmittags; Apotheker und Verpflegsgewölber aber können auch an allen Sonn- und Feyertägen den ganzen Tag hindurch offen bleiben.

Handlungsgewölber, in welchen Schnittwaaren verkauft werden, müssen unter gleichmäßiger Strafe zugemacht seyn, jene ausgenommen, in welchen die Partheyen zugleich wohnen, welche jedoch ohne Auslegung einer Waare, wenigstens zur Hälfte gesperrt seyn. Während dem Hauptgottesdienst bleiben die Gewürzläden geschlossen.

Wäsche, oder sonst andere große Päck zu tragen ist unter Strafe von 1 Rthlr. verboten.

Dörfen an Sonn und Feyertägen bis 9 Uhr nur folgende Feilschaften unter Konfiskation verkauft werden, als: Brod, Küpfeln, Hörln, Bretzeln, Semeln, Fische, Eyer, frisch und gesalzenes Fleisch, Ingeweid, Brat- Leber und andere Würste, grüne Waare, Milch, Sauerkraut, Rüben, Rettig, Kösten, Nüsse u. d. m., jedoch ohne Ausstellung eines Zeichens, auch dürfen die Käs und Butterhändler zu diesen Stunden offen halten.

Kann der Taback und das frische Obst an Sonn- und Feyertägen Früh und Nachmittags außer der Zeit des Gottesdienstes öffentlich, während des Gottesdienstes aber nur in den Einläden und unter den Hausthüren unter Konfiskationsstrafe verkauft werden.

Können Lebzelten und Wachs, dann Honig vor und nach dem Gottesdienst, Kerzen aber im Sommer um 6 Uhr, und im Winter am

Anhang.

um 4 Uhr des Nachmittags verkauft werden, das außer diesen Zeiten Betretene unterliegt der Konfiskation.

Unter Strafe von 1 fl. wird an Sonn- und gebotenen Feyertägen den ganzen Tag hindurch all öffentliches Ausrufen verboten.

Am neuen Jahrs-Christtag, Ostern und Pfingstsonntag sollen die Fleischbänke nicht offen seyn, und die Obstler in den Einsetzen unter Strafe von 10 Rthlr. nichts verkaufen.

Können am Allerheiligen und Lichtmeßtage die Wachshändler und Wachskerzler offen halten, doch ohne Auslegung, und mit geblendeten Läden; und dies letztere unter obiger Strafe.

Wenn ein Ubertreter die Geldstrafe zu erlegen nicht vermögend seyn sollte, so kann derselbe für jeden Gulden mit einem eintägigen Arrest, oder den Umständen nach mit einer andern körperlichen Strafe belegt werden.

Dies ist also die Polizeyordnung, nach der man sich gegenwärtig in Prag zu verhalten pflegt. Die Beobachtungspunkte bestanden schon vorher, sie sind blos zusammengebracht und durch besondere Strafen gegen die Ubertreter verschärft worden. Freylich ist diese Anordnung im Ganzen betrachtet, unvollständig, da selbe über die Aufenthaltsörter der Freudenmädchen, Bettler und Herumschwärmer, die Vorkäuferinnen auf dem Markte, u. d. m. noch manche

U 2 nütz-

nützliche Vorkehrung hätte an die Hand geben
können, allein man hat alle gegründete Hoff-
nung vor sich, daß Prag auch in diesem Stücke
zweckmäßige Anstalten erhalten werde. Und in
der That, so hatte das hiesige Sicherheitsin-
stitut bereits viele heilsame, und für das allgemeine Beste der Bürger ersprießliche Dinge ge-
stiftet. Zu wünschen wäre es, daß die guten
Anstalten auch immer genau befolgt werden
möchten.

Eben da diese Beschreibung verfaßt wird,
verlautet es, daß die Polizeywache vermehrt
werden solle. Ein gleiches will man von derselben nächst bevorstehender Reform in Adjusti-
rung der Monbirung, Bestimmung des erforderlichen Gehalts, und der Einführung der
Mannszucht versichern.

Es ist bereits vermeldet worden, daß die
Rechtspflege nach der allgemeinen Gerichts- und
Konkursordnung verwaltet werde, und daß die
Amtsmanipulation der königlichen Appellation,
der Landrechte, Fiskalamtes und des Stadtrathes nach den im öffentlichen Druck heraus-
gegangenen Instruktionen vorgehe; jetzt ist noch
nachzutragen, wienach die bürgerlichen Rechts-
fälle nach dem von Zeit zu Zeit theilweise her-
auskommenden allgemeinen bürgerlichen Gesetz-
buche zu entscheiden kommen. Die bereits bestehenden und nachfolgenden Verordnungen sind
nach jedem Fache abgetheilt in der von Schönfeldschen

Anhang.

feldschen Hofbuchdruckerey einzeln und auch in ganzen Sammlungen käuflich zu bekommen.

In Kriminalfällen richtet man sich gleichfalls nach dem jüngst bekannten allgemeinen Kriminalrechte; wobey zu bemerken, daß gleichwie die Geistlichkeit schon vorher in bürgerlichen Rechtsfällen der weltlichen Behörde unterlag, selbe nunmehr auch in Kriminalfällen der Gerichtsbarkeit der weltlichen Stelle unterliegt, und nur blos in Kirchensachen im strengen Verstande genommen, von den Konsistorien abhängt.

Die königlichen Verordnungen in publico ecclesiasticis werden auch Sammlungsweise nach und nach herausgegeben, über welche die betreffende Geistlichkeit ein besonderes Vormerkungsbuch zu führen angewiesen ist.

Zwenter Theil.

Sechster Abschnitt.

Militärstellen nach dem Schematismus von 1787.

Generalgouverneur.

Seine Exzellenz Herr Michael Graf von Wallis, Generalfeldzeugmeister.

Feldkriegskanzley.

Sekretär, zween Konzipisten, ein Registrant, sieben Kanzelisten, ein Praktikant.

Oberkriegskommissariat.

Oberkriegskommissär, vier Feldkriegskommissärs.

Zahlamt.

Kriegskassaverwalter, Kontrollor und drey Offizianten.

Judicium delegatum militare mixtum.

Präsident, Seine Exzellenz Herr Michael Graf von Wallis.

Beysitzer, Herr Generalmajor Freyherr von Elmpt, Stadtkommendant von Prag. Herr Franz Graf von Schafgotsch. Herr von Samsenberg, Generalauditor.

Kanzleypersonale, ein Aktuarius und Gerichtsschreiber.

Böh-

Anhang.

Böhmisches Kommissariat.
Feldkriegskommissärs in Budweis, Königgrätz, Leutmeritz, Pilsen und andern Kreisstädten mehr.

Staab des Mineurkorps.
Ein Oberster, Major, Adjutant und Rechnungsführer.

Staab des Sappeurkorps.
Kommendant dieses Korps, Lieutenant und Rechnungsführer.

Oberchyrurgie.
Ingenieurdepartement.
Ein Major, ein Hauptmann, Kapitainslieutenant, Lieutenant, und Fortifikationsrechnungsführer.

Invalideninstitut.
Oberster und Kommendant, zwey Oberstlieutenants, geistlicher Administrator, Kaplan. Hauptmann und Auditor. Zweyter Hauptmann und Rechnungsführer. Staabschyrurgus. Oberchyrurgus. Unterchyrurgus. Nebst sechs Offiziers, einem Feldkriegskommissär und Kassier.

Garnisonsartillerie.
Ein Oberstlieutenant und Kommendant. Hauptmann. Oberlieutenant. Unterlieutenant. Sieben Feuerwerker. 5 Kanonierkorporals. 16 Kanoniers.

Anhang.

Zeugamtspersonale.

Oberzeugwärter, zwey Munitionswärter, drey Magazindiener. Unterbüchsenmeister. Büchsenmachergesell. Schlossergesell. Bindergesell. Handlanger.

Siebenter Abschnitt.

Von der prager Universität.

Im Kurse von 1787 sind folgende Veränderungen nach jenen, die im 2ten Theile, Seite 89 dieser Beschreibung von Prag eingerückt worden sind, zu bemerken:

Akademischer Senat in *Publicis et Politicis*.

Dessen Vorsteher ist der zeitherige Rektor Magnifikus, der wechselweis aus den vier Fakultäten gewählt wird. Gegenwärtig ist derselbe der Arzneykunde Doktor Herr Thaddäus Bayer. Die übrigen Beysitzer bestehen aus den Direktoren der Fakultäten, Dekanen und Senioren.

Das Kanzleypersonale, welches aus dem Syndikus und Kanzelist besteht.

Lehrer.

Theologische Fakultät.

Die Kirchengeschichte ist zeither mit der encyclopedischen Wissenschaft vermehrt worden. — Das Studium der griechischen Sprache erhielt in Kurse einen Zuwachs durch die theologische litteralgeschichte. — Lehrer der deutschen Pastoral

Anhang.

floral und geistlichen Beredsamkeit statt des Herrn Pitrof, Herr Mika.

Juridische Fakultät.

Die Abtheilungen der Lehrämter blieben wie vorher, doch sind die Lehrbücher verändert worden, das aus dem mit Anfang jeden neuen Kurses ausgehängten Programm zu ersehen.

Medizinische Fakultät.

Chymie, statt Jaqme ist einzurücken: von Herrn Doktor Mikan. Zergliederungskunst wird vorgetragen von Herrn Doktor Prochaska.

Philosophische Fakultät.

Im Direktorat dieser Fakultät ist statt des Herrn Doktor Tessanek einzurücken Herr Doktor Diesbach.

Bey Abhaltung der gewöhnlichen öffentlichen Disputationen hat man sich itzt mehr als je zum Zwecke gesetzt, dadurch das wahre Beste und die Erweiterung der Wissenschaften und nützlicher Kenntnisse zu befördern. Sonach ist man gegenwärtig von der alten Form zu Disputiren, die meist im spitzfindigen Wortstreite bestanden hatte, gänzlich abgewichen. Man wählt itzt einen gelehrten Gegenstand zum Hauptstoffe, den der Kandidat zur Doktorswürde entweder in ein hellers Licht zu bringen, sich bestrebt, oder daraus eine nützliche Anwendung auf dies oder jenes Fach der Litteratur und bil-

den-

denden Künste zieht. Seine Gegner, anstatt wie vorhin den Satz zu verwirren, biethen ihm Gelegenheit dar, die Mitteln zur Erreichung eines so gemeinnützigen Zwecks um so werkthätiger erreichen zu können. Die vormals ihrem Wesen nach ganz dunkle, für den menschlichen Verstand unbegreifliche und überhaupt keinen Vortheil versprechende gelehrten Gegenstände, so man in den Disputationen vorzubringen gewohnt war, werden itzt vorübergegangen. Statt denselben disputirt man über Dinge, durch deren Aufklärung der bürgerlichen Gesellschaft auf was immer für eine Art Vortheile zufließen könnten. Selbst bey der theologischen Fakultät fängt an die populäre Disputirart und Sprache gemein zu werden; und die Arzneykunde prüft die Kandidaten an ihrem eigentlichen Bestimmungsorte, am Krankenbette, oder in Heilung verwickelter und gefährlicher Zustände.

In den höhern Fakultäten sowohl als bey den lateinischen Schulen ist zur Emporbringung der Wissenschaften und Aufmunterung der Genies ein besonderes heilsames Institut, so unter dem Namen der Stipendien bekannt ist, zu Stande gekommen. Die Absicht hiebey ist die sonst verlassene, arme und an den Stiftungen ihrer Anverwandten Anspruch habende Jugend durch diese Hilfsquellen zu unterstützen, und derselben zu ihrer künftigen Beförderung Vorschub zu leisten.

Es

Anhang.

Es haben zwar Seine Majestät um die sonst überflüßige Anzahl der Studenten, die mit sehr mittelmäßigen Fähigkeiten begabt, sich auf Handwerke und Handarbeiten nicht verlegen wollen, und daher ihre Jahre im Müßiggange und Elende zubrachten, einigermassen dadurch einzuschränken, für gut befunden; daß Höchstdieselben in den gesammten Erbstaaten verordneten, womit forthin die studirende Jugend, Schulgelder, gleichwie auf den protestantischen Universitäten üblich ist, entrichten sollen; nichts destoweniger wurde aber doch für die durch besondern Fleiß sich auszeichnende Armen hierinnfalls eine Ausnahme gemacht; indem diese zur Fortsetzung ihrer Studien sich eines namhaften Stipendienbeytrags aus den Unterrichtsgeldern erfreuen dörften, und daher Gelegenheit bekommen, sich fleißiger und besser als sonst, in den Wissenschaften zu üben.

Um nun diesen Reiz zum Guten noch mehr anzufachen, und die Reichen zum ausnehmenden Beyspiele des Nacheifers aufzumuntern, hat man alle jene Stiftungen, welche dermal in Böhmen für die Studirenden bestehen, zusammgetragen und bekannt gemacht, damit edeldenkende Patrioten die noch unentdeckten namhaft machen könnten. Die bestehenden Stiftungsinteressen betreffend, hat man selbe so wie sie in den öffentlichen Fonds angelegt sind, gerechnet, daß jene Stiftungskapitalien, die bereits

mit

mit vier Prozenten anliegen, eben so angesetzt worden sind; wohingegen jene, die erst in öffentliche Fonds gelegt werden müssen, bey dem daselbst bestehenden Interessenfuße nur zu drey und einen halben Prozent gerechnet werden.

Eine ausführliche Beschreibung dieses Instituts findet man in dem Werke betitelt: Studentenstiftungen in Böhmen, verfaßt von Herrn Gubernialrath von Rieger, das in der von Schönfeldschen Handlung 1787 verlegt worden.

Man findet hier den Namen des Stifters, das Jahr der Stiftung, die Stiftungsart, das angelegte Kapital, die Zahl und Benennung der Stiftlinge, die vom Stiftungskapital abfallende Interesse nebst den Ersparnissen; diese letztern sind so angemerkt, wie sie mit dem Jahr 1785 bestanden haben und werden in der Folge zu Kapitalien geschlagen, woraus ein neuer Zuwachs für die Stiftungen entsteht, wobey selbst die jährlichen kleinen Beschwernisse bey einigen Stiftungen denselben nach und nach zu guten kommen werden. Die Verbindlichkeiten der Stiftlinge sind aus den Dokumenten der Stiftungsbriefe eben so behoben worden, wie sie bisher in denselben angemerkt waren, da aber bey gegenwärtig aufhellender Reformationsepoche viele dieser Verbindlichkeiten von selbst wegfallen müssen, so giebt schon die gesunde Vernunft den Stiftungen so viel Licht, daß sie, um

den

den Willen ihrer Stifter zu vollziehen, vornehmlich fleißig studiren, ihre Frömmigkeit besonders durch ein rechtschaffenes sittliches Betragen äußern, und die den Stiftungen meist angehängten besondern Andachtsübungen durch immer vollkommenere Ausübung der reinen Religion und durch Erfüllung der gesammten christlichen Lebenspflichten ersetzen werden. Anbey können sie auch öfters ihrer wohlthätigen Stifter, den sie ohne Zweifel ihr ganzes Fortkommen zu verdanken haben, im Herzen sich dankbarlich erinnern und gleiche Wohlthätigkeitsgesinnungen für ihre Nachkommenschaft hegen.

Universitätsbibliothek.

Erhält durch den immer größern Zuwachs der eingezogenen Klosterbibliotheken täglich auch größere Vollkommenheit. Da der Raum in dem ordentlichen Büchersaale nicht zulänglich ist, die Menge der immer mehr zufließenden Bücher zu fassen, so müßen inzwischen die überflüßigen Bücher in den zween dazu bestimmten Depositorien, der ehemaligen lateinischen Kirche in dem gewesten Klementinerkollegium und der aufgehobenen Pfarrkirche zur Mutter Gottes in der Wiege bis zur weitern derselben Rangirung aufbewahret werden. Und auch erwähnte zween Niederlagen scheinen noch kaum zulänglich zu seyn. Es wär daher für das Beste der Wissenschaften ungemein heilsam, ja fast eine nothwendige Sache,

gegen-

gegenwärtige Gelegenheit, die sich nie wieder ereignen werde, zu benutzen, und ein weit abgesondertes geräumiges Gebäu, dergleichen es bey heutiger Reforme viele giebt, zur Verwahrung guter und nützlicher Doupleten zu bestimmen, um von dorther die Hauptbibliothek, die, da sie als die einzige öffentliche Büchersammlung des Königreichs anzusehen kömmt, durch was immer für einen unglücklichen Zufall einen unersetzlichen Schaden nehmen könnte, zu ergänzen.

Gegenwärtig erhält die Universitätsbibliothek durch diesen Zusammenfluß von Büchern den Vortheil, daß selbe durch die Umsetzung der Doupleten sich einen Vorrath von den besten neu herausgekommenen Werken anschaffen kann. Die Lesezimmer stehen hier zur bestimmten Zeit den ganzen Vormittag offen.

Achter Abschnitt.
Manufakturen und Gewerbsachen.

So wie die Einfuhr der außer Handel gesetzten fremden Artikeln verboten worden, und die einheimischen Künstler und Fabrikanten die erforderlichen Freyheiten und Begünstigungen zum Betriebe ihres Gewerbs erhalten; so kommen auch inländische Fabriken und Manufakturen ihrer Vollkommenheit immer näher.

Man

Anhang.

Man sieht daher auf dem Lande und in Prag nach und nach häufige Fabriken sich hervorthun, welche in ihrer Art gute und nach wohlgewähltem Geschmack hergestellte Produkte liefern. Dergleichen Unternehmungen um so mehr empor zu bringen, finden sich auch viele reiche Partikuliers, die mit ihren Kapitalien Kommerzvorschüsse leisten. Solche Verleger finden um so weniger Anstand ihre Baarschaft darzuleihen, als sie wegen des sicher erfolgenden guten Absatzes gegründete Rechnung auf zu erwartende Vortheile machen können.

Selbst der Handelsstand, der vormals durch die häufigen Bestellungen vom Auslande dem Staate schädlich geworden, nimmt itzt an dem einheimischen Fabrikenwesen den interessantesten Antheil, indem sich selber in Verträge einläßt, auch wohl die Fabrikanten selbst verlegt.

Zum bessern Fortkommen der Fabriken und Manufakturen, wie auch zur Erweiterung des erfindsamen Genies hat sich die von Schönfeldsche Handlung entschlossen mit Anfang des 1787 Jahrs eine besondere Modefabrikszeitung, wovon wöchentlich ein Stück erscheint, herauszugeben. Man findet hier Vorschläge zu bessern Handgriffen in Handwerkssachen, Widerlegung der alten Professionsvortheile und Mißbräuche, Beschreibung neuer Erfindungen im Fabrik- und Manufakturwesen, und Lieferung der jüngst zum Vorschein gekommenen neuen Moden. Jedes Stück

Stück ist mit einem fein in Kupfer gestochenen Modell in der Architektur, Gartenkunst, Mechanik, u. d. m. der neuesten Mustern in allen Arten von Künsten und Gewerben, wie auch Putz und Galanteriewesen versehen. Diese Zeitungen finden ihres gemeinnützigen Stofs wegen einen allgemeinen Beyfall, und es wär zu wünschen, daß derselben Vortheile durch mitgetheilte Beyträge von vorgenommenen Versuchen der Gelehrten, Künstler und Fabrikanten immer weiter ausgebreitet werden möchten.

S. 162. Ist bey der Rubrik der Bierbräuer anzumerken, daß die Einfuhr des Biers vom Lande nach Prag gestattet sey.

S. 175. Strumpfwirker seidene: davon findet man unter andern einen Laden in der Jesuitengasse, wo man nicht nur allein bey dem daselbstigen Fabrikanten alle Gattungen von Strümpfen, sondern auch verschiedene Seidenstoffe zu Westen nach der neuesten Mode in bester Qualität und billigen Preis erhält.

S. 176. Salpetersiederey ist auch eine in dem Bezirk zwischen dem Roß und Kornthore nächst der Schanze.

S. 178. Nach einer durch die Zeitungsblätter jüngst bekannt gemachte Nachricht ist beym J. Bifenty die Hauptniederlage von dem hier im Lande laborirten ächten doppelt als einfachen Scheidewasser und Vitriolöl, weches en Gros gegen courante Zahlung um billige Preise

vers

verkauft wird, als doppeltes Scheidewasser der Zentner 49 fl. wie auch einzelne Flaschen pr. 50 kr. Einfaches Scheidewasser 29 fl. wie auch einzelne Flaschen 30 kr. Vitriolöl 49 fl. 50 kr. Ein Magazin ist in der Jesuitengasse in des Kaufmanns Kolvi Behausung.

S. 190. Fischbeinfabrik befindet sich vor dem Augezderthor im Smichof.

S. 191. Wollenzeugfabrikant im neustädter Hauptviertel in der Heinrichsgasse im sogenannten Czerwentischen Hause.

S. 192. Im altstädter Hauptviertel sind bey dem Parfümeur nächst der eisernen Thür zum goldenen Bären eine besondere Art schwarzer Seifenkugeln, die sowohl das Gesicht und Hände, als auch alle Gattungen von Putzwäsche rein machen, zu bekommen.

S. 193. unter andern Druckereyen ist auch neu aufgekommen die Hobergische dem altstädter Dominikanerkloster gegenüber, und die in der alten Postgasse nächst dem St. Annagebäu.

S. 194. die Spinnerey hat sich seit 1787 so stark vermehrt, daß jener in Prag nicht zu gedenken, nur in dem einzigen Bunzlauer Kreise über 26 tausend Spinner gezählt werden, durch welche 3 tausend Leinweber versehen werden, in dem nämlichen Kreis zählt man auch itzt 2 tausend Tuchmacher.

S. 195. das Spinnen und Stricken hat in Prag auch dadurch einen großen Zuwachs erhalten, weil mit dieser Art Beschäftigung viele von dem Armeninstitut verpflegte Personen, die sonst nichts anders zu verrichten fähig sind, beleget werden.

S. 196. Liqueurs, Rosoli und andere abgezogene Wässer sind in dem Laden in der sogenannten alten Reitschule im obern Theil der neuen Alee in bester Qualität zu bekommen.

Auch erhält man die neuesten Sorten von Frauenzimmerputz beym M. François zu Anfang der breiten Gasse dem Aßfeldischen Hause gegenüber.

S. 198. In Beziehung auf den prager Handelsstand ist die interessante Verordnung wegen Bestimmung der prager Jahrmärkte einzubeziehen. Sie ist merkwürdig genug, um hier ganz angeführt zu werden. Sie lautet also: Seine k. k. Majestät haben zum Besten der dermalen vereinigten vier Pragerstädte und des hiesigen Publikums, vermög Hofdekrets vom 25. des letzt verflossenen Monats Jänner zu entschließen geruhet, die bisher in einer jeden der vier Pragerstädte bestimmten zwey Jahrmärkte, auf drey Hauptjahrmärkte zu beschränken; und zu bestimmen, daß solche an nächst folgenden Tägen abzuhalten sind, nämlich:

In der ersten Woche nach Ostern in dem neustädter Viertel. Vierzehn Tage vor St. Peter und Paul in dem kleinseitner Viertel; und vierzehn Tage vor St. Michaelsfest, wenn

sel-

Anhang.

selbes aber an einem Sonntag einfällt, acht Tage vor demselben, in dem altstädter Viertel, zu welcher Zeit also alle, mithin auch Holz- und Töpferwaaren in dem nämlichen Stadtviertel, allwo der Markt gehalten wird, auf den hiezu angewiesenen Plätzen zum Verkauf ausgelegt werden können.

Nebst diesen werden aber auch noch zu mehrerer Bequemlichkeit des städtischen Publikums für die Holz- und Töpferwaaren drey besondere Märkte, und zwar der erste acht Tage nach St. Wenzelsfest, der zweyte in der Mitfasten am St. Josephstage, und der dritte an St. Margarethenfest, jedoch dergestalt bewilliget werden, daß alle diese drey Märkte lediglich in dem neustädter Viertel auf dem Roßmarkte gehalten werden dörften.

Desgleichen haben Seine Majestät verstattet, daß, zur Zeit der nach Ostern, und der St. Michaelsfest abhaltenden Hauptjahrmärkten, zugleich ein Pferdemarkt um so mehr abgehalten werden dörfte, als solche zu einer Zeit eintreffen, wo der Landmann mit seiner Wirthschaft nicht so sehr beschäftiget ist, und also seine Pferde und Fohlen leicht zu Markte bringen kann, welcher Pferdemarkt jedoch lediglich auf dem sogenannten Viehmarkte im neustädter Hauptviertel abgehalten werden muß.

S. 199. Unter die Buchhändlerläden ist itzt auch der Mayer und Lochnerische von Nürnberg,

berg, zum goldenen Kreuz auf dem altstädter Ring, zu rechnen, davon der Innhaber itzt in Prag einen beständigen Wohnsitz genommen. Nebstdem gehört hieher auch der jüngst errichtete Diesbachische Buchladen in der Jesuitengasse zum goldenen Brunnen.

S. 200. Buchdruckereyen sind folgende in Beziehung auf ihr Wohnungsort verändert, die Diesbachische, im sogenannten Paperlbande in der Postgasse; die Höchenberger-sche nächst der eisernen Thür hinter dem Dominikanerkloster; und Hlabkische im Kunzischen Hause gegen der Minoritenkirche zu St. Jakob.

S. 213. Seit dem Jahr 1787 wurde das Steuerregulirungssystem zu Stande gebracht. Schon von jeher hatte man laute und an sich gegründete Klagen wider die Ungleichheit der zu zahlenden Steuer von Grundstücken gehört, welche die von Zeit zu Zeit angestellte Rektifikation zu beheben nicht vermögend war. Diesem Übel auf einmal von Grund aus abzuhelfen, wurde beschlossen sämmtliche Grundstücke von was immer für einer Art dergestalt zu verzeichnen, daß daraus der jährliche Ertrag ziemlich genau herausgebracht werden konnte.

Zu diesem Ende wurde schon in dem vorhergehenden Jahre die erforderliche Landesausmessung gemäß der besonders vorgeschriebenen Modalitäten veranlaßt. Die Grundstücke wurden in die gehörigen Klassen vertheilt, um hieraus

aus ihre Güte und Erträgnisse zu übersehen/ Man nahm den Durchschnitt von einigen Jahren, daraus entschied man über den zu beziehen mögenden Nutzen, und folgerte daraus einen allgemeinen Steuerfuß, alles wurde sehr genau und nach den billigsten Grundsätzen von einer eigends dazu bestimmten Steuerregulirungskommission mit Zuziehung der Landwirthschaft kundiger und dabey rechtschaffenen Männern, und selbst mit Justirung der Gemeinden, Aeltesten und Ortsrichtern bewerkstelliget, in Ordnung gebracht, und auf das fleißigste durchgesehen.

Nach diesem neuen Steuerregulirungssystem sollen also alle nutzbare Artikeln der Oekonomie in Anschlag gebracht werden; jeder davon wird mit einer angemessenen Steuer belegt, die von einem gewissen Theil der Erträgnisse gehoben wird, das übrige aber zum Unterhalt des Besitzers läßt.

Der Zweck dieser Naturalsteuer ist, wie erwähnt worden, die verhältnißmäßige Gleichheit der Abgaben gegen die zu beziehende Nutzungen mancherley Arten von Grundstücken zu bewirken; andern theils aber den Fleiß und die Industrie in der Landwirthschaft thätig zu machen. Denn da nach diesem System nicht nur allein die wirklich Nutzen abwerfende, sondern auch jede Nutzen tragen mögende Grundstücke zur Zahlung der Steuer mit eingezogen sind, so ist kein Zweifel, daß jeder Besitzer von selbst

allen

allen Fleiß anwenden wird, die ihm zugehörigen Gründe best möglichst zu benutzen. Um aber diesen Fleiß, die Gründe zu vervollkommen noch mehr aufzumuntern, so geschah die Vorsehung, daß die Grundstücke der königlichen Domainen nach einer Art, die dem Unterhalte und der Bestellung der ökonomischen Verrichtungen für den Landmann die zuträglichste sey, zertheilt wurden.

Man verfuhr hiebey nach dem Grundsatze, daß ein Hausvater, der gleichsam in seinem Eigenthum, nach welcher Art die zertheilten Gründe einigermaßen anzusehen kommen, die Wirthschaft ausübet, und dabey eben so viel Gründe als zu einer vollständigen Übersicht in seinem Oekonomiewesen erfordert werden, inne hat, ungleich besser vor jenen fortkommen müsse, als der entweder in einem fremden Gute wirthschaftet, oder wenn es ja sein eigen ist, solches entweder zu gering für sein Auskommen war, oder im Gegentheil wegen der weiten Ausdehnung die Kräfte der gehörigen Abwartung überstieg.

Mit Anfang des Militarjahrs von 1788 soll nach dieser Steuerregulirung vorgegangen werden, zwischen welcher Zeit die Repartitionen und Zahlungsanweisungen gemäß den Bekenntnissen und Befund der Sache vollbracht seyn müssen. Nach gleichen Kontributionsfuß sollen auch nach Beschaffenheit der Sache alle übrige

Nu=

Nutzen abwerfende Realitäten behandelt werden.

S. 236. Nach der außer Kours Setzung der geringhaltigen Goldmünzen sind statt derselben dieses Jahr schön geprägte kaiserliche Dukaten ausgemünzt worden.

S. 250. Unter die öffentlichen Spazier= gänge und Ergötzungsörter außerhalb Prag kann man auch das seither vor dem Spittelthor ganz neu angelegte Lustgebäu Rosenthal rechnen. Der Besitzer dessen Herr von Schönfeld, königlich böhmischer Hofbuchdrucker und Mitglied der prager Handlungsgesellschaft hatte dies reizende Ort nach dem besten Geschmack anlegen lassen. Die Facon des Gebäudes ist durchgängig chynesisch, und deswegen bezaubernd schön und romanhaft. Man führt hier auf deutsche Schauspiele im populären Styl, die des Sonderbaren und Ausgewählten wegen vielen Zuspruch erhalten. Dazu trägt viel bey, daß der Spaziergang bis hieher durchgehends angenehm ist, denn die Gegend hier ist eine der reizendsten, weil sie mit den Gegenständen der Landlust auf eine Vergnügen einflössende Art abwechselt. Man erhält hier alle Bequemlichkeit und sonstige Artikeln, die bey Gelegenheit der Ergötzungen gewöhnlich verlangt werden können.

Anhang.

Merkwürdige Revolutionen in Böhmen, und in Prag insbesondere.

Im Jahre 736, bald nach Libussens Tode, solle der in der fabelhaften Geschichte Böhmens beschriebene und berüchtigte Mädchenkrieg entstanden seyn. Diese Unruhe dauerte 7 Jahre, und wurde durch den Przemißl gedämpft.

748. Sieg des Nezamißl über den Dynasten von Kaurjim.

749. Wurden die Mähren in der Gegend von Wissehrad geschlagen, das Ort, wo das Treffen vorfiel, war von der Zeit her Kenow genannt, weil die Mähren sich mit Keulen, die böhmisch Key heißen, versehen, um damit die Böhmen zu erschlagen.

918. Entstand eine große Aufruhr in Prag zwischen den noch heidnischen und theils christlichen Einwohnern, die Veranlassung dazu gab der Religionshaß, den beyde Partheyen gegen einander hegten.

941. Überfielen die Helden von Bunzlau auf Befehl des Herzogs Boleslaw bey der Nacht die Stadt Prag, und plünderten viele christliche Häuser.

1004. Eroberte Prag der Herzog von Pohlen Boleslaw durch Landesverrätherey der Werschowezen. Allein der böhmische Herzog Ulrich jagte die Pohlen bald wieder zum Lande hinaus.

1105.

Anhang.

1105. Überfiel der mährische Swatopluk unversehend die Stadt Prag, um sich der Thronfolge, bey den damaligen Zwistigkeiten der Przemißlichen Verwandten, zu versichern. Er fand keinen Beystand, deswegen war er wieder abzuziehen genöthiget.

1109. Nahm ein gleiches vor Borziwog. Er lieferte seinen Feinden ein glückliches Treffen in der Gegend zwischen Bubencz und dem hradschiner Schloße.

1142. Hielt Herzog Konrad, der dem Wladislaw die Regierung streitig machen wollte, Prag eingeschlossen. Ehe er durch den kaiserlichen Entsatz von Prag abzuziehen genöthiget wurde, schoß er einen feurigen Pfeil nach der Schloßkirche ab, und brachte solche in Brand.

1178. Eroberte Friedrich die Stadt Prag, und nöthigte seinen Reichsnebenbuhler Sobleslaw die Flucht zu nehmen. Das folgende Jahr erhielt Friedrich abermal einen Sieg über den Sobleslaw. Die Gegend, wo das Treffen geschah, heißt von dieser Zeit an Bogiště, das ist, auf dem Schlachtfelde.

1182. Nahmen die böhmischen Stände, die von gleichgedachtem Friedrich abfielen, unter Anführung des Gegenherzogs Konrad, die Stadt Prag ein, allein der Kaiser nahm sich des Vertriebenen an, und setzte ihn in das Herzogthum ein.

1183.

1183. Wurde Prag in Abwesenheit des Herzogs Friedrich vergeblich von seinem Vetter bestürmet.

1191. Übergab Herzog Wenzel die Stadt Prag seinem Vetter dem Przemißl, der selbe vorher eingeschloßen hielt.

1197. Belagerte König Przemißl zu zweymalen Prag. Endlich wurde ihm die Regierung von Wladislaw abgetreten.

1249. Entstand eine Empörung von Przemißl gegen seinen Vater Wenzel IV. König in Böhmen, die für den ersten einen übeln Ausgang gewann.

1282. Bürgerlicher Krieg zwischen den Altstädtern und Kleinseitnern nach dem Tode Königs Przemißl II., welcher in der unglücklichen Hauptschlacht gegen den Grafen von Habspurg geblieben war. Diesen Bürgerkrieg hatte der bey der Anarchie gewöhnliche Partheygeist angefacht.

1309. Niederlage der meisten von den Pragern auf dem hradschiner Platz.

1310. Eroberte König Johann mit Beyhilfe der Fleischhacker die Stadt Prag gegen den Heinrich von Kärnten, der sobann nach seinem Herzogthum sich begeben mußte.

1319. Besetzte König Johann das prager Schloß aus Mißtrauen gegen die Prager, ließ auch die überasser Vorstadt abbrennen, weil er solche als einen Zufluchtsort der Mißvergnügten ansah. 1409.

Anhang. 331

1409. Aufruhr zwischen den Böhmen und Deutschen in Prag aus Nationalhaß, und Beschränkung der in der böhmischen Geschichte bekannten Wahlstimmen der deutschen Lehrer an der hohen Schule zu Prag. Bald darauf erfolgte die merkwürdige große Auswanderung der fremden Studenten, und Verfall des prager Nährstandes.

1419. Empörung der Prager wider den König Wenzel, der aus Mißtrauen gegen die Bürger selben alles bey sich habende Gewehr zu nehmen beschloß. Zischka, der eben zu der Zeit sich in Prag befand, gab den Bürgern den Rath, an dem zur Ablegung des Gewehrs bestimmten Tag sämmtlich bewaffnet zu erscheinen und den König zu befragen, wo der Feind wäre, wider den sie zu streiten hätten. Dies geschah; der König, da er alles wider sich gerüstet sah, mußte von seinem Verlangen ablassen, und das Volk auseinander zu gehen heißen. Von dieser Zeit an fiengen sich die innerlichen Unruhen in Prag an, die endlich durch die Gewaltthätigkeiten, die man besonders an dem neustädter Stadtrath ausübte, zum Ausbruch kamen. Bald darauf wurde das jberaffer und Karthäuserkloster zerstört. Mitten unter dieser Aufruhr starb der König Wenzel, da denn nach seinem Tode die Plünderung der Klöster immer weiter um sich grief.

1421. Eroberten die Hußiten das prager Schloß, und plünderten die St. Veitskirche.

1434. Litten die Hußiten eine völlige Niederlage in dem bekannten entscheidenden Treffen, das ihnen Mannhard von Neuhaus lieferte.

1448. Eroberte Georg von Podiebrad die Stadt Prag durch ein Stratagem.

1483. Erregten die Utraquisten in Prag einen Aufruhr, warfen einige Stadträthe aus den Fenstern des Rathhauses, plünderten viele Kirchen, und nöthigten sogar den König seiner Sicherheit wegen die Residenz vom Königshofe nach dem hradschiner Schloß zu verlegen. Sie führten zum Grunde ihres Verfahrens an, daß sie erfahren, wienach man beschlossen hätte, sie alle auf einmal in einem festgesetzten Tag und Stunde zu ermorden.

1546. Empörten sich einige Stände wider den König, weil er sie nöthigte in den damaligen deutschen Religionskrieg mitzuziehen.

1611. Überfielen die Passauer die Kleinseite, um die Prager, welche dem Kaiser Rudolph zuwider gewesen, zu unterjochen. Sie wurden aber von den Altstädtern zurückgetrieben.

1618. Empörung der böhmischen protestantischen Landesstände gegen Kaiser Ferdinand II. Diese Empörung fieng an, mit der Herabstürzung der drey bekannten böhmischen Herren aus den Fenstern des Regierungsgebäudes, und veranlaßte in Deutschland den sogenannten 30 jährigen Krieg.

1631. Prags Eroberung durch die sächsischen Truppen, nachdem die Kaiserlichen die leipziger Schlacht verlohren hatten. Bey dieser Gelegenheit wurden in Prag viele Häuser geplündert und ansehnliche Kostbarkeiten aus dem Lande geschlept.

1648. Wurde die Kleinseite von den Schweden eingenommen, der übrige Theil der Stadt aber über drey Monate hart belagert. In diesem Jahr endigte sich der 30 jährige Krieg durch den westphällischen Friedensschluß.

1741. Eroberung der Stadt Prag durch die Franzosen, Sachsen und Bayern in dem Kriege, den die pragmatische Sanktion Kaisers Karl VI. um die böhmische Erbfolge nach Erlöschung des männlichen regierenden Stammes auf das weibliche Geschlecht zu bringen verursacht hatte.

1742. Belagerung Prags von den österreichischen Truppen, um die darinn eingeschlossenen Franzosen zu verdrängen. Die damaliger Zeit in der Stadt herrschende große Hungersnoth ist merkwürdig.

1743. Einnahme der Stadt Prag von dem Könige in Preußen, bey Gelegenheit des Kriegs, den er, um dem Kaiser Karl VII. wider Oesterreich beyzustehen, unternommen hatte. Der

Auszug geschah den 26. November des folgenden Jahrs.

1757. Belagerung der Stadt Prag von Friedrich II. König in Preußen zu Anfang des siebenjährigen schlesischen Kriegs. Durch diese Belagerung hat die Stadt einen namhaften Schaden an der Zerstöhrung mancher schöner Gebäude gelitten.

Pestseuchen.

Im Jahre 961 brachte das Kriegsheer Herzog Boleslaus die Pest aus Mähren nach Böhmen, die in kurzer Zeit so stark überhandnahm, daß daran in Prag zwey Drittheile von Menschen starben.

1008 verursachte die Pest große Verwüstungen in Böhmen. Man schrieb dies Uibel den kurz vorhergehenden häufigen Frühlingsnebeln zu; zu dem noch dies Besondere hinzu kam, daß die Leute in diesem sonst so natürlichen Meteor verschiedene schreckliche Gestalten zu sehen glaubten. Ein Beweis, daß die Furcht und Einbildungskraft manche schädliche Zufälle in dem menschlichen Körper hervorbringen könne.

1087. Wütheten die epidemischen Seuchen in Prag sehr, daß man insgemein täglich über 50 Leichen ausführen mußte. Dies Uibel wurde erst in dem folgenden rauhen Winter gehoben.

1096.

Anhang. 335

1096. Entstanden in Böhmen ansteckende Krankheiten durch das Einhauchen einer faulen Luft, die durch die Ausdünstungen einer Art krepirten grauer Insekten, die im Frühjahre in großer Menge erschienen, verdorben wurde. Das Symptom der Krankheit fieng mit Kopfwehe an, und zog insgemein den Tod nach sich.

1099. Das vorhergehende Mißjahr, und daraus entstandene allgemeine Hungersnoth zog nach sich die Pest im Lande. Nach dieser Zeit konnte sich die Bevölkerung nur sehr langsam erholen.

1161. Bey der damaligen ausbrechenden Pest unterzogen sich die Juden der Heilart dieser Krankheit mit glücklichem Erfolge. Dies erwarb ihnen ein gewisses Zutrauen unter dem Volke. Allein bald darauf hatten dieselben diese Gelegenheit nach der ihnen angebohrnen Bosheit auf die abscheulichste Art mißbraucht, indem sie nach schon gedämpfter Pest die Christen zu heilen fortfuhren, sie aber anstatt der Anwendung einer ächten Kur, vergifteten, und die daraus entstandenen schädlichen Wirkungen, den unvermeidlichen Folgen der Pest zuschrieben. Eben um diese Zeit kam ein Böhme, der die Medizin in Italien studirte, nach Prag zurück, er entdeckte die Vergiftung, und zeigte es dem damals regierenden König Wladislaw an. Nachdem die Schuldigen in Verhaft genommen wurden,

den, so bekannten sie, daß sie in der That, und dies zwar aus Religionshaß, die Christen vergiftet, und um allem Verdacht vorzubeugen, mit Vorbedacht einen Christen geheilet, zwey aber getödtet hätten. Auf welche Art auch drey tausend Christen umgekommen waren. Der König ließ die Verbrecher hinrichten, die Geschichte aber zum immerwährenden Andenken in die Reichsannalen registriren.

1168. Brach die Pest in den Sommermonaten aus, hörte aber nach und nach gegen den Herbst auf.

1186. Ist eine ähnliche Seuche hervorgekommen.

1282. Entstand die Pest wegen den damaligen höchst elenden Zeiten in Böhmen, da nach der Niederlage des böhmischen Heers unter Przemißl Ottogar das Land mit Krieg, Hunger und Empörungen sehr hart mitgenommen wurde.

1318. Rieb die Pest viele Menschen auf, die zu hundert in die Schachten geworfen werden mußten.

1360. Hielt die Pest in Prag durch zwey Jahre an.

1369. Kam die Pest aus Oesterreich nach Böhmen. Sie wüthete in Prag so stark, daß während dreyßig Tagen, in jedem Pfarrbezirke täglich mehr als zehn Todte gerechnet wurden.

1379.

1379. Starben an der Pest so viele Menschen in Prag, daß viele Häuser von Inwohnern ganz leer und wüste stehen blieben.

1424. Verspürte man zu Prag die Pest. Dies nöthigte den Zischka die Stadt zu verlassen.

1451. War eine der stärksten Pestseuchen in Prag. Man zählte insgemein 200 Leichen, die täglich hinausgetragen werden mußten.

1464. Schlich sich die Pest abermal in Prag ein.

1483. Nahm in Prag die Pest so sehr überhand, daß in manchem Kirchspiel täglich zu 30 Personen starben.

1495. Entstand nach vorhergehender Theuerung die Pest in Prag. In der Geschichte wird dies als ein Beweis großer Theuerung angenommen, daß zu Prag damaliger Zeit ein Pfund Rockenbrod um einen Groschen Meißnisch verkauft worden. Ein auffallender Unterschied zwischen unsern Zeiten.

1582. Finden wir in der Geschichte eine große Pest beschrieben, durch dieselbe sind blos in Prag über 20 tausend Menschen aufgerieben worden.

1599. War die Pest etwas geringer, doch rieb sie in Prag einige tausend Menschen auf.

1681. Breitete sich die Pest aus Oesterreich nach Böhmen aus, sie war eine der stärksten, die je in diesem Lande grassirt hatte, in Prag starben daran in kurzer Zeit über 32 tausend Menschen, und auf dem Lande mehr als einmal hundert tausend.

1714. Fieng die Pest zu Prag den 22. August zu wüthen an, und dauerte bis den letzten März des folgenden Jahrs ohne Aufhören fort. Uiber 20 tausend Menschen warden hingerafft, und eine Million neunmal hundert vier und zwanzig tausend sieben hundert fünf und dreyßig Stück Hornvieh wurden zu gleicher Zeit von der Seuche aufgerieben.

1772. Aeußerte sich in Böhmen eine der Pest ähnliche epidemische Seuche, welche die vorhergehende Hungersnoth verursacht hatte. Es starben zweymal hundert fünfzig tausend Menschen im ganzen Lande an derselben Krankheit.

Wohlfeile und Theuerung zu verschiedenen Zeiten in Prag.

1099. Entstand eine große Theuerung wegen vorhergehender beständig trockener Witterung. Damals galt ein Schäfel Korn prager Maaßes 1 Sch. 8 Gr., ein Strich Haber 20 Gr.

1121. Verursachte ein gleiches Uibel eine übermäßige Nässe. Der Hunger rieb viele Menschen auf.

1153. Riß eine allgemeine Theuerung ein, weil die Leute sich fast gänzlich auf den Bergbau ver-

verlegten, und dagegen die Bearbeitung der Felder vernachläßigten. Als aber der Herzog das Volk zum Feldbau antrieb, so folgte bald darauf ein solcher Uiberfluß an Erdfrüchten, daß der Strich Korn nur 4 Groschen galt.

1172. Hatte man in damaligen Friedens- zeiten einen Uiberfluß an allen Lebensmitteln. Ein Strich Waitzen galt 4 Groschen, Haber 2 Groschen, eine alte Henne 6 Pfennige, ein Huhn 2 Pfennige.

1176. Da dies Jahr von Ostern bis Lau- renti kein Regen einfiel, so entstand darüber eine Theuerung, die den Strich Korn zu 1 Sch. und den Haber zu 1/2 Sch. erhöhte.

1213. Bezahlte man zu Prag den Strich Korn zu 3, den Rocken zu 2, und den Haber zu 1 Groschen, so wohlfeil war es damaliger Zeiten.

1282. War es dagegen so theuer, daß man mit Mühe 2 Eyer um 1 Pfennig kaufen konnte. Dies war an sich theuer genug, denn es gab Leute, die sich erinnerten, 50 Eyer für 1 Pfen- nig gekauft zu haben.

1289. Anhaltende große Theuerung durch 2 Jahre, worauf wohlfeile Zeiten nachfolgten.

1312. Eine der größten Theuerung in Böhmen durch eine anhaltende Dörre vom May bis in den Dezember veranlaßt. In Prag zahlte man, was bisher unerhört war, den Strich Korn für eine halbe Mark, daher viel Volk Hungers we- gen starb.

1318.

1318. Verursachte der Krieg große Theuerung. In Prag galt der Strich Korn 1 Sch. oder 60 Groschen.

1329. War in Böhmen Ulberfluß an allen Dingen. Die Bergwerke zu Eule und Kuttenberg lieferten die reichste Ausbeute. Der Strich Korn galt 4 Groschen, der Haber 10 Pfennige, eine Henne 5 Pfennige, und 25 Eyer einen Pfennig.

1333. Wieder sehr gute Zeiten. Noch reichere Bergwerkseinkünfte, der Strich Waitzen zu 5 Groschen, Korn 4 Groschen, Gerste 2 Groschen, und der Haber zu 9 Pfennigen.

1361. Theuerung wegen vorhergegangener Nässe. Ein Strich Korn galt in Prag 30 Groschen, Waitzen 35 Groschen, Gersten 25 Groschen, Erbsen 15 Groschen, und der Haber 9 Groschen. Der Groschen zu 12 Pfennigen gerechnet, ein Pfennig galt aber nach heutiger Münze 2 Kreuzer, oder einen sogenannten fränkischen Weißpfennig.

1398. Waren in den Heiligthumstägen so viel Wallfahrter in Prag, daß sie eine außerordentliche Theuerung verursachten. Man konnte damals auch um vieles Geld kein Brod, Wein und Bier bekommen.

1433. Warf es am Tage St. Antonii in ganz Böhmen eine so große Menge Schnee, daß die Leute von einem Orte zum andern nicht kommen konnten, darauf war es in Prag so theuer,

daß

daß der Strich Korn auf 24, und ein Strich Erbsen auf 40 Groschen stieg.

1442. Ohngeacht der damaligen großen Dörre kam doch der Strich Korn nicht über 2 und der Waitzen über 3 Groschen zu stehen, denn man war die vorhergehenden Jahre auf Errichtung der Magazine besorgt.

1453. Sah man in Böhmen einen Vorrath an allen Lebensmitteln. Zu Prag kaufte man den Strich Korn um 4, und den Haber um 2 Groschen. Zwölf Eyer kosteten einen Pfennig, ein Eymer Bier 6 Groschen, ein Seidel Wein 6 Pfennige, eine halbe Pint Bier 1 Pfennig, ein großer Karpfe 4 Pfennige, ein Pfund Lachs 1 Pfennig, 20 Häringe 7 Pfennig u. s. w.

1570. Mußte man wegen großer Theuerung das Bierbräuen verbieten, um die Gerste zum Brodbacken zu gebrauchen.

1742. Bey Gelegenheit der in Prag von den Oesterreichern eingeschlossenen Franzosen mußte man großen Mangel an Lebensmitteln leiden. So galt z. B. ein Seidel Milch 12 kr. Seidel Salz 24 kr., 1 Pfund Reiß 48 kr., ein Pfund Käs bis 2 fl., 1 Pfund Butter 1 fl. 30 kr., 1 Pfund Rindfleisch bis 3 fl., ein Haase 5 fl., eine Gans 10 fl., ein Schock Eyer 15 fl., ein Strich Mehl 20 fl., eine Kuh 200 fl., ein Ochs 500 fl., ein Kapaun 3 fl., ein Schaafsviertel 14 fl. u. s. w.

1757.

1757. War während der damaligen preuß: ischen Belagerung Mangel an einigen Lebensmitteln; so mußte man die Pferde schlachten, um sich mit derselben Fleische, statt den gewöhnlichen eßbaren Sorten, die ausgegangen waren, zu behelfen. Gleicher Mangel äußerte sich an der Butter, Milch, Eyern u. s. w.

1771. Verbreitete sich über das ganze Land eine große Theuerung, die schon im vorhergehenden Jahre anfieng. Man mußte den Strich Korn zu 12 und 14, an manchen Orten auch zu 17 Gulden bezahlen. Viele Leute, besonders die Deutschen im Gebürge, aßen Mühlstaub, Kleyen und Gras, um den Hunger zu stillen.

Windstöße, Gewitter und Erdbeben.

1119. Ereignete sich zu Anfang des Augustmonats ein so starker Windstoß, daß selber auf dem Wischehrad eine dicke starke Mauer, welche zwischen zwey andern Mauern stand, vom Grunde gestürzt. Die Hälfte der herzoglichen Stallungen stürzte gleichfalls ein, und auf dem Lande geschah ein weit beträchtlicherer Schade.

1252. Warf es den 10 Julii. einen so gewaltigen Hagel, daß dadurch Menschen, Vieh und Früchte sehr beschädiget wurden. In Prag soll dieser Hagel über 8 Täge lang liegen geblieben seyn.

1356.

Anhang.

1256. Erhob sich eben beym Einzuge des Przemißls in Prag plötzlich ein so starker Wind, daß dadurch ein nahe dem König reitender böhmischer Ritter von der Schlagbrücke in den Graben dergestalt herunter gestürzt wurde, daß das Pferd an der Stelle todt blieb, der Ritter aber kaum hergestellt werden konnte. Zu gleicher Zeit wurde das Glockenspiel an der Kirche der Mutter Gottes nächst der Brücke durch den nämlichen Wind ganz verdorben.

1366. Entstand den 3. Juni ein schreckliches mit Donner und Erdstößen begleitetes Gewitter, wodurch in Prag viele Gebäude Risse bekamen, und manche gar einstürzten.

1441. Litt vorzüglich die Neustadt Prag durch einen heftigen Sturmwind großen Schaden, indem an vielen Orten die Schornsteine einstürzten, die Dächer abgetragen wurden und die höhern Gebäude Risse bekamen.

1492. Warf ein außerordentlicher Sturmwind die meisten Mühlen in Prag darnieder. Zu gleicher Zeit ward der Wasserthurm und einige Kirchengebäude abgedeckt, die Fenster aber, von der Seite, wo der Wind herstieß, gänzlich eingeschlagen.

Anhang.

Merkwürdigkeiten in Prag, die von einem Fremden besichtiget zu werden verdienen, als auch von andern Dingen, die einem Ankommenden nothwendig sind, oder ihm zur Bequemlichkeit und Ergötzung dienen können.

Königliches Landhaus ist beschrieben im 1 Theile Seite 15.

Pfarrkirche St. Nikolai 1 Th. S. 17.
Zeughaus 1 Th. S. 22.
Militärökonomiehaus 1 Th. S. 32.
Die königliche Burg 1 Th. S. 39.
Schloßkirche 1 Th. S. 53.
Strahöfer Stiftsbibliothek 1 Th. S. 83.
Brücke 1 Th. S. 96.
Altstädter Rathhaus 1 Th. S. 112.
Nationaltheater 1 Th. S. 119.
Königliches Generalseminarium für die Zöglinge des geistlichen Standes 1 Th. S. 122.
Karolingebäu 1 Th. S. 133.
Barmherzigen Brüder Krankenhaus 1 Th. S. 142.
Wasserthurm altstädter 1 Th. S. 149.
Tabackfabrikgebäu. 1 Th. S. 168.
Waisenhaus zu St. Johann dem Taufer 1 Th. S. 180.
Wischehrad als eine Antik betrachtet 1 Th. S. 193.

No-

Anhang.

Notiz von Prags politischer Verfassung und der verschiedenen Landesstellen 1 Th. S. 346.

Frag und Kundschaftsamt 1 Th. S. 415.

Zeitungsexpedition 1 Th. S. 415.

Kleine Post 1 Th. S. 416.

Militärstellen in Prag 2 Th. S. 1.

Universität 2 Th. S. 89.

Universitätsbibliothek 2 Th. S. 93.

Es verdient noch nachgetragen zu werden, daß unter den hierortigen Manuskripten vorzüglich drey Stücke die Aufmerksamkeit eines gelehrten Fremden an sich ziehen. Diese sind erstens eine rare Handschrift der Naturgeschichte des Plinius, der die Briefe des andern Schriftstellers gleiches Namens beygefügt sind. Zweytens ein Autograph des in der böhmischen Geschichte allgemein bekannten Anführers der Hussiten Zischka, so von der Taktik handelt. Und dann eine böhmische Liturgie, so durch die passende allegorische und lebhaften Gemälde sich ungemein vor andern ihrer Art auszeichnet.

Anderer Manuskripten nicht zu gedenken, die hier anzuführen zu weitläufig wär.

In dem Hauptbüchersaale ist ein Globus, der durch ein Uhrwerk getrieben wird.

Die Beschreibung der Nationalbibliothek ist in dem Katalog raisoné, der bereits im Auslande rezensirt worden, enthalten. Auf gleiche Art arbeitet daran Herr Bibliotekär Ungar ein

Ver-

Verzeichniß der verschiedenen hierorts befindlichen Bibelauflagen, herauszugeben.

Unter den Privatbibliotheken verdient nebst den hier schon bemerkten, die erzbischöfliche Hausbibliothek besichtiget zu werden.

So ist auch unter den Privatnaturaliensammlungen die des Herrn Professors Mayer ziemlich ansehnlich und gut bestellt.

Eine andere Naturaliensammlung sieht man im Karolin an dem Versammlungsort der böhmischen gelehrten Gesellschaft.

Bibliothek der Domkirche St. Veit 2 Th. S. 98.

Fürstenbergische Bibliothek, Medaillen und Kupferstichsammlung 2 Th. S. 100.

Gräflich Nostizische Bibliothek, 2 Th. S. 101.

Naturalienkabinete 2 Th. S. 102.

Kunst und Maschinenkammern 2 Th. S. 102.

Münzkabinet 2 Th. S. 104.

Antikensammlung 2 Th. S. 104.

Böhmische gelehrte Gesellschaft 2 Th. S. 105.

Professionisten von verschiedener Art 2 Th. S. 157.

Manufakturen und Fabriken 2 Th. S. 176.

Freye Gewerbe 1 Th. S. 191.

Anhang.

Handlungsläden, Gewölber und Krämer-
buden 2 Th. S. 199.

Münzen meist in Prag gangbare 2 Th.
S. 229.

Postbericht 2 Th. S. 238.

Wirthshäuser 2 Th. S. 243.

Spaziergänge und Ergötzungsörter 2 Th.
S. 247.

Bäder 2 Th. S. 248.

Gärten 2 Th. S. 249.

Ergötzungsörter außerhalb Prag 2 Th.
S. 250.

Maaß und Gewicht 2 Th. S. 252.

Register des I. Theils.

Erster Abschnitt.
Topographische Beschreibung der Gassen, Märkte, und merkwürdigen Gebäude, nebst derselben kurzer Geschichte.

	Seite
I. Kleinseite	1
II. Hradschin	37
III. Altstadt	89
— Die Altstadt einzeln betrachtet	105
IV. Neustadt	149
— Die Neustadt in ihren besondern Theilen	152
— Anhang	191
V. Wissehrad	198
VI. Judenstadt	203
— Die Judenstadt insbesondere	204

Zweyter Abschnitt.
Von der Vermehrung itziger Anzahl und Eintheilung der Einwohner 208

Dritter Abschnitt.
Vom königl. Hofe, der ehemaligen Krönungs- und Begräbnißceremonien, dann sonstigen Vorrechten des Königs von Böhmen 240

Vierter Abschnitt.
Prager erzbischöfliches Konsistorium.

Kurzer Auszug der Geschichte des alt und neuen böhmischen Religionswesens.	285
Recht und Vorzüge des geistlichen Standes	285
Verzeichniß der Klöster in Böhmen	332

Fünfter Abschnitt.
Prags politische Verfassung.

Beschreibung der Landesstellen, Gerichtshöfen, Aemter und sonstiger verschiedener Instanzien und Gehörden	346
— Oberster Landesminister	351
— Oberster Kanzler	351
— Oberster Landhofmeister	352

Ober=

	Seite
Oberster Landkämmerer	353
Großprior des Maltheserordens	353
Oberster Landrichter	353
Präsident des k. Appellationsgerichts	354
Oberster Hoflehenrichter	354
Oberster Landmarschall	355
Oberster Mundschenk	355
Oberster Truchseß	356
Oberster Vorschneider	356
Oberster Stall und Jägermeister	357
Oberster Münzmeister	357
Unterkammeramt	357
Königl. Landrechte	361
Königl. Landtafel	361
Consess. deleg. in caus̄s summi Principis	363
Königl. Fiskalamt	363
Königl. Gubernialbuchhalterey	364
Kammerzahlamt	364
Ständischer Landesausschuß	364
Obersteueramt	365
Königl. Kreisämter	366
Münzamt	367
Versatzamt	367
Straßenbaudirektion	368
Wasserbau oder Navigationsbaudirektion	368
Bücherrevisionsamt	369
Ehemaliges königl. größeres Landrecht	369
— Kleineres Landrecht	370
— Kammerrecht	371
— Hoflehentafel	371
Kön. Appellationstribunal	372
Kön. Landrechte	372
— dessen innerliche Verfassung	373
Ehemaliges Obristburggrafenrecht	396
Wechsel und Merkantilgericht	396
Vormaliges Weinbergamt	397
— Akademischer Rath	397
— Stadthauptmannschaft	398
— Prager Stadtmagistrat	400
Vereinigter Stadtrath	401
Nebenrechte	406
Bankalabministration	406
Tranksteuerzahlungskammer	407

	Seite
Oberpostamt	409
Stempelamt	409
Tabackgefällsadministration	410
Lotteriedirektion	411
Polizeydirektion	411

Zweyter Theil.

Sechster Abschnitt.

Von den Militärstellen, so sich in Prag befinden und andern den Soldatenstand betreffenden Merkwürdigkeiten.

Militärstellen in Prag	1
Von den Werbbezirksregimentern	5

Siebenter Abschnitt.

Von der prager Karl-Ferdinandeischen Universität, deren ehemaligen und izigen Zustande der Litteratur, der Künste und Wissenschaften, von gelehrten Gesellschaften, Bibliotheken, Kunstkabineten und Naturaliensammlungen, dann das höhere und mindere Schulwesen betreffende Anstalten.

Zustand der Wissenschaften vor Errichtung der prager hohen Schule	37
Errichtung der prager kanonischen Universität	44
Vereinigung der prager Karolinischen Universität mit der Ferdinandeischen	57
Zustand der prager Karlferdinandeischen Universität nach Aufhebung des Jesuitenordens	70
Landständische Professur der mathematischen Wissenschaften	78
Reit-Fecht und Tanzschule	78
Lehrstuhl der öffentlichen Unterweisungen der kreisämtlichen Wissenschaften	79
Bestand der sämmtlichen Schulanstalten mit Anfang des Schuljahres 1785 und 1786.	89
Theologische Fakultät	89
Juridische Fakultät	90
Medizinische Fakultät	90
Philosophische Fakultät	91
Außerordentliche öffentliche Vorlesungen	91
Lateinische Schulen	91
Teutsche oder sogenannte Normalschule	92
— Hauptschule	93

	Seite
Bibliotheken, Naturalien, Kunst, Münz und Antikenkabinette, auch gelehrte Gesellschaften in Prag	93
Universitätsbibliothek	93
Bibliothek der prager Domkirche zu St. Veit	98
Strahöfer Bibliothek	99
Vormalige Bibliothek des aufgehobenen Klosters der baarfüßigen Augustiner zu St. Wenzel	99
Privatbibliotheken	100
Naturalienkabinet	102
Kunst und Maschinenkammern	102
Andere Kunstkabinete	103
Medaillensammlung	104
Antiken, Raritäten und Kunstkabinet	104
Böhmische gelehrte Gesellschaft	105

Achter Abschnitt.

Von dem alt und neuen Zustande der Künste, Gewerbe, Handwerke, Fabriken und Manufakturen in Prag; dann Beschreibung des Feld = und Bergbaues, und der Handlung in Böhmen überhaupt	106
Zustand der Künste, Professionisten, Gewerbe und der Handlungen in Prag unter der Regierung Sr. k. k. Majestät Joseph II.	147
Professionen	152
Aufhebung verschiedener Zünfte	154
Manufakturen und Fabriken	176
Einige besondere Vereinigungen, die unter die schon beschriebenen Arten nicht gezählt werden	206

Neunter Abschnitt.

Von verschiedenen merkwürdigen Dingen in Prag, die sowohl für die Inländer als Auswärtige und Passagiers zu wissen nützlich sind.	214
Von den Sitten der prager Einwohner insgemein	214
Von Münzen	229
Vom Postwesen	238
Von Wirthshäusern und öffentlichen Ergötzungs= örtern in und um Prag, dann einigen andern Dingen	245
Von Maaß und Gewicht	251

	Seite
Von Wasserüberschwemmungen, die von Alters der Prag durch Austretung des Moldauflusses gelitten	258
Von Feuersbrünsten	263

Anhang I. Theil.

Erster Abschnitt.

Topographische Beschreibung der Gäßen, Plätze und merkwürdigen Gebäude	275

Zweyter Abschnitt.

Von der Vermehrung jetziger Anzahl und Eintheilung der Einwohner	290

Dritter Abschnitt.

Vom königl. Hofe	293

Vierter Abschnitt.

Geistlicher Stand	294

Fünfter Abschnitt.

Prags politische Verfassung	295

II. Theil.

Sechster Abschnitt.

Militärstellen nach dem Schematismus vom Jahr 1787	310

Siebenter Abschnitt.

Von der prager Universität	313
Universitätsbibliothek	317

Achter Abschnitt.

Manufakturen und Gewerbssachen	318
Merkwürdige Revoluzionen in Böhmen, und insbesondere in Prag	325
Pestsuchen	334

Alphabetischer Auszug der Gegenstände.

Anmerkung: I. Bedeutet den ersten, II. den zweyten Theil, A, den Anhang dieses Werks.

A.

	Seite
Abläße auf Verstorbene sich beziehende, werden in die Kallender nicht mehr eingerückt. A.	324
Adalbert St. Pfarrkirche. I.	174
——— Filialkirche, sonst zu St. Adalbert dem kleinern genannt. I.	187
Adel, wie glänzend selber vormals in Böhmen gewesen. I.	226
Adler grüner, Wirthshaus. I.	169
Agnes St. vormaliges Nonnenkloster. I.	127
Akademie Karolinische, historisch beschrieben. II.	44
Akademischer Rath. I.	398
Akademie der Wissenschaften und bildender Künste böhmische. II.	105
Ackerbau, wie er in den ältesten Zeiten betrieben worden. II.	109
Ackersleute, werden vom Wratislaw II. vom Soldatenstande befreyet. II.	116
Ackerbaues heutige Beschaffenheit. II.	307
Ackerbaugesellschaft in Prag. II.	143
Allerheiligen, königliche Landeskapelle. I.	78
Altstadt, historisch beschrieben. I.	89
Altes Gericht. I.	147
Annaplatzl. I.	119
Anna St. vormaliges Kloster. I.	120
Andachtsordnung in Prag. I.	349
Appellationstribunal. I.	258, 372
——— Präsident. I.	354
Appollinary St. Pfarre. I.	164
Apotheke zum weißen Adler. I.	7
Apotheken in Prag. II.	206
Armenhaus. I.	183

Alphabetischer Auszug

	Seite
Arzneykunde, derselben Studium an der Prager Universität. II.	74
Astfeldisches Haus. I.	165
Aufklärung in der Lebensart der Prager. II.	227
Angeld. I.	26
Augustinerkloster zu St. Wenzl vormaliges. I.	176
—— Kleinseitner zu St. Thomas. I.	31
—— Neustädter zu St. Katharina. I.	188
Auslegungskunst der Bibel, wenn darüber an der Prager Universität zu lehren angefangen worden. II.	86
Außer Land sich Begebende, wo sie sich anzumelden haben. II.	246
Austretung der Moldau in Prag. II.	258

B.

Baab, sogenanntes Haus bey der Brücke. I.	148
—— Gasthaus. I.	19
Bäder. II.	248
Backhaus militär. I.	170
Bäcker. II.	160
Bankaladministrazion. I.	406
Bankozetteleinlösamt. II.	237
Banquiers. II.	199
Barbara St. Säule, auf dem Hradschin. I.	88
Barmherzigenordensbrüderkloster und Krankenhaus. I.	142
Barnabitenkloster vormaliges. I.	80
Bauwesens Geschichte. II.	112
Baukunst heutige. II.	148
Baum grüner, Wirthshaus. I.	170
Begräbnißzeremoniel der böhmischen Regenten. I.	258
Betrachtung der Gässen zur Nachtszeit. A.	274
Benedikt St. Seminarium aufgehobenes. I.	143
—— II.	285
Bergbau böhmischer. II.	144
Bergstein. I.	144
Besatzung Prager. II.	3
Bestand der sämmtlichen Schulanstalten mit Anfang des Schuljahrs vom 1785 u. 786. II.	89

der Gegenstände.

	Seite
Bettlehemkirche. I.	142
—— wird zum königlichen Bauhofe gemacht. II.	285
Bevölkerung in Prag. I.	208
Bibliothek königliche. I.	317
—— detto II.	93
—— Karoliner vormalige. II.	94
—— wird mit der Klementiner vereinigt. II.	95
Bierbräuer. II.	162
Bierbräupachtungskommission vormalige. II.	163
Bildhauerkunst böhmische. II.	129
—— heutige. II.	150
Bischöfe und Erzbischöfe vormalige Prager. I.	295
Bleichen. II.	187
Böhmische gelehrte Gesellschaft. II.	105
Boraschein, izt Schaubigerisches Haus. I.	105
Buquoy, gräfliches Haus. I.	85
Buquoy, gräflicher Garten vor dem Aujezder Thor. II.	251
Broun, gräfliches Haus. I.	173
Breitegasse. I.	145
Briefsammlung auf der Neustadt. I.	159
Breuntegasse. I.	166
Bretfeldisches Haus. I.	29
Brückel. I.	144
Brücke Prager, historisch beschrieben. I.	96
—— derselben Verschönerung nach dem Eisgange von 1784. II.	277
Brückengasse. I.	11
—— Platzl. I.	128
—— Mauthaus. I.	122
Brusta. I.	38
Buchhändler. II.	199
Buchhalterey, Gubernial. I.	364
Buchdruckereyen. II.	200
Büchsenmacher. II.	167
Bücherrevisionsamt. I.	369
Bücher einige vormals verbotene, werden wieder in Kommerz gesetzt. II.	96
Bürger Prager klassifizirt. I.	229
Bürstenbinder. II.	167

Bart

Alphabetischer Auszug

	Seite
Burg, königlicher, Beschreibung. I.	29
Burggraf, oberster von Prag. I.	349

C.

Calvische Handlung. I.	138
Canal, gräfliches Haus. I.	162
Cantonirungsregimenter in Prag. II.	49
Charvatengasse. I.	172
Churfürsten sieben, Garten und Tanzboden. I.	163
Ceremoniel das gezwungene alte in gegenwärtige Feyer und wohlanständige Lebensart verwandelt. II.	220
Cisterzienser Seminarium zu St. Bernard. I.	128
—— wird von der königl. Domainenadministrazion übernommen.	283
Clamm'sch gräfliches Pallais. I.	131
—— Garten. A.	180
—— Haus. I.	179
Classeneintheilung der Prager. I.	234
Elementinerkollegium und Kirche. I.	123
Cölestiner Nonnenkloster vormaliges. I.	168
Confessus delegatus in causis summi Principis et Commissorum vormaliger. I.	163
Conskripzionswesen. II.	6
Convikt St. Bartholomäi. I.	145

D.

Damenstift, neustädter, vormaliges. I.	155
—— Hradschiner. I.	71
Daußscher Tanzsaal. I.	159
Desfours, gräfliches Haus in der neuen Allee. I.	160
—— Ein anderes dieses Namens. I.	165
—— detto I.	108
Despotismus des Adels vormaliger gegen die Unterthanen. II.	210
Deutscher Reichsgeschichte Lehramt. II.	40
Dezennalrezes. I.	279
Dillgenzwägen. II.	242
Dinzenhofer, berühmter Prager Baumeister. II.	131

Dispu-

der Gegenstände.

	Seite
Disputazionen öffentliche gelehrte nach moderner Art. A.	213
Dobroslavisches vormaliges Haus auf dem Kleinseitner Ring. I.	9
Dominikaner Pfarrkirche zu St. Egidi. I.	139
—— Gasse Kleinseitner. I.	65
—— Kirche und Klostergebäu vormaliges auf der Kleinseite. I.	29
Dombibliothek Prager St. Veit. II.	98
Domkapitularhäuser. I.	77
—— Kirche Prager. I.	58
Drechsler. II.	168
Dreyfaltigkeitskirche in Podskal. I.	187
—— Pfarrkirche. I.	173
—— Säule auf dem wälschen Platz. I.	19
Druckereyen in lein, baumwolle und seidenen Stoffen. II.	193

E.

Eigenthumseinführung bey den Unterthanen. II.	219
Einhorn sogenanntes Gasthaus. I.	19
Einkehrhäuser. II.	248
Eintheilung der Prager in verschiedene Klassen. I.	214
Eisengasse. I.	133
—— Thür. I.	143
Eisnerisches Haus in der Heinrichsgasse. A.	186
Eisenhändler. II.	208
Elektrikmaschine des Hrn. Bibliothekär Ungar. II.	109
Elisabetiner Nonnenkloster. I.	138
Elrichshausens Monument auf der Marienschanze. I.	72
Emauser Kloster. I.	154
—— Mit dem von St. Niklas vereinigt. A.	286
Englisches Reichsstift. I.	155
—— Fräuleininstitut. I.	87
Erzbischöfliche Residenz. I.	60

F.

Fabriken und Manufakturen in Prag erste Veranlassung. II.	128

Fa-

Alphabetischer Auszug

	Seite
Fächermacher. II.	196
Faltinisches Haus. I.	154
Färberegen. II.	179
Färberinsel. I.	174
Fasanaarten, königlicher, vormaliger. I.	78
Federschmücker. II.	196
Feilhauer. II.	268
Feldbau, wie er in den ältesten Zeiten war betrieben worden. II.	109
—— desselben itziger Zustand. II.	142
Fenster merkwürdige in den Regierungszimmern, von welchen zu Anfang des zojährigen Kriegs die in der böhmischen Geschichte bekannte Minister gestürzt wurden. I.	78
Feuersbrünste in Prag. II.	363
Findelhaus. I.	288
Fischbeinfabrik. II.	191
—— I.	326
Fischmarkt. I.	110
Fiskalamt. I.	363
Flanel, Boy und Kutzenfabrik. II.	191
Fleckputzer. II.	196
Fleischbänke altstädter. I.	133
—— Kleinseitner. I.	10
Fleischhauer. II.	161
Fleischergasse. I.	132
Florenz. I.	190
Frag- und Kundschaftsamt. I. 415	137
Franziskanerkloster zu Mariaschnee. I.	164
—— Kirche wird zu einer Stadtpfarre erhoben. I.	287
Französisches Spital vormaliges. I.	162
Fräuleinstift, adeliches, Hradschiner. I.	71
—— Neustädter wird mit jenem vereinigt. I.	286
Fremde Emigranten in Prag. I.	237
Fronleichnamskirche auf dem Viehmarkt. I.	153
Fürstenbergische Bibliothek. II.	100

G.

der Gegenstände.

G.

	Seite
Gärbergasse. I.	174
Gärten. I.	240
Gasthäuser. II.	243
Gastmahle, wie sie vormals und jetzt in Prag abgehalten werden. II.	225
Gebräuche vormalige in Prag. II.	215
Gefängniß, städtisches. I.	191
Geist (des heiligen) Pfarrkirche. I.	142
Geistlichen Standes in Böhmen vormaligen Rechte und Vorzüge. I.	285
Gelbgießer. II.	168
Gelehrte Gesellschaft böhmische. II.	105
Gelehrsamkeit, wie selbe in Böhmen vor Errichtung der Prager Universität bestanden. II.	37
Gemeinhof, neustädter. I.	167
Generalseminarium königliches. I.	132
Georgen St. vormaliges Nonnenkloster. I.	75
Gericht (das alte) I.	147
Gesellschaft, gelehrte, böhmische. II.	105
Getreidhandlungsvertrag mit Sachsen und Bayern unter dem König Georg. II.	123
Gewerbe freye. II.	191
——— blühten in Prag unter Karln IV. II.	117
——— wie solche unter der Regierung Marien Theresiens bestanden. II.	141
Gewicht in Prag übliches. II.	252
Girchorz. I.	174
Glaser. II.	168
Glockengießer. II.	159
Goldenegasse. I.	145
Goldenes Rad, Gasthaus. I.	144
Golz, gräfliches Haus. I.	108
Gottesdienstordnung in Prag. I.	340
Graben an der altstädter Seite. I.	146
——— Neustädter. I.	160
Grafischer Garten. I.	35
Griesler. II.	159
Groschen kleine sogenannte unter Rudolph II. II.	231

Grof

Alphabetischer Auszug

	Seite
Großprior des Malteserordens. I.	353
Guarnison Prager. II.	7
Gürtler. II.	169
— Gasse. I.	177
Gymnasien, derselben Anzahl in Böhmen. II.	85
Gymnasium altstädter. I.	138

H.

Häringsniederlage vormalige auf dem Viehmarkt A.	286
Handel böhmischer in den ältesten Zeiten. II. 108	313
—— desselben Zustand unter der Regierung Marien Theresiens. II.	140
Handelschaft. II.	196
Handschuhfabrik. II.	190
Handschuhmacher. II.	169
Handwerke und Künste in Prag, historisch beschrieben. II.	106
Hartik Louis, gräfliches Haus. I.	30
—— Auf dem wälschen Platz. I.	13
Hatzfeld, gräfliches Palais. I.	33
Hauptwache, altstädter. I.	102
Hauswesen vormaliges der Prager Bürger. II.	317
Heinrich St. Hauptpfarrkirche. I.	169
Heuwage, kleinseitner. I.	27
—— Neustädter. I.	162
Hobergische Tüchelbruckfabrik. I.	239
—— A.	284
Hofceremoniel, vormaliges böhmisches. I.	265
—— Lehnrichter oberster. I.	354
—— Lehntafel vormalige. I.	371
—— Statt böhmische wird nach Wien verlegt. II.	133
Hofmeister, Landesoberster. I.	352
Hohschule Prager. I.	111
Hohlerweg Hradschiner. I.	82
—— Hinter Bruska vom Ruprecht I. Herzog von Waldstein ausgehauen. I.	6
Hrabek, Lobkowitzisches Stammhaus. I.	189
Hradschins historische Beschreibung. I.	37

der Gegenstände.

	Seite
Hrabschinerpfag. I.	70
――― Fr. Lucianstift. II.	176
Hufschmiede. II.	175
Huß, veranlaßt eine merkliche Volksverminderung in Prag. I.	210
Hutfabrike. II.	190
Hutmacher II.	170
Hybernerkloster, vormaliges. I. 159 II.	187

J.

Jägermeister, oberster. I.	357
Jahrmärkte, Prager, vormalige. II.	137
――― itzige. II.	333
Jakob St Minoritenkloster. I.	146
Jesuitengasse. I.	131
――― Gartenhaus vormaliges. I.	33
――― Kollegium neustädter. I.	115
Lehrart an der Prager Hohenschule. II	72
Jesuitenordensaufhebung im Bezirke auf die Prager Universität. II.	70
――― Profeßhaus. I.	16
Joachimsthaler Bergwerk. II.	145
Johann St unterm Bergel. I.	37
Josephsgaße. I.	27
――― Nonnenkloster vormaliges. I.	37
Inländer in Prag. I.	236
Juden, als tolerirte Prager Inwohner betrachtet. I.	233
――― Garten. I.	172
――― Stadt historisch beschrieben. I.	203
――― II.	256
Juridische Fakultät. II.	90
Justizverwaltung. II.	308

K.

Kajetanerkirche, vormalige. I.	29
Kaisergarten, sogenannter. I.	77
Kalk und Ziegelbrennereyen. II.	183

Alphabetischer Auszug

	Seite
Kammergüter, böhmische, konnte sonst der König nicht veräusern. I.	277
Kammerrecht, vormaliges. I.	371
—— Zahlamt. I.	364
Kämmerer, Landesoberster. I.	353
Kammacher. II.	170
Kanal, gräflicher Garten vor dem Roßthor. II.	350
Kanzler, oberster von Böhmen. I.	351
Kapsel oder Schachtelmacher. II.	170
Kapuzinerkloster, hradschiner. I.	85
—— Neustädter. I.	160
—— A.	287
Karl St. Borromäi vormalig geistliches Spital. I.	176
—— zu einer Kaserne gemacht. A.	289
Karlsbäfer Prälatur, vormalige. I.	178
—— A.	289
Karlsthor vom Kaiser Karln IV. errichtet. I.	7
Karmeliterkloster St. Galli. I.	116
—— Kleinseitner. I.	97
—— Gartenhaus. I.	83
—— A.	275
—— Gasse. I.	27
Karolin. I.	133
Karolinerplatz. I.	119
Karolinische Universität, historisch beschrieben. II.	44
—— mit der Ferdinandeischen vereinigt. II.	57
Karpfengasse. I.	141
Kartenmaler. II.	170
Kaserne Guarnisons, beym Auger Thor. I.	21
—— beym Neuthor. I.	163
—— auf dem Viehmarkt. I.	155
Kastulus St. Pfarre. I.	127
Katharina St. Augustinerkloster. I.	108
Katerzinka. I.	161
Katholische Religion unter die böhmischen Reichsfundamentalgesetze gerechnet. I.	278
Kaufleute, deutsche, kamen nach Prag. II.	114
Kaunigisches Haus auf der Kleinseite. I.	13
Kinderzucht. II.	221
Kirschner. II.	171

der Gegenstände.

	Seite
Kinsky, fürstliches Palais. I.	107
Kirchenordnung in Prag. I.	340
Klaium, siehe Clanum.	
Kiebelsberg, gräfliches Haus. I.	174
Kleidungsmoden zu verschiedenen Zeiten in Prag. II.	224
Kleiner Ring. I.	110
Kleinseite, wenn sie angelegt worden. I.	1
—— wird vom König Wenzl mittels einer Mauer befestigt. I.	4
—— vom Kaiser Karln IV. erweitert. I.	3—5
Kleinseitner bürgerliches Spital. II.	274
Klemens St. Kirche auf der Neustadt. I.	182
—— Altstädter, dem kön. Generalseminarium übergeben. II.	283
Klenau, gräflich vormaliges Haus. I.	30
Klempner. II.	170
Klöster, aufgehobene in Prag. I.	332
Kolorednisch fürstliches Palais. I.	131
Kommendant von Prag. II.	2
Kommerzialprofessionisten. II.	167
—— Vorschuß. II.	198
—— Kollegium vormaliges. II.	197
Königlicher böhmischer Hof, historisch beschrieben. I.	240
Königshof. I.	129
Königsaal, vormaliges königliches Lustschloß. I.	242
—— daselbst wird eine Zuckerraffinerie errichtet. II.	294
Kohlmarkt. I.	115
Kohlplatz. I.	18
Kollowrat, gräfliches Haus. I.	119
—— detto I.	22, 29
—— Pupillarhaus. I.	30
Kornthor. I.	177
Kotzen. I.	117
Krechten. I.	148
Kreisämter in Prag befindliche. I.	366
—— sonst in Prag befindliche erhalten die Weisung sich nach den Kreisstädten zu begeben. II.	295

Kreis-

Alphabetischer Auszug

	Seite
Krenhaus. I.	107
Kreuzherren mit dem rothen Sterne. I.	124
—— Spital neustädter. I.	175
—— Weiße vormalige. I.	145
—— Weißer Klostergebäu wird von Sr. kaiserl. Majestät den barmherzigen Ordensbrüdern zur Verpflegung der Blödsinnigen geschenkt. II.	295
Krönungsceremoniel böhmisches. I.	243
Krup'a Insel. I.	62
Lünburg, gräfliches Haus. I.	128
Künste und Handwerke in Prag, historisch beschrieben. II	106
—— Blühender Zustand unter Rudolph II. II.	126
—— Gegenwärtig wie sie beschaffen sind. II.	147
Kunst und Maschinenlehrer. II.	102
Kupferschmiede. II.	170
Kuttenberger Bergwerk in Verfall gerathenes. II.	145

L.

	Seite
Landesgubernium, böhmisches in Prag. I.	310
Landständische Lehrer. II.	78
Landesverträge, und Bündnisse wurden auf den Landtägen geschlossen. I.	283
Langgasse. I.	130
Landhaus, königliches. I.	15
Landrecht, adeliches. I.	360
—— Desselben Manipulation. I.	372
—— Größeres vormaliges. I.	369
—— Kleineres. I.	370
Landtafel. I. 395	361
Landtagsabhaltung. I.	266
Lateinische Schulen. II.	92
—— Bruderschaftskapelle zur Universitätsbüchernniederlage bestimmt. I.	283
Lorenziberg. I.	83
—— Kirche am Fuße dieses Berges. I.	38
Lazary St. Kirche. I.	166

der Gegenstände.

	Seite
Lebensart vormalige in Prag. II.	216
—— gegenwärtige. II.	219
Lehrämter an der Prager Universität. E.	312
Leibeigenschaft in Böhmen, derselben Ursprung. II.	208
Leichenbegängniß der böhmischen Regenten. I.	358
Leinwandniederlage. II.	203
Leinweber. II.	184
Leonhards St. Kirche, säkularisirt. E.	283
—— Platz. I.	125
Lesekabinet. I.	416
Libuße legt den Grund zur Erbauung der Kleinseite. I.	a.
Lichtenstein, fürstliches Haus, auf dem wälschen Platz. I.	14
Lichterzieherfabrik. II.	178
Linden, drey, Gasthaus. I.	162
Litteratur, böhmische, vor Errichtung der Prager Universität. II.	37
Lobkowiz, fürstliches Haus. I.	74
Lohgärber. II.	168
Loretoplaz. I.	85
Lotteriedirektion. I.	411
Löw, weißer, Wirthshaus. I.	169
Ludmilla St. Bildsäule wird von Maria Einsiedel auf die Brücke gestellt. E.	277
Lustgarten, königlicher. I.	77

M.

Maaß in Prag übliches. II.	232
Magistrat, vormaliger. I.	400
—— vereinigter. I.	401
Malerkunst, böhmische. II.	118
—— nach itziger Art. II.	149
Maltheserkirche. I.	19
—— Platz. I.	19
Manufakturen und Fabriken böhmischer Gründung. II.	139
—— und Gewerbssachen. E.	318
Mariaeinsiedel Kapelle. I.	85

Alphabetischer Auszug

	Seite
Mariahülf, an der Brusta. I.	79
—— Säule, auf dem altstädter Ring. I.	109
—— Theresia, als Stifterinn der Normalschule. II.	14
Martin St. vormalige Pfarre. I.	116
—— wird sakularisirt. A.	282
Marschal Landesoberster. I.	355
Martiniz, gräfliches Haus, das neue. I.	62
—— Majoratshaus. I.	80
Materialistenläden II.	203
Mathäus St. Kapelle auf dem Hradschin. I.	87
Mathias König in Böhmen, nahm sich vor das Prager Schloß zu erweitern II.	139
Matkaboß sogenannte vormalige Pfarrkirche. I.	132
Mäurer. II.	166
Mechaniker und Maschinisten in Prag. II.	151
Medizinische Fakultät. II.	90
Meißner Groschen werden in Prag zum erstenmal geschlagen. II.	231
Messen (siehe Jahrmärkte) berühmte in Prag unterm Karl IV. II.	118
Messerschmiede II.	171
Mladotisches Haus. I.	156
Michel St. Kirche in der Neustadt. I.	185
Militärgeneralkommando. I.	128
Millesimisch, gräfliches Haus. I.	110
Militärhauptwache. I.	109
—— Stellen in Prag. II.	1
—— A.	310
—— Oekonomiehaus. I.	32
—— Verpflegsamt. I.	176
—— Zahlamt. A.	274
Misliwetschek, berühmter Prager Tonkünstler. II.	134
Modefabrikszeitung, in der v. Schönfeldschen Handlung. A.	319
Moden gegenwärtige. II.	222
Moldaufluß, denselben wollte Karl IV. schiffbar machen. II	120
—— das nämliche geschah unter Ferdinand I. II.	135

der Gegenstände.

	Seite
Moldaufluß Austretungen derselben. II.	258
—— an dem Ufer stehende Häuser. I.	73
Moltonfabrik. II.	190
Montagisches Haus. I.	9
Morzin, gräfliches Majoratshaus. I.	28
Mundschenke, oberster. I.	355
Mühlen, altstädter. I.	148
—— Neustädter, die untern. I.	183
Müller. II.	158
Münzamt, vormaliges. I.	367
Münzeinlösamt, itziges. I.	138
Münzhaus, vormaliges. I.	118
Münzmeister, oberster. I.	352
Münzwesen, böhmisches, geräth im Hussitenkriege in Verfall. II.	230
Münzen, in Böhmen übliche. II. 219	235
—— fremde in Prag koursirende. II.	236
—— ständische, nach dem Tode des Mathias. II.	233

N.

Nadler. II.	178
Nähscibe, und Kammelhaarsieben. II.	205
Nagelschmiede. II.	173
Naturalienkabinette. II.	103
Nazionalbibliothek. II.	97
—— Genie. II.	228
—— Theater. I.	119
Navigazionsdirekzion. I.	368
Nebenrechte. I.	306
Nekazanka. I.	186
Neuegasse. I.	33
Neumelegasse. I.	88
Neustadt, historisch beschrieben. I.	149
Neuther. I.	163
Nexus, vormaliger Böhmens mit auswärtigen Staaten. I.	283
Nezamißl, Herzog, läßt um die Kleinseite eine Mauer aufführen. I.	3
Niederlage, fremder Waaren. I.	108
Nikolai St. Abtey vormalige. I.	126

Beschr. v. Prag. II. Th.   Aa   Ni-

Alphabetischer Auszug

	Seite
Nikolai St. Kleinseitner Hauptpfarrkirche. I.	17
—— Kirche in Podskal. I.	186
Normalschule, wird in Prag eingeführet. II.	83
Nostitz, gräfliche Bibliothek. II.	100
—— Palais. I.	21
—— Haus, auf der Neustadt. I.	161

O.

Oberstburggrafenrecht, vormaliges. I.	396
—— Burggraf, von Prag. I.	342
—— Amthaus. I.	74
Obersteueramt. I.	365
Obstmarkt. I.	120
Ochs, grüner, Wirthshaus. I.	171
Oekonomiekommission, militär. II.	2
Oesterreicher Maas, in Vergleichung mit der böhmischen. II.	253
Oppatowitz. I.	185

P.

Pachtisch, gräfliches Haus. I.	119
—— Franz. I.	126
—— Joachim. I.	161
Papiermühlen. II.	182
—— Händler. II.	201
Parfumeurs. II.	192
Paulanerkloster, vormaliges. I.	108
Peringerisches Haus. I.	112
Pestseuchen zu verschiedenen Zeiten in Prag grasirende. I.	334
Perückenmacher. II.	172
Peter und Paulkapelle, auf der Kleinseite. I.	31
Peter St. Pfarrkirche. I.	182
Petschirstecher. II.	173
Pfefferküchler. II.	171
Philosophische Fakultät. II.	91
Philosophie, wird an der PragerUniversität deutsch zu lehren angefangen. II.	89
Pflastergasse. I.	162
Pflasterung, in Prag. I.	272

der Gegenstände.

	Seite
Piaristen. I. 162	179
Plasser Prälatenhaus, vormaliges. I.	165
—— von einem Knopffabrikanten erkauft. A.	287
—— verbessert, Töpler Prälatenhaus. A.	289
Plateis. I.	116
Plattnergasse. I.	131
Podskal. I.	185
Pohorzelez. I.	83
Politische Verfassung, in Prag. I.	346
Polizeydirektion. I.	411
—— in Beziehung auf die Zünfte. II.	157
—— Anstalten bey Pflasirung der Brücke. A.	279
—— Ordnung, vom Jahre 1787. A.	297
Populazion in Prag, historisch beschrieben. I.	208
—— Summarium vom Jahre 1784. I.	218
—— vom 1787. A.	290
Port, sogenannter Garten. I.	163
Porzellain und Majolikniederlage. II.	204
Porzitsch. I.	170
Poniatowskisches Haus. I.	166
Posamentirs. II.	173
Postamt. I.	409
Post, die kleine. I.	416
—— Gasse. I.	140
—— wie sie in Prag ankömmt und abgeht. II.	239
Postwesen. II.	238
Potaschenniederlage. II.	177
Präger, nach den Klassen und Ständen eingetheilt. I.	214
—— Einwohner, so das Bürgerrecht nicht angenommen haben, derselben Qualifikazion. I.	230
Prags Gründung. I.	1
Prag, erhält den Namen von einer Thürschwelle. I.	2
Prags Verschönerung, seit 1747. A.	271
Prager Erzdiözes, erhält den unter Regensburg gestandenen egerschen Bezirke. A.	295
Preßfreyheit, wie selbe gegenwärtig bestehe. II.	87
Priesterhaus, zu St. Georg. A.	275

Alphabetischer Auszug

	Seite
Profeßionisten, in Prag. II.	152
Professoren, außerordentliche, an der Prager Universität von Marien Theresien angestellt. II.	76
Profeßionen, Prager, in Polizey und Kommerzial eingetheilt. II.	153
Prokopigäschen. I.	35
Protestantisches Betthaus. I.	171

R.

Raitzen, in Prag. I.	256
Rathhaus, altstädter. I.	112
—— nach der Verneuerung vom 1787. A.	280
—— neustädter, vormaliges. I.	195
—— Gasse, hradschiner. I.	82
—— hradschiner, vormaliges. I.	32
—— kleinseitner, vormaliges. I.	8
—— jüdisches. I.	204
Rauchfangkehrer. II.	166
Rechtsgelehrheit, praktisches Lehramt. II. 79	73
Reinlichkeit der Stadt. A.	273
Reiterkaserne. I.	170
Reitschule, ständische. I.	126
Religionwesens böhmische Geschichte. I.	286
—— ißige Beschaffenheit. I.	320
Repräsentanten, heutige, auf dem Landtage. I.	384
—— A.	273
Residenz, Prager, königliche. I.	39
—— vormalige, der böhmischen Regenten. I.	340
Revidirung der Konskription, jährliche. II.	7
Revoluzionen, merkwürdige, in Prag. A.	328
Richter, Landesoberster. I.	353
Riemer. II.	173
Ring, altstädter. I.	105
—— kleiner. I.	110
—— kleinseitner. I.	7
Ritterschaft, böhmische. I.	228
Roboten Ursprung. II.	209
—— Abolizionssistem. II.	211
Röhrkasten antiquer, auf dem altstädter Ring. I.	109

der Gegenstände.

	Seite
Rosenthal, Ergötzungsort, vor dem Spittelthore. A.	327
Roßthor. I.	158
Roßmarkt. I.	157

S.

Sachsenhaus. I.	12
Sachsen und Schweden, raubten in Prag viele Bücher und Kunststücke II.	130
Sadeler, ein berühmter Kupferstecher, wird von Rudolph II. nach Prag berufen. II.	128
Säge oder Bretmühle. II.	182
Salpetersiederey. II.	176
Salzhaus, königliches. I.	187
Salzquelle, in der Gegend des Töpler Klosters erfunden. II.	136
Sattler. II.	174
Salvator, St. Kirche. I.	122
Scheidewasser Brennung. II.	178
—— Niederlage. A.	320
Scherzerisches Haus. I.	159
Schlachthaus, altstädter. I.	130
—— neustädter. I.	154
—— kleinseitner. I.	18
Schleifer. II.	174
Schlick, gräfliches Haus. I.	160
Schloßhauptmanns Wohnung, vormalige. I.	77
Schloßseite, Prager, mitternächtliche ist von Kaiser Ferdinand I. erbauet worden. I.	6
Schloßkirche, historisch beschrieben. I.	53
Schloß, Prager, königliches. I.	39
—— Bezirk. I.	39
—— Stiergasse. I.	29
Schmierseifefabrik. II.	178
Schlosser. II.	174
Schönfeldsches Haus, mit der Hofbuchdruckerey. I.	131
—— A.	284
Schreibekunst, alte böhmische. II.	113

Schul-

Alphabetischer Auszug

	Seite
Schulwesens Beschaffenheit, vor Errichtung der Prager Universität. II.	37
Schule, hohe, karoliner. II.	44
Schulen, lateinische, werden auf 5 Klassen herabgesetzt. II.	88
—— deutscher Verbesserung. II.	83
Schuhmacher. II.	164
Schwarze Rose, Gasthaus. I.	151
Schwarzenbergsches Palais. I.	81
Schwefelgasse. I.	137
Schwertfeger. II.	175
Schweerts, gräfliches Haus. I.	170
Seidenbandmacher. II.	188
Seidenschnittwaarengewölber. II.	204
Seidenwebereyen. II. 188	189
Seifensieder. II.	165
Seiler. II.	173
Seminarium, königliches, für Kandidaten zum geistlichen Stande. I.	132
—— zu St. Peter genannt. I.	33
—— St. Wenzel, vormaliges. I.	138
Servitenkloster, vormaliges, zu St. Michel. I.	111
Siegelwachsfabrik. II.	196
Sitten, der Prager. II.	214
Slalsalirche. I.	287
Slupperservitenkloster, vormaliges. I.	189
Spaziergänge, öffentliche. II.	247
Spezerey- und Gewürzgewölber. II.	205
Spinnereyen. II.	194
Spinnhaus. I.	147
Spital, bürgerliches, neustädter, vormaliges. I.	289
—— kleinseitner. I.	23
—— militär. II.	3
—— jüdisches. I.	105
Spittelgasse. I.	170
—— Ther. I.	170
Sporrer I.	176
Spernergasse. I. 28	11
Stadthauptmannschaft, vormalige. I.	398
—— Rath, vereinigter. I.	401

Stde

Erklärung
der vier und zwanzig Kupfer.

1.

Wappen des Wischehrader Domkapitels. St. Peter erschien dem Herzoge Friedrich, im Jahre 1187. in der Nacht, und strafte ihn mit der Peitsche wegen den der Wischehrader Kirche gehörigen, und von ihm dem Ritter Hrabowetz versetzten Dorfe Schwirzowitz; welches er sodann zurückgab.

2.

Bey der Wahl des bekannten Herzogs Prjemisl zur Zeit Libussens, schwungen sich zwey Stiere in die Luft, stritten, und verloren sich sodann in der Erde, eben als die Gesandtschaft bey Stadiz ankam.

3.

Unter Prjemisls Zeiten, stritten die Mädchen gegen die Oberherrschaft der Männer. Scharfa war auch eine derselben, und voll List. Nächst Prag, ohnweit der Kaisermühle, ließ sie sich binden, ein Ritter kam zu ihr, sie fingirte eine traurige Geschichte, die er glaubte, und sie losband, zur Dankbarkeit reichte sie ihm ein Trinkgeschirr, worinn etwas war, das ihn entkräftete, worauf er getödtet wurde.

4.

Am 17ten Dezember 1252. tödteten zwey Raben den Ritter Berthold am Brückenberg, durch Ausgrabung eines Steines, davon die Lücke noch zu sehen ist.

5.

Die Statue des berufenen Königs Pramislich, ist am kleinseitner Moldauufer. Sein Schwerdt liegt

Erklärung;

darunter begraben, das auf das Kommando: Hau ein!
sogleich die Feinde von selbst tödtete. Wer dieses
Schwerdt findet, bekömmt Jerusalem —

6.

Dalemil, Bergmeister von Leipnitz, fand im
Jahre 952.. ein ganz silbernes Pferd, 14 1/2 Faust
hoch.

7.

Der Ritter Horimir, rettete sich aus der Ge-
fangenschaft, in der er unterm Herzoge Krzesomiel
auf dem Wischehrade saß, dadurch, daß er vom Wischehrade über die Schanzen, und die ganze Moldau
bis auf den Smichow, mit seinem Pferde sprang; zu
dem er Schemik Hulp! rief.

8.

Ein Priester wettete mit dem Teufel, daß er
eher eine Messe lesen, als dieser eine Säule von Rom
bringen werde. St. Prokep hielt den Teufel auf dem
Wege auf, er kam zu spät, und warf aus Verdruß
die Säule durch das Kirchendach in die Kirche.

9.

Drahomira, eine heidnische Herzogin Böhmens, fuhr auf dem Wege nach Sanz die Rathaus-
kirche am Hradschin vorüber. Eben gab man mit der
Glocke das Zeichen; der Kutscher, ein Christ, sprang
vom Pferde, und fiel auf die Knie, darüber erzürnte
sich Drahomira, fluchte auch so, daß sich die Erde
aufthat, und sie sammt den Pferden verschlang.

10.

Eine Gräfinn war so heikel, daß sie Schuhe
aus Maitzenbrod trug, um ihrem hochgebornen Fuße
ja nicht wehe zu thun. Dafür kam ein Deputirter
des Belzebubs, der sie aus dem Lichtensteinischen
Hause davon trug.

11.

Ritter Groß, wurde im Walde unterm Wischehrad, von einem Wildschweine attaquirt; er nahms
aber

aber bey den Ohren, warfs auf seinen Rücken, und brachte es auf Libuschens Schloß.

12.

Ein Prämonstratenser, wurde einst zum Kranken gerufen, als er eben spielte; Es kann warten, sprach er; endlich setzte er sich doch aufs Pferd, und gallopirte zum Kranken: auf dem Wege stürzte er, brach den Hals, und nun reitet er um Mitternacht am Hradschin herum, den Kopf unter dem Arm haltend.

(Die bekannte Prager Ruf.)

13.

Der Ziegenmilchhändler, der täglich früh mit zwey Ziegen durch die Gassen geht.

14.

Der Parasollhändler, der alle Plätze fleißig frequentirt.

15.

Trägelerbsenweib, pflegen auf den offenen Plätzen Winterszeit zu sitzen.

16.

Aschesammlerinn. Sie gehen von Hause zu Hause.

17.

Briefträger, oder sogenannte Klepperpost.

18.

Lumpensammlerinn, welche die Kehrichthaufen durchwühlen.

Erklärung der 24 Kupfer.

19.

Würfelmann, deren Geschrey in allen Ecken ertönet.

20.

Hauderlejüdinn, die ihre Waaren auf der Gasse darbietet.

21.

Prezelmann, der den größten Debut zur Faschings- und Fastenzeit macht.

22.

Hauderlejuden, die verschiedene Sachen einschachern.

23.

Mausfallhändler, der damit hausiert, und schreyt, Jollo! Jollo!

24.

Milchweib, deren es viele hunderte giebt, die täglich vom Lande zur Stadt kommen.

———

der Gegenstände.

	Seite
Ständischer Landesausschuß, vormaliger. I.	364
Stempelamt. I.	409
—— A.	288
Stephan, St. Pfarrkirche. I.	167
—— des kleinern, Filialkirche. I.	148
Stern, blauer, Wirthshaus. I.	163
Sternberg, gräfliches Haus. I.	80
Sternwarte, vormalige, des Tycho Brahe. I.	79
Steuerwesen, nach gegenwärtiger Verfassung betrachtet. I.	181
—— System, vom 1748. I.	278
—— Ausschreibung, allgemeine, geschahe vormals nach den Landtagsschlüssen. I.	274
—— Regulirung, vom 1787. A.	314
Stift, brabschiner, für adeliche Fräuleins. I.	71
Stider. II.	195
Stipendien, für Studierende. A.	314
Stockfisch- und Häringsläden, vormalige, aufgehobene. A.	282
Strahofer Platz. I.	83
—— Stift. I.	83
—— kömmt unter königliche Administrazion. A.	276
—— Bibliothek. II.	99
—— Spital, vormaliges. I.	82
—— A.	276
Strassenbau, unterm Karl IV. II.	128
—— Direkzion, vormalige. I.	368
Strickereyen. II.	195
Strumpfwirker. II.	175
Studienkommission, vormalige. II.	81
Supererogata, vormals sogenannte Steuer. I.	280
Synagogen, jüdische. I.	106

T.

Tabakfabrik. II.	177
—— Gefällsadministrazion, königliche. I. 410	168
Tandelmarkt, christlicher. I.	118
Taschner. II.	176
Theaterhaus, am Karolinplatze. I.	119

Alphabetischer Auszug

	Seite
Theatinerkloster, vormaliges. I.	29
Theiner Hauptpfarrkirche. I.	105
—— Schulhaus. I.	105
Theologie, war vormals in Prag, blos von Jesuiten gelehrt. II.	71
Theologiefakultät. II.	89
Thomas St. Augustinerkloster. I.	31
—— Gasse. I.	31
Thun, gräfliches Haus. I.	30
Thurn, weißer. I.	76
Tischler. II.	166
—— Gasse. I.	171
Todtengasse. I.	37
—— Gepränge, der böhmischen Regenten. I.	258
Töpfer. II.	266
Tonkunst, derselben Beschaffenheit in Böhmen. II.	113
—— heutige. II.	150
Toskanisches Haus, auf dem Hradschin. I.	82
Trautmannsdorf, gräfliches Haus. I.	82
Trinitarkloster, vormaliges. I.	172
Troya. I.	241
Truchsesoberster. I.	356
Tschernin, gräfliches Palais. I.	85
Tuchmacher. II.	187
—— Gasse. I.	171
—— und Wollenzeugweber II.	205
Tummelplatz. I.	125
Tycho Brahe, wird vom Rudolph II. nach Prag berufen. II.	127
Tyroler, sogenannte Läden. II.	262

U.

Ueberfuhr, die altstädter, obere. I.	147
—— kleinseitner. I.	33
Ueberschwemmungen, in Prag. II.	258
Uhr, böhmischen Schlags, am altstädter Rathhause. I.	113
Universität, Prager. I.	133
—— II.	44

der Gegenstände.

	Seite
Universität, karoliner, wird mit der Ferdinandeischen vereiniget. II.	57
Unterkammeramt. I.	357
Ungeld, das alte. I.	146
—— das neue. I.	127
Ursulinerkloster, hradschiner, vormaliges. I.	81
—— Neustädter. I.	161
—— Gasse, hradschiner. I.	81

V.

Valentin St. Kirche, und Platzl. I.	126
Vaßel, goldenes, Garten. I.	167
Veit St. Prager Domkirche. I.	53
Venedig, der kleine. I.	34
Vereinigung der karoliner Universität mit der Ferdinandeischen. II.	57
Verpflegsamt, militär. II.	2
Versatzamt. I.	367
—— I.	18
Viehmarkt. I.	152
Volksmenge, in Prag. I.	208
—— vom Jahre 1784. I.	218
—— vom 1787. II.	290
Vorschneider, oberster. I.	356

W.

Wachsschläger. II.	165
Wagenburgisch, vormaliges Haus. I.	284
Waghaus, altstädter. I.	122
Wälschen, in Prag. I.	235
Wälsche Kapelle. I.	123
Wälscherplatz. I.	13
—— Spital. I.	35
—— Gasse. I.	35
Wagner. II.	176
Waisenhaus, zu St. Johann dem Täufer. I.	180
Waldstein, gräfliches Palais. I.	21
—— Platzl. I.	2

Wahl-

Alphabetischer Auszug

	Seite
Wahlrecht, altes, böhmisches. I.	270
Wassergasse. I.	267
—— Maut, pobskaler. I.	287
—— Thurn, altstädter. I.	149
—— neustädter, der untere. I.	181
—— Ueberschwemmungen, in Prag. II.	258
Weberfabriken. II.	183
Wechsel- und Merkantilgericht. I.	396
Wechsel- und Merkantilgericht, wird mit dem Prager Stadtrath vereinigt. A.	297
Weibliches Geschlecht, desselben alte und jetzige Sitten in Prag. II.	226
Weinbau, in Böhmen, von Karln IV. einge= führt. II.	124
Weinbergamt, vormaliges. I.	307
Weisser Thurn. I.	76
Weissgärber. II.	168
Wenzel St. vormalige Kleinseitner Hauptpfarr= kirche. I.	15
Werbbezirksregimenter, in Prag. II.	45
Wieschnik, gräfliches Haus. I.	163
Wischehrad, historisch beschrieben. I.	191
—— Kirche, St. Peter. I.	198
—— Domkapitel. I.	198
Wissenschaften, wie selbe vor Errichtung der Prager Universität betrieben worden. II.	37
Wollenzeugweber. II.	186
Woratschinky, gräfliches Haus. I.	162
Wratislaw, gräfliches Haus. I.	151
—— Stammhaus. I.	140
Wundärzte. II.	206
Wußinischer Redoutensaal. I.	133
Wirthshäuser. II.	243

Z.

Zahrzanslisches Haus. I.	175
Zderas. I.	184
Zderaser Prälatur, vormalige. I.	184
Zeltnergasse. I.	128

Seite

der Gegenstände.

	Seite
Zeitalter, glückliches in Prag, unterm Karl IV. II.	125
Zeiten gute, in Prag, nehmen mit dem Tode Karls VI. ein.Ende. II.	218
Zeitungsexpedizion, von Schönfeldsche. I.	415
Zertheilung der Grundstücke, unter einzelne Familien. II.	213
Zeughaus, königliches. I.	22
—— auf dem Wischehrade. I.	201
Ziegelbrennerey, altstädter. I.	147
—— königliche. I.	32
Zollwesen, wird in Prag vom König Johann eingeführt. II.	115
Zuchthaus. I.	147
Zustand der Wissenschaften, vor Errichtung der Prager hohen Schule. II.	37
Zünfte, einiger Aufhebung in Prag. II.	155
—— Reform heutige.	
Zünftige Professionisten. II.	153

---

www.ingramcontent.com/pod-product-compliance
Lightning Source LLC
Chambersburg PA
CBHW021337300426
44114CB00012B/985